本书为国家社科基金青年项目"云数据隐私侵权问题研究"（项目批准号：13CFX083）的最终成果。

云数据隐私侵权问题研究

蒋 洁 著

内容简介

近年来,随着数据资源的经济价值大幅提升与基于云计算的服务生态迭代跃迁,频繁出现涉及云数据隐私的规模化侵权事件。本书探讨了云数据隐私权保护的法理基础与云数据隐私侵权的法律构造,通过比较分析域内外相关实践,尝试提出了完善我国云数据隐私权保护机制的对策建议,可推进各参与方不同利益的动态均衡,改善云计算、大数据和人工智能市场的失范状态,助推我国数字经济长足发展,为掌握相关领域国际规则制定与实施的话语权添砖加瓦。

图书在版编目(CIP)数据

云数据隐私侵权问题研究/蒋洁著. ——北京:气象出版社,2020.12
ISBN 978-7-5029-7363-6

Ⅰ.①云⋯ Ⅱ.①蒋⋯ Ⅲ.①互联网络—个人信息—隐私权—侵权行为—研究—中国 Ⅳ.①D923.04

中国版本图书馆 CIP 数据核字(2020)第 256290 号

云数据隐私侵权问题研究
YUNSHUJU YINSI QINQUAN WENTI YANJIU
蒋　洁　著

出版发行:	气象出版社
地　　址:	北京市海淀区中关村南大街 46 号　　邮政编码:100081
电　　话:	010-68407112(总编室)　010-68408042(发行部)
网　　址:	http://www.qxcbs.com　　E-mail: qxcbs@cma.gov.cn
责任编辑:	蔺学东　王　聪　　终　审:吴晓鹏
责任校对:	张硕杰　　责任技编:赵相宁
封面设计:	博雅锦
印　　刷:	北京建宏印刷有限公司
开　　本:	787 mm×1092 mm　1/16　　印　张:12
字　　数:	310 千字
版　　次:	2020 年 12 月第 1 版　　印　次:2020 年 12 月第 1 次印刷
定　　价:	78.00 元

本书如存在文字不清、漏印以及缺页、倒页、脱页等,请与本社发行部联系调换。

前　言

　　数据资源爆发式增长与数据处理技术迭代跃迁的新形势下,全球经济一体化浪潮中云隐私数据的总体量值与覆盖场域几何乘数迅速递增,物联网、大数据和人工智能集结上云夯实了云产品和云服务在重塑我国社会生产结构和居民生活方式中的支撑地位,大幅提升各阶层需求的满足程度。同时,伴随云上个人静态资料、动态轨迹和独处空间数字化而来的是大量直接或间接识别个人身份、窥探其行为轨迹和入侵私人领域的超出理性人合理隐私期待阈值的侵权行为。相关技术提供者、平台运营者及其他参与主体之间的利益博弈加剧了云环境中个人隐私数据处理的侵权风险,导致公众越来越关注个人数据的云端处理细节。

　　维持社会有序运作与健康发展既需要规模化的集聚式人际交往,也需要自由的独处领域。全力防范技术引领社会发展给个人自由和人格尊严带来的风险,亟待描述云数据隐私侵权行为的发生空间及云数据隐私权保护的法理基础和域内外异同情况,提出云数据隐私侵权的法律构造。同时,细化探讨云上大数据处理与人工智能模块中的数据隐私侵权问题,进而更好地构建我国云数据隐私权保护制度。

　　本书采取概念分析法、实证分析法、法理分析和规范分析法、现状分析法等,回顾云计算的词源与演进历程,描绘云服务的类别与特征,辨析理论界和实务界经常误读和混用的"个人资料""个人数据""个人信息"等重要概念,剖析建设有中国特色的云数据隐私权法律保护机制的深层原因;查明云数据隐私权的概念和特征,云数据隐私侵权风险的重要成因、主要类型,分类界定侵权主体和侵权行为等;梳理以欧盟为代表的严格主义、以美国为代表的宽松主义、以亚太多国为代表的发展中的宽严相济等典型的云数据隐私权保护思路;探讨域外云数据隐私权保护的人权考量、云数据跨境流动的法律调整模式、云数据隐私权保护机制建设中企业作用以及大国意志在国际协议中发挥的重要作用和大国之间国际协议的范本效用等对我国的重要启示;研究云数据隐私侵权责任认定困难、损失难以计算、侵权代价过低等问题,论证云数据隐私侵权不宜适用严格责任和公平责任的原因,指出云数据隐私侵权适用过错推定责任有利于个人隐私权益保障与经济社会发展之间的动态平衡;列明我国云数据隐私权保护相关政策法规、国家标准和行业规则的主要内容、价值效用和存在的各种问题,提出我国完善云数据隐私权保护机制的对策建议;基于对云隐私数据从生成到销毁的整个生命周期均面临着难以及时、充分、便捷地获得侵权救济的风险,提出云数据隐私侵权救济的基本方案和侵权损害赔偿的计算法则。

著 者

2020 年 10 月

目 录

前 言
绪 论 ·· 1

第一章 云数据隐私侵权行为的发生空间 ·· 6
第一节 基于云计算的新场景崛起 ·· 7
第二节 基于云计算的服务领域 ·· 11
第三节 云数据隐私权的法律特性 ·· 16
第四节 云数据隐私侵权的主要类型 ·· 35

第二章 云数据隐私权保护的法理基础 ·· 41
第一节 云数据隐私权保护中的人权保障 ·· 41
第二节 云数据隐私权保护中的效率与公平 ·· 49
第三节 云数据隐私权保护中的公益与私益 ·· 52
第四节 云数据隐私权保护中的公序良俗 ·· 55

第三章 云数据隐私侵权的法律构造 ·· 59
第一节 云数据隐私侵权主体论 ·· 59
第二节 云数据隐私侵权现象论 ·· 66
第三节 云数据隐私侵权的发生原因 ·· 71
第四节 云数据隐私侵权的责任与救济 ·· 78

第四章 云数据隐私权保护的比较法考察 ·· 85
第一节 欧盟——严格主义 ·· 85
第二节 美国——宽松主义 ·· 95
第三节 亚太地区——宽严相济 ·· 99
第四节 国际法律文件与标准——逐渐协调 ······································ 116
第五节 域外制度的启示 ·· 119

第五章 云上大数据处理中的隐私侵权问题研究 ···································· 127
第一节 大数据简况 ·· 127
第二节 云上大数据处理中隐私致险因素剖析 ·································· 134
第三节 云上大数据处理中隐私风险应对策略 ·································· 136

第六章 云上人工智能模块中数据隐私侵权问题研究 …………………… 140
  第一节 云上人工智能模块的前景展望 ………………………………… 140
  第二节 云隐私数据智能化处理的失控风险 …………………………… 144
  第三节 云上人工智能模块中数据隐私侵权的对策 …………………… 146

第七章 我国云数据隐私权保护的制度构建 ……………………………… 149
  第一节 我国云数据隐私权保护的现状研究 …………………………… 149
  第二节 我国云数据隐私权保护中的问题探讨 ………………………… 155
  第三节 我国云数据隐私权保护的对策建议 …………………………… 162

结　语 …………………………………………………………………………… 178

参考资料 ………………………………………………………………………… 179

绪　论

爱因斯坦曾经断言,光速是恒定的,超越光速就可以突破时间的限制,但质化规律之下达到光速需要任何事物皆无法拥有的无穷大能量,导致"光速无法超越"在很长时间内一直是社会共识。然而,近年来迅速迭代的科学技术不仅开始探索超光速的黑洞和曲速飞船,还积极证实了不需要任何介质超距作用的量子纠缠的速度至少是光速的上万倍,再一次有力证明了从国家政府到精英市民的真知灼见都会受制于宏观时代和微观环境。"在很大程度上,试图使用昨天的工具来做今天的工作导致了这个时代的焦虑。"①具体到法律领域,德国著名法学家魏特林教授在《和谐自由的保证》中曾言,每一部法律都源自时代需要,而时代不断变更,因此法律也必须变更。

回首千年,人类文明的发展史是一部从身份走向契约、从束缚迈向自由的进化史。人们前赴后继地为了尊严与自由而战,一代又一代,终于让"独立之精神、自由之思想"站稳了脚跟。21世纪,日新月异的技术更迭加速延展人们的思维界域与行动能力,使得个人获得越来越宽广的伸展空间。唯有听从内心的声音,而非盲从权威,才能繁荣稳定,才会生生不息。

当前,大众隐私权意识的全面觉醒既受到一些严重践踏个人自由和人格尊严的恶性事件的推动,也是因为万物互联的云生态环境破坏了兼顾私密保全和社交关系维持的传统场域。云上大数据分析与人工智能算法建立起海量零散的多维数据与密集用户之间精准的映射关系,并借此画像个人不欲被他人知晓的生活轨迹、行为模式、性情爱好、人际关系、消费状况等,使得个人在不违背公共利益和不侵害他人权利的情况下应当享有的远离公众视线而独处和自决的权利处于风雨飘摇之中。

第四次信息技术革命之际,基于云计算的服务生态迭代跃迁和数据资源的经济价值大幅上升,促使机构型云用户和个人云用户呈现出指数级增长态势,众多云数据控制者和处理者走上了垂直整合与水平整合齐头并进的"康庄大道"。云服务提供商的逐利本性与不健全的法律规制之间的拉锯博弈进一步加剧了云上隐私数据获取、存储、分享、使用、删除与披露中的侵权风险。亟待探讨云数据隐私权保护的法理基础与云数据隐私侵权的法律构造,结合域内外相关机制的比较分析,提出完善我国云数据隐私权保护机制的对策建议,实现各参与方不同利益的动态均衡,改变云计算、大数据和人工智能市场的失范状态,助推我国数字经济长足发展,为掌握相关领域国际规则制定与实施的话语权添砖加瓦。

本书的研究脉络如下:

---

① 特里·安德森,希瑟·卡努卡. 网络调研:方法策略与问题[M]. 袁邦株,蒋晨晖,译. 北京:中国劳动社会保障出版社,2007.

第一章：云数据隐私侵权行为的发生空间

本章在回顾"云计算"诞生与发展历程的基础上，比较分析了国内外对于"云计算"的较有影响力的不同定义，并将之界定为"基于一个或多个规模化的数据中心组构而成的超级计算机集群"。采用实证分析方法，探讨了云服务的类别与特征，指出基于云计算的服务生态虽然展现出不透明、复杂化、安全系数低等问题，但具有按需、弹性、廉价、便利地共享海量在线计算能力的强大优势，是大数据挖掘和人工智能技术必备的搭载平台，已经吸引众多行业经多种路径全面上云。目前，全球大多数个人数据在云环境中存储和使用。

从隐私的概念、范围、价值的理论分析入手，指出个人隐私以自然人的个体自由和人格尊严为导向，涉及个人资料、个人行为和个人空间等多个层面。采用法理分析和规范分析方法，指明传统隐私权是自然人享有的社会认可合理隐私期待的内容动态变化的基本人权，展现出混合人身权与财产权、公权与私权、知情权与支配权的特征，具有支撑个人自主、释放自我情绪、推进自我评价、加强人际互动等功能效用。

在词源辨析"数据"与"信息"的基础上，指出现代意义上的数据是指二进制形式存储的材料。对"个人资料""个人信息""个人数据""隐私数据""云隐私数据"等常被混用的概念进行文本分析，指出狭义的个人数据与个人信息等同，是指能够单独或者与其他数据相结合识别出特定自然人的各种电子化信息。其中，个人在不危害国家社会利益和他人权益的前提下不欲为人所知的个人数据即隐私数据。而绝大多数隐私数据在云系统中存储和使用，即云隐私数据。由于散布在星云网络之中的原始数据不可能直观揭示目标群体的某项特征，甚至无法指向特定自然人，一般没有直接的使用价值，唯有经过云上大数据挖掘的数据资源才能充分发挥潜在效用，当下频繁发生的个人数据窃取、泄露、滥用和毁损事件的实质对象都是云隐私数据。日常谈及的数据隐私权，基本也都是指云环境中的个人数据隐私权，即云数据隐私权。

由于云环境的虚拟性模糊了自然人的个人身份、行为轨迹和附属空间彼此的界限，加之对于碎片化数据的关联挖掘持续拓展隐私数据的范围，增加隐私侵权的复杂性和损害后果的严重性，云数据隐私权体现出范围持续拓展、重构合理隐私期待、凸显管理控制权和变现收益权以及聚焦新型的查询权、更正权和删除权等不同于传统隐私权的特征。

采取现状分析的方法，探讨了当前云数据隐私侵权的主要类型。依据不同的云部署场景，划分为公有云、私有云和混合云；依据不同的云交付场景，划分为基础设施即服务、平台即服务、软件即服务；依据不同的侵权内容，划分为非法挖掘、识别、监控和使用云上隐私数据和非法侵入自然人虚拟化的云上私密空间；依据不同的侵权目的，划分为获取不当利益、未尽到法定义务以及出于好奇或恶作剧等个性化特殊原因的侵权事件。

第二章：云数据隐私权保护的法理基础

本章从法理分析和社会学分析的角度，探讨了云数据隐私权保护中的人权保障。从人权定义和类别的理论分析入手，指出人权是建立在任何社会都可以发现的人类生存的共性价值之上的高质量生存和发展的基本权利，具有强大的包容性。云数据隐私权关系到一个人最基本的自由与尊严，是具有人权属性的新型权利形式。基于公共领域理论和市场思想模型,指出云数据隐私权保护为边缘群体提供了参与社会生活、获得群体归属感、提升平权运动效果的重要平台,扩大了公民政治监督的范围并简化监督过程,使得弱势的自然人敢于揭露和批判侵害其他社会主体的经济、文化、政治权利的行为。基于沉默螺旋理论和冒险转移理论,指出云数据隐私权保护对于个人自主决策权的制约作用。基于迈克自治理论下新闻自由权、大众知情权与个人对于云上隐私数据自治权之间的博弈,初步探讨了云数据隐私权保护与个人的安全权、健康权和生命权的矛盾关系。提出人权视阈下云数据隐私权保护的思路,主要包括云数据隐私权保护的可行能力解释模型、云数据隐私权保护的合理限制理论和个人自治理论等。

从效率与公平在有效且自由的市场环境中的重要作用入手,既从经济学理论出发探讨云数据隐私权保护的机构设置、运作流程、效果考量等社会成本及其对云市场效率的双重影响,又采用实证分析方法阐明了强有力的云数据隐私权保护机制对于云市场无节制收集和使用隐私数据的约束作用。初步探讨了云数据隐私权保护中公平与效率之间难解冲突的突围方案。

从公益与私益冲突的理论探讨着手,研究了云数据隐私权保护中的公益要素和私益要素。既强调保障数据主体隐私权益的积极功能和正面效用,亦要结合我国的实际情况,关注相关公共利益的获取与维护。探讨了平衡数据淘金热和数据主体急速增长的隐私需求的隐私付费商业模型和个人数据经济模型的运作方式、现实意义与主要缺陷。

基于公序良俗的概念分析和原则属性的法理分析,指出云数据隐私权保护中的公共秩序考量涉及国家安全、经济安全、政治安全,侧重于对数据主体的私益与公共利益以及数据主体之间的利益协调;善良风俗考量则具有明显的传统性、民族性和伦理性,注重对违法行为的道德评判。具体个案中的云数据隐私权保护应当以公序良俗为实质界限,而保障数据主体在特定云环境中的隐私权亦有可能会体现公序良俗的要求。

第三章:云数据隐私侵权的法律构造

本章采用法理分析、案例分析、规则分析、现状分析等方法,探讨了云数据隐私侵权的侵权主体、侵权行为、侵权成因、侵权责任认定与归责原则、侵权救济方案等问题。

云数据隐私侵权主体包括云技术提供者和云服务经营者、机构型云用户和个人型云用户、其他恶意侵入者等。云数据隐私侵权既具备一般民事侵权的共性特征,又呈现出侵权主体的复杂性、侵权行为的技术性、侵权客体的虚拟性、损害结果的不确定性以及因果关系判定困难等特殊性。依据我国政策法规多处提及的个人数据的收集、使用、保存、提供、出售和删除等数据生命周期的阶段性概念,按照能够反映各种侵权场景细微差异的云上隐私数据生命周期的进程,分别探讨云隐私数据的不当收集、不当存储和不当使用问题。

指出云数据隐私侵权的发生原因较为复杂,主要包括:云架构的技术漏洞与监管缺失、云生态模式中隐私数据量级巨大且获取简单、云数据隐私的所有权与控制权实质分离、云数据隐私侵权有着丰厚的财产收益以及数据主体维权困难,云服务提供者的逐利心理和侥幸心理、侵权主体缺乏社会责任意识、数据主体维权意识淡薄等心理误区。

探讨了云数据隐私侵权责任认定困难、损失难以计算、侵权代价过低等问题。论证了云数据隐私侵权不宜适用严格责任和公平责任的原因。指出云数据隐私侵权适用过错推定责任有利于个人隐私权益保障与经济社会发展之间的动态平衡。基于对云隐私数据从生成到销毁的整个生命周期均面临着难以及时、充分、便捷地获得侵权救济的风险，提出云数据隐私侵权救济的基本方案和侵权损害赔偿的计算法则。

第四章：云数据隐私权保护的比较法考察

本章采用比较分析、规则分析、实证分析、法理分析等方法，总结归纳了全球云数据隐私权保护的几种思路。一是以欧盟为代表的严格主义，通过国家立法明确云数据隐私权保护的一般原则体系、细化保障性条款内容、建立相应的行政监管和司法救济机制；二是以美国为代表的宽松主义，以行业自律为主，强调促进基于云计算的服务生态的高速发展，督促云参与主体完善安全保障技术，弱化政策法规限制，仅仅针对特定的具体事项进行规制、监督和救济；三是以亚太多国为代表的发展中的宽严相济，既强调通过政策法规手段保护云数据隐私权，又关注云产业及其关联的大数据和人工智能发展需要的海量数据资源的及时获取与高效处理。还有一些国家和地区尚未将云数据隐私权列入法律保护的范围，相关活动依赖企业自我管理和风险防范以及终端用户自行配备的隐私保护工具。

此外，随着世界范围内云数据隐私侵权事件越来越多，产生的负面影响也越来越大，关注人格尊严与个人自由的欧盟模式受到青睐和仿行，甚至连美国加州地区也部分采纳了欧盟做法。但是，欧盟亦意识到过于严格的云数据隐私权保护机制对于经济发展和技术进步的消极作用，开始尝试颁布一系列微调措施。

指出国际法律文件与标准呈现出逐渐协调的发展态势。探讨了域外云数据隐私权保护人权考量、云数据跨境流动法律调整模式、云数据隐私权保护机制建设中企业作用以及大国意志在国际协议中发挥的重要作用和大国之间国际协议的范本效用等对于我国的重要启示。

第五章：云上大数据处理中的隐私侵权问题研究

本章在梳理大数据发展简史的基础上，指出大数据技术具有加强虚拟与现实互联、推动广泛的深度协作、提高真相发掘效率、增加预测精准度等优势，分析云上大数据处理在推动科技发展、维护社会稳定、改善公共服务、缓解环境问题、提高经营实效、实现个性化服务、达致因材施教等方面的重要价值。

采用理论分析、现实分析和技术分析等方法，剖析云上大数据处理中隐私致险的重要因素，如多源隐私数据采集导致欠缺保护的个人数据巨量集聚、智能化数据分析技术打破匿名状态、数据主体对于云数据隐私权认知不足等。提出云上大数据处理中隐私风险的应对策略体系，主要包括完善云数据隐私权保护的政策法规、出台云服务协议和云隐私政策必备条款和建议条款清单、健全海量云数据库综合运作的政府监管机制、建立目标考量的再识别规则体系、加强云上大数据轮动的透明度审查、拓展被遗忘权的应用等。

第六章：云上人工智能模块中数据隐私侵权问题研究

本章从目前争议较大的云上人工智能模块的前景展望入手，指出当前既要正视人工智能模块推动经济社会发展的巨大效用，也应当认识到一些相关技术研发与应用已经偏离了正规，尤其是云隐私数据智能化处理中暴露出严重的失控风险。主要表现为输出结果充斥着错误和偏见，处理流程忽视个体差异与人格尊严、无视个人的情感需求、干涉数据主体的自主决策等。亟待构建透明开发与应用的法定正当程序,健全云隐私数据智能化处理的算法解释和结果验证的合规标准,完善相关侵权行为的违法问责框架等。

第七章:我国云数据隐私权保护的制度构建

本章采用法理分析、规则分析、现状分析、案例分析、制度建构等方法,从我国云数据隐私权保护的现状分析入手,列明我国现行的和起草中的云数据隐私权保护相关政策法规、国家标准和行业自律规则的主要内容、价值、效用和存在的问题。

采用案例分析和规则分析的方法探讨百度云、滴滴云、阿里云等云服务提供者的合规状况。具体描述了作为云数据隐私权重要保护工具的云服务协议和云隐私政策中暴露的云服务提供者并未主动遵循现行法律法规、政策伦理、行业自律规则、立法趋势和公众倾向,对内没有执行严格的数据安全和数据隐私保护机制,对外也未积极帮助数据主体降低风险并主动承担责任和及时弥补损失。

探讨了我国云数据隐私权保护机制中的法律法规存在滞后性、僵化性和不周延性的客观局限,云隐私数据跨境流动宽泛的本地化原则的缺陷,相应侵权损害赔偿不足以弥补损失与欠缺保护手段,国家标准和行业标准不当区分基本功能和扩展功能、个性化展示过于宽泛以及缺乏强制力等问题。

提出了我国完善云数据隐私权保护机制的对策建议。主要包括:建立云隐私数据全生命周期中公平、透明、有益、完整和可持续的法律框架,从事前预防、事中监管到事后救济等多方面完善云数据隐私侵权责任制度,引入惩罚性赔偿机制,完善法官自由裁量制度,创设全国一体化的专门性监管部门和机制,完善相关国际性侵权管辖制度并参与建构全球统一的云数据跨境流动法律保护机制,建立云隐私数据销售许可制度、云数据隐私影响评估标准、云隐私数据泄露举报方案、云数据传输溯源机制以及云服务提供者内部的数据隐私安全评估、监督和救济规则等。提出《个人信息保护法》的立法建议,重点推广平衡隐私与发展的云模式,完善云保险和后续补偿制度、积极普及相关知识等。

第一章 云数据隐私侵权行为的发生空间

罗伯特·肯尼迪曾言,"我们生活在一个趣味盎然的时代,既充满危险与不确定性,却也是人类历史上最富创造力的时代。身处其中的每个人最终都会受到源于自身的审判,辨识自己是否努力参与建设全新的世界秩序,评判自己的理想和目标在多大程度上成就了这一努力。"[①]

1960 年,利克莱德(J. C. R. Licklider)发表了《人-机共生》一文,以激昂的笔调勾勒设想中的未来场景,"人们通过机器进行的交流将比面对面交流更为有效"[②]。两年后,他提出了"星云网络"(Galactic Network)的概念,"计算机网络是允许全球使用者共享信息的系统。"继而,蓬勃发展的信息化建设使得人们逐渐认识到,网络不只是简单的交流媒介,而是重要的生产工具和生活空间。1984 年,威廉·吉布森(William Gibson)出版了《神经漫游者》一书。这部先后获得星云奖、菲利普·K·迪克纪念奖和雨果奖等的广受赞誉、影响深远的科幻小说创造了形容小说主角生存环境的专有名词——"塞博空间"(Cyberspace)。这一由思维、关系和交易构成的独立空间无处不在,又无迹可寻。每个人都可以自由进入,而不必考虑种族、财富、武力等带来的特权或偏见。此后经年,逐渐增多的类似表述无不彰显数字化场景内嵌着自由精神的天然属性。

21 世纪以来,在自动化领域的硬件成本极速下跌与计算机软件技术长足发展的双重驱动之下,海量传感器被广泛应用到各行各业之中,政企部门、社会团体、个人用户纷纷参与基于云计算的场景建设和使用,为构筑数据引领未来的崭新经济社会框架添砖加瓦。大量商业应用模型与庞杂的消费群体进一步夯实了云服务在互联网经济中的重要地位。即将到来的 5G 时代更是通过超远距且零延时的通信方式将人与人的连接拓展到万物互联,赋能众多行业经由多种路径实现全面云端化。由此,人们不再将由二进制数字组成的虚拟空间与原子组成的实体空间相对立,而是真切地意识到云生态环境正在为重塑社会生产结构和居民生活方式提供强有力的支撑。预计全球云数据中心 2021 年的流量将达到 19.5 泽字节/年(ZB/yr),占到世界数据中心总流量的 95%[③],即全世界几乎所有数据都在云端运行,都属于云数据的范畴。

众所周知,散布在星云网络之中的碎片化原始数据不仅无法指向特定自然人,甚至不可能直观揭示目标群体的某项特征,一般没有直接的使用价值。唯有经过系统处理的数

---

① Robert Kennedy. Day of Affirmation Speech[OL]. 1966-06-06.
② Licklider J C R. Man-Computer Symbiosis[R]. IRE Transactions on Human Factors in Electronics,1960:4.
③ Cisco. 13th Annual Complete VNI Forecast: VNI Global Fixed and Mobile Internet Traffic Forecasts(2017-2022). https://www.cisco.com/c/en/us/solutions/service-provider/visual-networking-index-vni/index.html? POSITION=Cisco%2blink&COUNTRY_SITE=us&CAMPAIGN=GCI%2b2016&CREATIVE=go%2bURL%2bto%2bGCI%2bpage&REFERRING_SITE=Cisco%2blink.

据资源才能充分发挥出潜在效用。大数据挖掘的核心优势就在于有能力处理浩如烟海的零散数据资源,而此类复杂工作必须依赖具有虚拟化分布存储和处理特征的云平台才能实现。

基于云计算的场景是集云上数据、计算和运营为一体的全新体验,持续创造海量就业岗位,推动新兴战略产业成长,支撑新时代经济社会有序发展。近年来,容器、微服务、DevOps等技术推动云市场稳定增长。我国相应的技术开发与实践应用已经深入工业生产、交通运输、医疗健康、社会治理、零售物流、金融保险、教育文娱、社交居家等领域,逐步实现去中心化、扁平化、去权威化和分布式运作。

第一节 基于云计算的新场景崛起

一、云计算的概念与特征

1. 云计算的概念

现代文明社会中人类共享高级计算方式的短暂历史是从通过台式电脑和拨号上网艰难分享数据到通过虚拟机小规模人工调度计算资源和存储资源,再到构建弹性的规模化自动调度数据资源的云计算架构的演进过程。

1961年,美国麻省理工学院(MIT)的百年校庆活动邀请了全球知名的计算机科学家、图灵奖获得者约翰·麦肯锡(John McCarthy)进行演讲。他在讲话中提出了把计算能力像水、电、气等公共资源一样,以依据使用量计算费用的方式提供给广大用户的设想。1966年,道格拉斯·帕克希尔(Douglas Parkhill)在《计算机技术面临的挑战》(The Challenge of the Computer Utility)一书中详细描绘了云计算的各种模型。但此时的工程建设领域尚不具备建立规模化云计算系统的能力。与之相反,随着微处理器的问世,用户能够将数据控制在自有终端的个人计算范式在20世纪后期获得广泛青睐。但是,各自孤立的计算系统的弹性不足、搭建和维护的技术要求很高且由于设备故障而导致数据丢失的安全事件频繁发生,往往需要很大的空间范围和大量的人力和金钱投入。

1991年,马克·韦瑟(Mark Weather)预测,继大型计算机和个人计算之后,不久将出现一种小巧、廉价、无所不在又不需要物理设备的第三代计算范式[①]。1997年,拉姆纳特·切利亚帕(Ramnath Chellappa)首次在学术会议上将云计算界定为一种新的由经济原理确定边界而不仅是技术限制的计算范式。2006年8月,全球搜索引擎大会(SES San Jose)上,谷歌首席执行官埃里克·施密特(Eric Schmidt)第一次明确提出了"云计算"这一词汇,并将之定义为一种时间和空间灵活的按需取用、按量付费的计算资源在线服务模式。其中,"云"(Cloud)有可能源于量子物理强调的计算弥漫性、分布性、社会性等特征,也可能是借用云状特征形象地表达基于互联网的虚拟平台的数据存储和数据流动的动态过程。

---

① Gary M Olson, Judith S Olson. Human-Computer Interaction: Psychological Aspects of the Human Use of Computing[M]. 54 ANN. REV. Psychol, 2003:491.

迄今为止,有关"云计算"的定义众说纷纭。主要包括:①美国加州大学伯克利分校的米迦勒·阿姆布拉斯（Michael Armbrust）等在《伯克利云计算白皮书》（Above the Clouds:A Berkeley View of Cloud Computing)中将云计算界定为软件即服务与效用计算的结合①。②维基百科将云计算描述为基于互联网的按需提供规模化软硬件资源和其他数据的计算方式②。③美国国家标准与技术研究院发布的云计算定义得到较为广泛的认同,即"云计算是能够投入最少的管理与少量交互就可以完成对网络、存储、服务器、应用软件和服务等计算资源共享池的快速配置和发布,实现按需便利的网络访问。"③④国际云安全联盟（Cloud Security Alliance,CSA）将云计算界定为针对网络、存储和计算资源池等基础物理设施及分布式数据、服务和应用等的使用方式④。⑤中国云计算专家咨询委员会副主任、秘书长刘鹏指出,云计算是通过网络按需提供动态的规模化计算资源给海量用户、确保复杂多样的应用系统都能够在大量基础物理设施构成的资源池中获得存储空间并完成计算任务的创新模式⑤。

云计算（Cloud Computing）是基于一个或多个规模化的数据中心组构成的超级计算机集群,能够通过以万维网为代表的在线通路,以免费获取或按需付费的方式将海量用户的应用程序和储存数据从个人计算机转移到互联网上并进行弹性共享的使用模式。最早的云计算形式之一是服务器端的电子邮件存储,后来慢慢发展成帮助用户改善本地运行的软件集群。而今,基于云计算的各种服务生态（如云主机、云空间、云开发、云测试和综合类产品等)通过互联网供应快捷、廉价、动态的计算资源,吸引用户将复杂的软件支撑和数据处理任务转移到云平台,推动以设备为中心的传统使用方式向以数据为中心的创新方式转变,大幅度地降低了用户的硬件购置成本和系统运维花费,为资金、人员或技术短缺的中小企业开拓了创新发展的空间,在一定程度上避免了实力雄厚的业界巨头的变相垄断,逐步发展为支撑众多行业有序成长、助力社会结构转型的关键性信息基础设施。全球本领域的产业竞争中,亚马逊公司不仅是最早向企业提供按需计算服务的云计算商业应用的先驱,亦是当前首屈一指的云巨头企业。而在我国的互联网企业之中,阿里巴巴集团率先搭建了基于云计算的数据库,迄今已经在国际产业竞争中占据了优势地位。

2. 云计算的特征

云计算解决了传统计算方式延迟率高、分享率低、可移动性差以及费用高昂等问题,适应了当前数据资源需求增长和计算市场不断变化的现实情况。基于云计算的服务生态具有随时获取、按需使用和动态扩展等特征。云用户可以自行编辑和控制己方数据,有助于降低成本、优化投资、提升效率,释放大数据分析的潜能,推动人工智能技术进展,为政府部门、企事业单位、其他社会组织和个人用户的数字化和智能化升级提供重要支撑,增

---

① M Armbrust. Above the Clouds:A Berkeley View of Cloud Computing. UCB/EEC,2009:28.
② Cloud computing. https://en.wikipedia.org/wiki/Cloud_computing.
③ Peter mell,Tim Grance. The NIST Definition of Cloud Computing[OL]. https://csrc.nist.gov/publications/detail/sp/800-145/final.
④ The Definition of Cloud Computing. https://cloudsecurityalliance.org/blog/2015/10/26/the-definition-of-cloud-computing/.
⑤ 刘鹏. 云计算技术原理. https://wenku.baidu.com/view/14237c0b0722192e4536f153.html.

强中小企业和创新机构的竞争力,推动经济社会平稳发展。

(1)软硬件灵活共享

传统的计算模式从基础设施、操作系统到软件应用等都需要用户独立配置或以租赁等其他方式承担。云计算基于集中构建的一个或多个数据中心,通过集群应用、网格技术和分布式数据分析等有效聚合、快速部署和全面释放虚拟计算资源,为用户群体提供高性价比的规模化动态计算资源,改变了传统信息行业的技术架构和系统运转模式。基于云计算的服务环境中,提供者将基础设施、网络层资源、应用层资源等作为类似公用水电资源一样,采取自动控制的方式按需配给众多用户,能够快速弹性地释放计算资源并及时进行监督和控制。云用户在分布式自行管理之下高效完成各自的计算任务。基于云计算的服务生态通过裂分和整合的虚拟化运作隔离基础物理设施和软件应用平台,扩大硬件容量并简化软件配置程序,降低用户自建数据中心的庞大投入、管理负载和技术要求,"企业在云计算上投入1元,将减少在传统信息技术资源上投入4元。"[①]

(2)互联网无缝对接

广大用户能够直接通过互联网自由接入云计算平台,不受地区限制和时间约束。通过互联网无缝对接的方式大幅降低了海量数据的存储、处理和传递的成本,使得来自四面八方的数据主体能够摆脱增设和维护软硬件设施、强化容错、安全保障与优化能耗等复杂事务,可以在完全不与云服务提供者进行人工交互的情况下,按照自身可量度的需求弹性透明地付费或免费使用计算资源、网络资源及应用软件。"通过云连接,原来可能没有什么关联的企业可以利用自身的特点和优势,形成优势互补、相互合作,目标用户群可能发生融合,也带来了多元化的市场发展思路,从而大大提高两家企业的竞争力,让企业本身得以更好地进化和成长,更好地满足和优化用户需求,提升用户的产品体验,乃至提升各自的影响力和知名度。"[②]

(3)计算能力强大可靠

云计算具备10万亿次/秒的爆炸性计算能力,通过广泛的并行数据处理瞬间完成传统计算中需要大量人力、物力和时间才能实现的任务需求,有效整合云用户的数据资源,提升大数据挖掘的精准度和人工智能开发水平。多副本的集群计算、数据冗余和分布式存储通过任务分解和聚合处理实现了高度容错(检测到故障并自动纠正)和快速修复(在任一节点数据崩溃时都可以从群集其他位置调用副本),大幅增加了基于云计算的服务生态的可靠性。

当然,旨在推动万物全链路数智化的云服务亦有明显缺陷,且大多是由于用户失去了对数据的控制能力而引起。例如,云服务提供者普遍采用虚拟化方式按照多用户需求在不同架构的服务器上动态分配计算资源,众多使用者往往仅在注册或购买服务时通过控制页面指定意向的数据存储国家或地区,却难以在云系统运作的整个生命周期中动态透明地知悉或控制数据资源的确切位置。处于同一资源池的多个用户之间一般采用相对简单的虚拟隔离方式,增加了数据互通互访的安全风险,变相降低云数据隐私

[①] 雪球. 科技系列一:云计算(1)简介与行业分析. http://www.myzaker.com/article/5ae3308977ac647c555ec151/.
[②] 王紫上. 云管理2.0[M]. 北京:人民邮电出版社,2017:103.

侵权的难度。此外,在云服务提供者无法保护数据安全且数据主体遭到损害之时,尚不健全的法律救济机制、模糊的用户协议和双方主体的技术差距等有可能导致数据主体维权困难。

二、云计算的发展历程

1999年,赛富时公司(Salesforce.com)率先向终端用户提供通过互联网按需购买企业级应用程序的服务。2006年,亚马逊公司以网页服务形式推出了允许小微企业和个人用户租用计算机搭建应用程序系统的计算云(Elastic Compute Cloud,EC2)。同年的全球搜索引擎大会上,来自谷歌的埃里克·施密特提出了"云计算"的概念。2007年,国际商业机器公司(IBM)推出了"蓝云计划"并于次年在无锡建立了我国首个云计算中心。2008年,谷歌公司发布了允许开发人员在数据中心托管网页应用程序并根据流量需求扩展资源的"谷歌应用引擎"(Google App Engine,GAE)。仍是这一年,微软公司初步开始尝试面向开发者的"蔚蓝"云计算平台(Windows Azure Platform,WAP)。2009年,如今已经成为全球顶尖的云基础架构提供商的VMware推出了第一款减少用户物质投入和精神耗费的云操作系统VMware vSphere。同年5月22日,中国第一届云计算大会开幕。彼时,除了阿里巴巴集团对云计算表示了强烈的兴趣和巨大的信心之外,腾讯公司、百度公司等并不看好云计算的发展前景。同年,中国正式成立了首个云计算产业协会,国内第一家移动云计算平台"大云计划"也顺利启动。

2010年,美国诺威尔公司(Novell)与国际云安全联盟(CSA)联合公布了全面约束云计算提供者具体行为的"可信云计划"(Trusted Cloud Initiative,TCI)。微软公司正式发布了能够通过云数据中心部署、测试和管理应用程序的"蔚蓝"云计算平台。同年,我国政府发文在多个城市开始搭建云计算服务系统。2011年,思科系统加入OpenStack云计算管理平台,而国际商业机器公司(IBM)推出了包括基础即服务、平台即服务、软件即服务等全栈式服务的智能云(Smart Cloud)。2012年,亚马逊公司在美国拉斯维加斯召开了第一次云服务大会(AWS re:Invent)。会上提出了企业云计算发展战略,展示了一些新功能和使用方法,并下调了部分费用。随后几年间,甲骨文、阿里云、腾讯云、华为云等后起的云计算综合服务提供商相继展示了前沿的云计算技术和多样化的基于云计算的服务解决方案。

时至今日,全球云计算领域的技术开发与实际应用成绩斐然,我国也呈现出欣欣向荣之势。但是,基于云计算的服务生态属于资本密集型产业,需要雄厚的资金后盾,在一定程度上抬高了创新企业的准入门槛,导致国内云市场份额较为集中。虽然截至2018年10月,中国优质企业数据库中收录的云计算从业机构共有255家[①];但同年的《中国云市场份额报告》与加特纳公司(Garter Group)的调查结果均显示,阿里云以42.9%的份额占据了公有云服务市场近半壁江山(第2、3名分别是腾讯云和中国电信)[②]。我国工信部的

[①] 清华大学互联网产业研究院.2018云计算和人工智能应用白皮书[J].软件,2018(09).
[②] 腾讯财经.IDC公有云报告:中国云市场已形成"一超四强"格局.https://finance.qq.com/a/20190508/006207.htm.

《推动企业上云实施指南(2018—2020)》中设定的目标是要在3年内增加100万家上云企业,使得云计算渗透生产经营和销售管理等整个流程①。中国贵州省宣布探索实行"云使用券"的财政补贴以推动企业需求上云、生产制造能力上云、公共服务能力上云、数据上云、业务上云等②,逐步降低系统复杂度、提升自主部署和独立扩展的能力,充分发挥网络创新企业孵化平台的作用。当然,云计算迅速发展的过程中也暴露出网络、软件、服务器和数据中心等面临的可靠性、稳定性和安全性风险,对个人数据隐私权构成重大威胁。

第二节 基于云计算的服务领域

20世纪50年代以来,信息技术基础设施经历了从大规模集中式计算的大型机到小型机、再到小规模分布式的个人计算机和小规模集中化的客户端服务器架构,最终到大规模集中化的云计算的发展历程。

万物互联的全新场景下,基于虚拟化和分布式计算调度管理的云服务由积极参与的众多提供者面向各行各业赋予多个用户广域计算、安全通信、数据挖掘和算法决策等专属解决方案,是将信息技术基础设施整合层级网络链路、数据存储中心与深度学习技术而成规模超大的计算资源的极其复杂的长链产业。"整体市场规模高达378亿元,增速31.7%"③"逐步形成云产业链……开拓出恢宏的经济增长空间"④。具体到基于云计算的服务生态,可以根据不同标准进行类别划分。

一、按照云计算的交付方式划分

基于云计算的交付方式不同,可以分为基础设施即服务、平台即服务(衍生出容器即服务)、软件即服务等。这是目前认可度较高的分类方式。

1. 基础设施即服务(Infrastructure as a Service,IaaS)

云服务提供者为接入终端设备的用户群体运行其应用程序而提供完整的可供不同用户共享的物理基础设施。具体包括了服务器和数据中心交换机等物理资源,虚拟化的计算、存储和网络等虚拟资源,弹性调用计算资源的应用程序编程接口、弹性调用存储资源的应用程序编程接口、弹性调用网络资源的应用程序编程接口等资源服务。

数智化时代中通过虚拟化技术在概念上分离不同的计算单元(如在同一个物理机上托管独立于操作系统的多个虚拟机),按照用户指示无缝解决高峰和低谷时对于基础物理设施的不同需求,缩减用户部署和运行包括应用程序等在内的软件的时间、金钱和精力成本,降低对于用户技术能力的要求。即便用户获取的整个文件看似是统一聚合的计算逻辑的抽象结果,事实上这些数据可能分布存储在地理位置各不相同的物理硬件之中并经

---

① 《工业和信息化部关于印发〈推动企业上云实施指南(2018—2020年)〉的通知》.工信部信软〔2018〕135号. http://www.gov.cn/xinwen/2018-08/12/content_5313305.htm.
② 云使用券申领开始.http://1.207.107.34:8081/.
③ 中国信息通信研究院.云计算白皮书[R].2016.
④ 钮敏,唐新川.云消费者权益保护的障碍剖析及对策研究[J].图书与情报,2014,2:57-60.

由特定管理系统检索分析而成整个文件。相反,不同用户的数据可能共存于相同的物理硬件(甚至是同一个逻辑数据库),仅由软件相互隔离且实现自动管理。此类用户直观感受到的单个虚拟网络实质上是搭载在共享的同一个物理基础设施上的由各自独立的虚拟链路、虚拟路由器、虚拟防火墙和虚拟网络协议地址等资源组合而成的单个逻辑单元。此外,由于前期需要投入巨额的设备建设和技术开发费用,目前的云服务供方市场基本把持在几个国际知名的巨头企业手中。亚马逊网络服务(AWS)的占比高达51.8%,其余的主要份额为微软 Azure 的 13.3% 和阿里云的 4.6%①。

2. 平台即服务(Platform as a Service,PaaS)

云服务提供者通常面向应用程序开发者供应包括数据库和网络服务器等在内的完整的物理基础设施和编程平台,使得开发者能够在包括开发、测试、投入应用和销毁等整个软件生命周期中获得开发工具包、开发标准、用于分配和支付的渠道等。其中,叠加在基础物理设施之上的大数据引擎是具备多用户感知能力的针对结构化、半结构化和非结构化数据的服务工具;云应用开发部署的敏捷平台具备分布式水平扩展能力。这一切使得小微初创企业和独立开发人员虽然不能控制云底层的物理基础设施,却可以在无须专门技术知识也不必购买和搭建服务器的情况下就能够拥有自主部署应用程序及其托管环境的合理配置,增强了远程协作、源代码保护、数据分析和语音图像识别的能力,大幅度地降低了应用程序开发成本。

"平台即服务"的供应成本相对较低,用户需求和发展空间较大,是当前云市场中百家争鸣的服务模式。主要包括微软、谷歌、新浪等应用运行云平台,发动机场、镜头通路等应用管理云平台和沙斯塔、云开关、U检验等应用开发测试部署云平台;也可以分为云用户自动部署己方应用和不用云用户部署的通用应用。在云服务提供者没有替代用户安装其自行开发的应用程序而仅提供了可以将配置信息融入的自动化安装过程的场景中,常常出现环境差异大、脚本问题多和跨云迁移困难等问题,催生了运用隔离技术构筑封闭的环境容器以封装整个软件运行环境,进而为应用程序开发者提供资源部署、共享和调度的平台的"容器即服务"(Container as a Service,CaaS)。

3. 软件即服务(Software as a Service,SaaS)

提供者通过按需按量付费方式向用户租赁软件或者在遵循一定的软件使用约束条款的前提下给予其免费使用服务的权利,改变了用户购买并装载软件到自己的硬件之上、相关应用程序运行服务器仅向特定的终端用户群提供服务的传统模式。面向对象最广泛的服务供给新架构,使得政府部门、企事业单位、其他社会组织和个人都可以通过各种设备上的用户端界面在云平台的计算资源中部署和运行应用程序。

当前,5G技术落地、海量数据集聚和人工智能技术发展等,推动基于云计算的各种服务生态彼此交融,正在形成提供者按需供应全部基础设施、平台、软件和流程的"一切即服务"(XaaS)的创新模型。

---

① AWS市场份额已达到51.8% 2019 云计算厂商机会在哪里?http://www.sohu.com/a/280814852_100089098.

二、按照云计算的环境代际划分

1. 云环境1.0

这一阶段是通过引入虚拟化计算集群彻底分离云用户的项目应用和底层基础设施。面向数据中心管理人员提供多用户实例和程序环境持续复用于相同的物理设备之上的基础设施资源虚拟化服务模块。

2. 云环境2.0

这一阶段是通过提供标准化的基础设施服务和自动化的资源调度软件,面向内外部用户,将原本必须经由数据中心管理人员人工干涉的复杂低效的计算资源申请与配置过程更新为在一定的审批权限范围内和资源限额中全自动运作的计算资源服务过程,大幅度地缩短了云用户使用虚拟机或物理机等基础设施时准入和调整的时间耗费,实现弹性动态地供应云基础设施,却尚未涉及平台结构和软件应用的具体调整方案。

3. 云环境3.0

这一阶段是面向信息技术应用开发者、管理者和维护者提供适用于不同业务领域设计的大规模分层架构和重要的软件支撑,加强互联网络不同节点之间的交互联系,助力云用户极速提升创新力,推动全方位的数智化进程。

基于云计算的环境代际自1.0的计算虚拟化到3.0的计算、存储和网络全面虚拟化的良性演进,云服务中的虚拟隔离技术、加密技术和安全评估技术等也有所改善,推动云上大数据处理和人工智能技术的健康有序发展。

三、按照云计算的应用行业划分

"如果说消费互联网是引爆云计算的原子弹,产业互联网对于云计算来说,就将是威力大之数倍的氢弹。"①可以按照云计算的产品和服务应用的具体领域,具体划分为工业云、政务云、金融云、电商云、教育云、农业云、医疗云等覆盖全生态的系统集群。

1. 工业云

面向工业场景的云服务通过多终端采集海量数据,促进产业链和供应链高效协同与资源优化配置,激励工业数字化,勾勒智能制造的宏伟蓝图。例如,江苏的汉云机械平台和安徽的"万企上云计划"等已经发挥出大力推动工业增长的积极效用②。

2. 政务云

政务云是我国目前基于云计算的服务生态里发展较好的类别。《中国政务云发展白皮书》显示,2018年我国政务云市场规模接近300亿元。几乎全部省级行政区(30/31)和70%以上的地级行政区(235/334)已经或正在建立政务云。规模化的政府云的建设和运

---

① 产业互联网风起云涌,云计算格局或被重塑. https://baike.baidu.com/tashuo/browse/content? id=3751d6bc2af65b63b9d1ca348&lemmaId=&fromLemmaModule=pcBottom.

② 工业互联网托起"云上长三角"[N]. 经济参考报,2019-01-14.

营大幅缩减了财政事务信息化的成本（普遍在 20%～30%），极大地提高了政务数据的价值①。

3. 金融云

金融云是云计算渗透金融机构的产物，助力实现金融业的海量数据聚合与传输，降低金融机构运营成本，提升金融业务部署的灵活性，积极改善金融用户体验。目前，我国46.8%的金融机构计划使用、41.18%的金融机构已经使用了云计算技术②。其中，P2P、微贷等天然具有网络属性的创新型互联网金融和银行、保险等传统金融机构的渠道系统、客户营销系统和经营管理系统等辅助性业务基本已在云场景中运营③。

4. 电商云

电商云是基于云计算的电商业务解决方案。信息技术高速发展和数据安全日益重要的情况下，逐渐加高的准入门槛使得中小企业难以参与电商业务。电商云为这些资金薄弱的初创企业提供了软件租用、在线交易、在线管理和信用评价等服务，使得企业不用花费海量人力和物力自建电商系统，降低成本、提高效率，助力构筑整个行业有序竞争的良性环境。

5. 教育云

教育云是云计算渗透教育领域而建立的统一部署教育资源、实现教管协作的动态平台，助力相关人员随时随地通过各种终端设备在线共享教学教研资源，大幅度地降低教育成本。

6. 农业云

农业云实现了基于云计算的大规模农业数据服务的统一存储和共享部署，推动现代农业的数字化、智能化、精准化发展。

7. 医疗云

医疗云是指在医疗卫生领域基于云计算构建的健康类业务平台，在提升医疗服务效率、降低相应管理费用、精准采集居民健康数据、改进医疗产品质量并提升医疗服务水平等方面发挥积极作用。

四、按照云计算的部署方式划分

奇点时代，基于云计算的服务生态已经渗透到社会生活的各个场景之中。按照所有权归属的区别与差异化的开放部署模式，可以分为公有云（外部云）、私有云（内部云）、混合云等。

1. 公有云（外部云）

云计算的初衷是实现低成本、高效率、较为灵活的规模化资源共享。公有云是对这一目标的最优诠释。公有云以外部提供者控制的一个或多个数据中心为基础，采取细颗粒

---

① 云计算开源产业联盟. 中国政务云发展白皮书[R]. 2018. https://www.docin.com/p-2166781169.html.
② 中国信息通信研究院. 金融行业云计算技术调查报告[R]. 2018.
③ 中国信息通信研究院. 中小银行上云白皮书[R]. 2018.

度的自助方式,通过应用程序或网页服务,以免费或依量付费的方式动态按需给予众多用户海量计算资源。云用户无须承担数据存储和处理的高昂费用,就可以便捷且廉价地部署和使用各种资源。

2016年,全球公有云市场规模为654.8亿美元,复合年增长率为25.4%;2017年激增到1110亿美元,年增长率为29.22%。中国2017年的公有云市场规模约为264.8亿元,预计到2021年市场规模将达到902.6亿元[1]。2018年下半年,阿里云、腾讯云、中国电信、亚马逊AWS和金山云等位列中国公有云市场前五位的厂商的市场份额达到了74.6%,显示出明显的头部聚拢现象,进一步压缩了中小企业的生存空间[2]。

2. 私有云(内部云)

私有云是需求主体的技术部门或委托第三方配置物理基础设备并从平台提供者处下载和安装应用软件以供本机构各部门使用的模式。此种部署模式下,云用户必须建造或购买、管理并维护硬件设备和应用系统,能够安全控制己方客户访问活动和各种应用更新。一般而言,只有Eucalyptus、3A Cloud、联想网盘和OATOS等大型企业才有能力负担较高的前期成本和长期维护费用。一方面,私有云由需求主体通过低带宽环境独占使用的云私有架构持续复制同质数据,不可避免地催发冗余带宽和过量存储;欠缺优质数据聚合处理能力与信息备灾应急机制等导致数据运作负荷高峰时有可能因为蓄存实力不足而错失发展机遇,"资金成本与实践成本的投入正是消费者止步在私有云之外的重要因素"[3]。另一方面,政务云、金融云、工业云等需要较高安全保障的应用领域使得中国私有云市场保持高速增长,预计2022年的市场规模将达到近1000亿元[4]。

3. 混合云

《云计算领域的基础类国际标准:云计算概述和词汇》(ISO/IEC17788:Cloud Computing Overview and Vocabulary)将混合云定义为"兼具公有云与私有云双重功能的部署模式"[5]。负载均衡的混合云(如戴尔的"任意云3.0"[6])通过虚拟私有云和共享公有云的规模优势避免本地重复部署浪费海量资源[7],通过综合拓展和集中调度数据资源池来优化海量数据处理进程。混合云生态系统具有一定的优势,主要包括以下几方面。

(1)提升用户核心控制力

混合云生态系统普遍遵循"服务导向结构"(Service Oriented Architecture,SOA)或"表征状态转移"(Representational State Transfer,REST),以远程部署提供者最小干预的分散协作方式快速向目标用户集中提供个性化解决方案,最大限度地实现云服务的定

---

[1] 中国信息通信研究院. 中国公有云发展调查报告[R].2017.
[2] IDC. 中国公有云服务市场跟踪报告. 转引自IDC公有云报告解读:中国云厂商淘汰赛已开始[N]. 中国日报,2019-05-07.
[3] 刘忠东. 私有云存储,我的地盘我做主[J]. 电脑爱好者,2012,8:8-9.
[4] 新华网. 2018最新中国私有云企业TOP20榜单. 2018-11-12.
[5] ISO/IEC 17788:Cloud Computing Overview and Vocabulary. http://standards.iso.org/ittf/PubliclyAvailableStandards/c060544_ISO_IEC_17788_2014.zip.
[6] http://www.weidu8.net/wx/1001147749623459.
[7] Papastathopoulou P, Avlonitis G J. Intraorganizational Information and Communication Technology Diffusion:Implications for Industrial Sellers and Buyers[J]. Industrial Marketing Management,2007(36):345.

制化。相对封闭的链网运作流程充分提升云用户的核心控制力,实现安全高效的办公自动化、业务自动化和管理自动化。

(2)加强用户数据安全

混合云提供者通过多元公共冗余中枢散存海量数据,助力异步灾难恢复,迅速优化云用户的数据灾备;通过从物理层面阻断不必要交互关联并综合运用防火墙、身份认证与痕迹追踪等相对安全地整合核心数据存储,确保用户信息免受黑客攻击、病毒感染及恶意第三方泄露等,尝试打造"最可信赖的安全环境"[①]。

(3)加强用户数据处理实效

混合云生态系统灵活运用高负荷运算法则分配与优化数据供给,"具有响应用户动态移变需求的能力"[②]。云用户随时随地可以链接共享云端,按需动态获取与分享广域信息资源和挖掘服务[③],减轻自我管理与数据备份的超负压力。相应功能依据使用付费的策略与灵活调整机制大幅度地降低需求主体对于物理设施的前期投入与扩展成本,推动科创企业和个人用户基于数据价值后发优势的跨越式成长。

第三节 云数据隐私权的法律特性

一、隐私概述

1. 隐私的定义

海曼·格罗斯(Hyman Gross)曾言,"我们很容易感受到隐私受到威胁,却难以弄明白隐私的具体内涵"[④];汤姆·格雷迪(Tom Gerety)指出,"隐私"是一个没有明显界限的广泛且可变的概念[⑤];王泽鉴也在《人格权法》一书中阐释了隐私概念的不确定性[⑥]。由于这一词汇具有因人而异、因事而异、因时而异、因地而异等的动态相对性特征,全球范围内迄今没有出现学界一致认可的精准概念界定。以依托不同国家和地区的独特文化而营建的形态各异的隐私认知标准为例,充斥着大量的类似"只有沙特、伊朗等极少数国家将成年女性的相貌视为绝对隐私"的棘手问题,导致全球范围内无法给出权威的"隐私"定义。

西方社会中,不少学者曾经主动界定隐私概念。例如,塞穆尔·沃伦(Samuel Warren)和阿诺德·齐美尔(Amold Simmel)将之定义为个人反对外界窥探的独处状态[⑦];露丝·格威什(Ruth Gavision)将之视为他人接触己身时的受限状态[⑧];戴维·巴泽隆(Da-

---

① Orakwue E. Private clouds: Secure managed services[J]. Information Security Journal, 2010(19):295.
② Goscinski A, Brock M. Toward dynamic and attribute based publication, discovery and selection for cloud computing[J]. Future Generation Computer Systems, 2011(26):947.
③ Rimal B P, Jukan A, Katsaros D. Architectural requirements for cloud computing systems: An enterprise cloud approach[J]. Journal of Grid Computing, 2011(9):3.
④ Hyman Gross. The concept of privacy[J]. New York University Law Review, 1967(42):34-54.
⑤ Tom Gerety. Redefining privacy[J]. Harvard Civil Rights-Civil Liberties Law Review, 1977(12):233-296.
⑥ 王泽鉴. 人格权法:法释义学、比较法、案例研究[M]. 北京:北京大学出版社, 2013:204.
⑦ Amold Simmel. Privacy is not an Isolated Freedom. Nomos XIII: Privacy, 1971:72.
⑧ Ruth Gavison. Privacy and the Limits of the Law[J]. Yale Law Journal, 1980(89):421-271.

vid Bazelon)和马克思·韦恩斯坦(Marx Weinstein)将之描述为个人与社会相分离,远离他人接近的状态[1];W·A·帕伦特(W. A. Parent)将之解释为个人未公开的信息不被他人获悉的状态[2]。又如,查尔斯·弗里德(Charles Fried)指出隐私是个人对于己方信息的控制行为[3],而艾兰·韦斯汀(Alan Westin)将之细化为个人、群体或组织决定何时、何地、以何方式在何种范围内向他人传达涉己信息的行为[4]。次如,理查德·帕克(Richard Parker)主张隐私是与个人身份相关的私密信息[5]。再如,邓·普罗瑟(Dean Prosser)认为,隐私是个人名誉、心理安宁与无形财产等诸多利益的组合体[6]。同时,一些权威词典也对隐私进行了定义。例如,《韦氏词典》将隐私定义为独处或远离他人视线时的素养[7]。

我国古代分开使用"隐""私"二字。《荀子·王制》中写道:"故近者不隐其能,远者不疾其劳",这里的"隐"字为隐藏之意;《诗·小雅·大田》中写道:"雨我公田,遂及我私",这里的"私"字为秘密之意。《现代汉语词典》和《牛津高阶英汉双解词典》分别将隐私界定为,"与公共利益无关的个人私生活中的秘密"和"一种秘密地不受公众干扰的状态"[8]。

面对复杂多样的概念界定,基于隐私定义应当尽量与日常用法相适应,充分发挥助力人们清晰地、一致地、精准地探讨各种隐私理论的作用[9],强调其与个人自由和人格尊严的内在联系,突出其不可侵犯的自治利益,重点关注包括不愿示人或不便示人的个人信息、个人行为和个人领域等的定义方式较为合适。阿丽塔·艾伦(Anita Allen)指出,隐私是个人保持安静的独立生活、全面控制自己的事务、不被他人在未经本人允许的情况下接近的权利[10]。王利明主张,隐私是个人不愿或不便他人知晓的信息、干涉的私密之事或侵入的领域,且与公共利益或群体利益无关[11]。

2. 隐私的范围

梁慧星曾提出,交互作用的主客观因素促成了隐私的出现。其中,主观因素是个人保持私密、不愿他人知晓的心态,客观因素是隐私的内容本质上是自然人本身就可以掌握的信息、可为的事务和可控的领域[12]。隐私的范围是个具有极大主观性的动态概念,很大程度上受制于自然人的身份、年龄、位置、处境、地域等不同情状导致的认知差异。曾经写出同名著作《忏悔录》的两位先贤——圣·奥勒留·奥古斯丁(Saint Aurelius Augustinus)

---

[1] David Bazelon. Probing privacy[J]. Georgia Law Review,1977 (12):589-619.
[2] W. A. 帕伦特. 对隐私的定义所作的各种界定[M]. 魏凌,译. 张民安主编,隐私权的界定:民商法学家(第13卷). 广州:中山大学出版社,2017:182.
[3] Charles Fried. Privacy[J]. Yale Law Journal,1968(11):475-493.
[4] Alan Westin. Privacy and Freedom[M]. New York Atheneum Press,1967:54.
[5] Richard Parker. A Definition of Privacy[J]. Rutgers Law Review,1974(27):275-296.
[6] Dean Prosser. Privacy[J]. Californian Law Review,1960(48):383.
[7] 特伦斯·克雷格,玛丽·卢德洛芙. 大数据与隐私:利益博弈者、监管者和利益相关者[M]. 赵亮,武青,译. 沈阳:东北大学出版社,2016:14.
[8] 中国社会科学院语言研究所. 现代汉语词典[M]. 北京:商务印书馆,2012:1556.
[9] Parent W A. Privacy,morality and the law[J]. Philosophy and Public Affairs,1983 (4):269-288.
[10] 阿丽塔·艾伦,理查德·托克音顿. 美国隐私法:学说判例与立法[M]. 冯建妹,石宏,郝倩,等,译. 北京:中国民主法制出版社,2004:34.
[11] 董新平,叶彩鸿,蒋怡. 物联网环境下个人隐私信息保护体系建设研究[M]. 北京:人民出版社,2018:43.
[12] 梁慧星,廖新仲. 隐私的本质与隐私权的概念[J]. 人民司法,2003,4:26-27.

和让·雅克·卢梭(Jean Jacques Rousseau)对于分享个人私密展现出截然不同的态度。奥古斯丁并不介意与他人分享自己潜藏的情欲和混乱的性经历,卢梭却为此郁结于心并拼命洗白。时至今日,有些人会积极主动地在抖音、脸书、微信朋友圈等社交平台发布自己的生活照片或视频资料,极度渴望与全世界分享自己的每一次出行、每一顿餐饮、每一个想法;另一些人却因为深切担忧这些举动有可能暴露自己的私密信息而不愿涉足;更有甚者会把自家摄像头拍到的私密内容放在暗网中的交易平台出售以满足购买者的窥私欲,而类似内容被曝光对于不希望他人知晓个人私密的自然人来说,却是毁灭性的精神伤害。

理查德·克拉克(Richard Clarke)的"隐私四分法"曾引起广泛关注。即隐私可以划分为个人隐私、行为隐私、人际交往隐私和数据隐私四个维度,享有隐私者则处于独居、亲密、匿名和缄默四个基本状态。①隐私的第一状态是独居。即自然人远离群体、免受他人观察的状态。莱昂·狄骥(Leon Duguit)在《〈拿破仑法典〉以来私法的普遍变迁》中强调,"意思独立是普遍自由的要素。"①虽然处于独居状态的自然人也有可能会遭遇令人不安的物理刺激或者感受到各种超自然力量或者公权部门暗中监视的心理困扰,却是一个独立个体最完整的隐私状态,直接反映出不受他人干扰的自由。②隐私的第二状态是亲密。即两个或两个以上的自然人通过在封闭群组里共享某些特定的私密信息而逐渐形成彼此放松的信任状态。摩莱里在《自然法典》中批判过彻底离群索居的"绝对自由","如果自由是指完全独立、绝对排除个人与他人的任何联系,那么,这种自由就是孤立状态,人们孤单地像草木一样生活着。"②亲密关系网内的隐私共享为建立密切的人际关系提供了重要工具,是实现个人幸福的手段,也是维系社会稳定的要素。③隐私的第三状态是匿名。即自然人处于公共空间之中或是正在参与公共事务之时能够免受身份识别或外部监控的良性状态。保障个人言论自由和行为自决的匿名机制既有利于降低侵害自然人的人格权益甚至造成生产生活困扰的风险,又受到他人合法权益边界的约束。正如博登海默在《法理学、法律哲学与法律方法》中所言,正义是每个人都可以自由行为,但以其没有侵犯他人相同自由为前提。④隐私的第四状态是缄默。即自然人为了防止遭遇不合理的外来侵扰而营建的心理状态。文明社会中独立的个体不仅"对于不能谈论的东西必须保持沉默"③,对于不想谈论的东西也有权保持沉默。

近年来,随着网络技术长足发展,传统的通信方式逐渐衰落,绝大多数人际交往活动牢牢扎根在数字化平台之上。理论界和实务界一再拓展对隐私范围的认定。有观点认为,目前的隐私范围应当包括物理性隐私、信息性隐私、组织性隐私等诸多分支。其中,物理性隐私是指自然人的人身、财产和私人空间的私密性;信息性隐私是指以数字化形式收集、存储和共享的个人资料;组织性隐私是政府部门、商业组织和其他社会机构中特定资料和活动情况的机密状态。这一过于宽泛和模糊的认定方式忽视了隐私源于自然人的生

---

① 莱昂·狄骥.《拿破仑法典》以来私法的普通变迁[M].徐砥平,译.北京:中国政法大学出版社,2003:12.
② 摩莱里.自然法典[M].黄建华,姜亚洲,译.北京:商务印书馆,1982:59.
③ 路德维希·维特根斯坦.逻辑哲学论[M].贺绍甲,译.北京:商务印书馆,1996:1.维特根斯坦在前言中写道:"这本书的全部意义可以用一句话概括:凡是可以说的东西都可以说得清楚;对于不能谈论的东西必须保持沉默。"本意是从宏观的哲学思考去诠释语言、思维和世界的界限。这里仅是借用字面意思和部分微观含义。

理私密和心理私密引发的羞耻感，背离了个人隐私以自然人的个体自由和人格尊严权益为导向的初衷。

隐私是现代社会建设的关键要素①，具体范围涉及个人资料、个人行为和个人空间等多个层面。个人资料是指自然人具有合理隐私期待的静态化的身高、体型、肖像、声音、喜好、财务状况、医疗记录、通信地址、电话号码、邮箱编号和微信微博账号等信息内容；个人行为是指一切无关公共利益和他人权益的自然人不欲他人所知的两性交往和其他日常事务；个人空间是指附属于自然人的记载私密的背包和居所等特定区域。

3. 隐私的价值

人类族群是生物谱系中极其复杂的一支，既有震撼心灵的善德和智慧，亦有贪婪、惰性和对权力与性欲的狂热渴望。弗洛伊德曾将人类比作受到复杂的巨大欲望驱使的动物。事实上，不仅那些探索真理的渴望和对美好生活的追求能够推动社会进步；那些轻微的违法违德行为也可能是纾解个人压力或缓和社会矛盾的重要方式，不可盲目地全盘曝光。例如，诚实可信一直是公认的优良品质，但谎言欺骗也是社会存续的必备因素。整个社会陷入个人之间完全透明的状态不可能把俗世变成天堂，毕竟连《圣经》都告诫我们："不可泄露人的秘事"（箴言 25:9）。此外，个人知识水平和生活阅历的局限性使得很多人因为年轻、冲动、见识浅薄或其他特殊原因而犯下各种错误。漫长的岁月中，每个人都应当享有重新出发的权利，而隐私正是一个人能够轻装上阵、从头再来的重要保障。

整个社会的有序运作需要适度地分离各个区域，避免自然人生活在被无死角的全方位监视的恐惧之中。德沃金在《认真对待权利》中表示，每个成员都享有作为同类而受他人最低限度尊重的权利。隐私为人们提供了捍卫人格尊严的核心武器，"保护个人免受他人基于某个狭窄关注范围的认知而对其进行评判"②，避免遭遇难以查证的性别性向歧视、种族信仰歧视、外貌地域歧视及其他形形色色的社会排斥。例如，用人单位有可能是根据求职者的信息资料中反映的性取向、宗教信仰、心理状况或家庭背景等给予歧视性待遇，却在表面上标识为其他理由，甚至故意捏造并散布掺杂了一些真实隐私资料的贬损他人的虚构事实使得受害人处于极端不利的状态，严重侵害了求职者的隐私权。

隐私是自然人过上有尊严的体面生活的重要保证。若是贸然撕去这块不可或缺的遮羞布，人们有可能发现德高望重的领导有着变态的性癖好、和蔼可亲的邻居一直在四处散布关于自己的流言蜚语、同床共枕的亲密爱人早已在网络上开始了一段荡气回肠的生死绝恋。与之相比，己方极力克制的不良想法（如联系初恋情人、踩踏邻居草坪、往领导茶杯里吐痰等）简直微不足道。这一切将导致个人生活之中众多美好的亲密关系消失殆尽，反向摧毁人际信任纽带的基石。俗语说，习恶三日，习善一生。国家政府、社会组织，甚至一般群体若是无所不知、无所不能，反而会处于更危险的状态③。人类社会不仅不会走向更为理性的文明，反而极有可能迅速释放出兽性本能。

---

① Peter Levine. Information technology and the social construction of information privacy:Comment[J]. Journal of Accounting and Public Policy,2003(22):281-285.

② Jeffrey Rosen. The Unwanted Gaze:The Destruction of Privacy in America[M]. Vintage,2000.

③ Primo Levi. The Drowned and the Saved[M]. Vintage,1988.

妥善维持社会稳定既需要规模化的集聚式人际交往，也需要自由的独处领域。"天赋需要一个和谐安宁的思考空间。"①独处和匿名使得个人能够从各种外在干预和社会责任中暂时解脱出来，实现个性自主，提升发现问题和突破困境的能力。同时，不干涉个人事务和不侵入个人空间等为自然人自由地进行政治表达、参与选举和被选举、融入社会事务探讨等提供了安全可靠的平台。

二、传统隐私权理论

1. 传统隐私权的概念

长期以来，隐私概念一直处于众说纷纭的状态。既有将之视为对某物的自由②，也有将之限制为秘密事物③，还有将之定义为他人无法获取的个人信息④等观点。隐私概念的不确定性导致隐私权的定义长期处于不统一的模糊状态。

"自由权标志着公民在思想上、信仰上、表达上以及进行特定的亲密行为上享有自治的权利。核心价值在于让公民能够自由地发展个性。有必要允许那些能够保护公民个性的私密社会关系。"⑤传统隐私权源于个人自由权，是具体划定自然人可以自由选择的私人事务合理区域的权利。人类固有的隐藏自我、追求独处空间甚至从事某些细微不良行为的天性，加之群居于社会之中的绝大多数自然人有着窥探他人私密的欲望，隐私权逐渐成为文明社会中人格尊严和个人自由的重要支撑。爱德华·布斯坦（Edward Bloustein）指出侵害隐私权会损害个人的尊严及完整性和剥夺个人的自由及自主⑥。注重个体权利的国家和地区不约而同地展现出保护隐私权的强烈需求。

弗雷德·凯特（Fred Cate）指出，围绕隐私权展开的诸多讨论均未对隐私权界定形成统一意见⑦。多年以来，不少专家学者和相关行业知名人士对于隐私权进行了各具特色的概念界定。1819年，皮耶·保罗（Pierre Paul）和罗伊尔·科拉德（Royer Collard）提出了"私人生活应当用围墙隔断"的主张，强调大众媒体应当对擅自公开他人私生活引发的损害承担赔偿责任⑧。1890年，塞穆尔·沃伦（Samuel Warren）和路易斯·布兰戴斯（Louis Brandies）在《哈佛法律评论》上发表了《论隐私权》一文，指出隐私权是生命权延展到个人的精神领域和情感生活之中不被他人了解的权利，是每个人被赋予的不得被侵犯的独处权利，是个人自由决定不将自己的事务公之于众、不受他人干扰的权利。同时支持采用普通法保护隐私权，强调侵害隐私权是对受害人尊严的一种侵犯，主张通过给个人提

---

① Janna Malamud. The Private I: Privacy in a Public World[M]. Edited by Molly Peacock. Graywolf Press, 2001.
② Anita L Allen. Coercing Privacy, 40 WM. & Mary L. Rev., 1999: 723, 747-748.
③ Daniel J Solove. A Taxonomy of Privacy, 154 U. PA. L. REV., 2006: 477.
④ Anita L Allen. Privacy-As-Data Control: Conceptual, Practical, and Moral Limits of the Paradigm, 32 Conn. L. Rev., 2000: 861.
⑤ Roberts v. U. S. Jaycees, 468 U. S. 609(1984).
⑥ Edward Bloustein. Privacy as an Aspect of Human Dignity: An Answer to Dean Prosser[J]. NYULR, 1964(39): 962-971.
⑦ 张民安. 信息性隐私权研究——信息性隐私权的产生、发展、适用范围和争议[M]. 广州：中山大学出版社，2014: 407.
⑧ 张民安. 场所隐私权研究[M]. 广州：中山大学出版社，2016: 1-2.

供赔偿的方式补偿因侵害隐私造成的精神痛苦①。朱迪恩·汤森(Judith Thomson)提出，隐私权是个人享有的免于他人看见或听见的权利②。理查德·帕克(Richard Parker)表示，隐私权是个人决定可以被什么人在什么时候感知到自己肉体的任何一部分的控制权③。罗伯特·哈尔博格(Robert Hallborg)进一步将隐私权定义为个人享有的秘密实施行为时避免被他人察觉的权利④。西德尼·朱拉德(Sidney Jourard)将隐私权定义为个人享有的不被他人知悉自己过去经历、现在生活和未来计划的权利⑤。奥斯卡·儒邦森(Oscar Ruebbausen)和奥维尔·布瑞姆(Orville Brim)主张，隐私权是个人享有的决定是否与他人分享以及如何分享自己的态度、信仰、行为或者意见的权利⑥。查尔斯·弗里德(Charles Fried)指出，隐私权是个人享有的要求他人尊重其爱意、友情和信任的权利⑦。艾伦·韦斯汀(Alan Westin)将隐私权理解为一种财产权⑧。《布莱克法律词典》将隐私权界定为个人自治的权利,具体指个人的人身和财产免受非法审查和暴露的权利。

西方国家和地区的法律法规与司法判例中很早就谈及了隐私权的含义问题。1928年,美国联邦法官路易斯·布兰戴斯(Louis Brandeis)在"奥姆斯特德诉美国政府案"(Olmstead v. United States)一案中将隐私权界定为独处权⑨,强调公权部门采取的手段只要不当侵扰了公民隐私,就应当被认定为违反了美国宪法第四修正案的相关规定⑩。

隐私权在我国相对较新,学术界对于隐私权含义的表述不一。既有将之简单视为个人维持与他人接触的亲密联系的权利⑪,也有从私人秘密和私人安宁等角度加以分析⑫。但基本上都会将隐私权视为人格权的一种,相关财产利益是人格权的衍生,主要涉及个人对于自己的资料、私人行为和私有领域的决定权。立法领域中,早期的《宪法》与《民法通则》并未提及隐私权;《最高人民法院关于贯彻〈中华人民共和国民法通则〉若干问题的意见》中虽然出现了"隐私"一词,却将采用口头或书面形式宣扬他人隐私、造成一定负面影响的行为认定为侵害名誉权。直至 21 世纪初,《最高人民法院关于确定民事侵权精神损害赔偿责任若干问题的解释》才写入了隐私侵权的司法救济制度。近年来,社会上不断出现的造成严重的人身损害和财产损失的新型隐私侵权事件直接推动了相关法理思考和立法进展。《侵权责任法》第 2 条将隐私权作为一项独立的民事权益,《民法总则》第 110 条规定自然人享有隐私权。

泛化而言,隐私权是心理健康的自然人享有的基于合理期待的对于能够直接或间接

---

① Samuel Warren, Louis Brandies. The right to privacy[J]. Harvard Law Review,1890(5):193-220.
② Judith Thomson. The right to privacy[J]. Philosophy and Public Affairs,1976(4):295-314.
③ 张民安. 隐私权的界定[M]. 广州:中山大学出版社,2017:121.
④ 张民安. 隐私权的性质和功能:民商法学家(第 14 卷)[M]. 广州:中山大学出版社,2018:69-109.
⑤ Sidney Jourard. Some psychological aspects of privacy[J]. Law & Contemplate,1966(31):307.
⑥ Oscar Ruebhausen, Orville Brim. Privacy and behavioral research[J]. Columbia Law Review,1965(65):1184.
⑦ Charles Fried. Privacy[J]. Yale Law Journal,1968:475-493.
⑧ Dannel J Solove. The Digital Person:Technology and Privacy in The Information Age[M]. NYN Press,2006:90-91.
⑨ Louis Brandeis. Brandeis on Democracy[M]. University Press of Kansas,1995:21.
⑩ 277 U.S. 438,471,Olmstead v. United States,1928.
⑪ 徐明. 大数据时代的隐私危机及其侵权法应对[J]. 中国法学,2017,1:130-149.
⑫ 张新宝. 名誉权的法律保护[M]. 北京:中国政法大学出版社,1997:40.

识别个人身份的资料、个人行为和私人空间的安宁与秘密免受他人非法干扰、知晓、收集、使用、披露和公开的人格权益。首先,隐私权源于人身自由和人格尊严,基于自然人的精神活动而产生,权利主体只能是自然人。其次,隐私内容因人、因时、因地、因事而动态变化,属于权利保障范围的是自然人享有的合理隐私期待(要求个人主观上具备社会认可的合理的隐私期待利益)范围内的个人资料、个人活动和个人空间。例如,那些已经被合法地广泛公开的失信人的基本资料不再属于隐私范围。最后,侵害隐私权的方式通常包括探听自然人的私密、干扰自然人的生活安宁、非经自然人允许而使用其隐私信息、在知晓他人隐私后擅自向第三方公开等。

2. 传统隐私权的性质

(1)隐私权是混合性权利

一方面,隐私来源于自然人对于自己的身体、行为和私生活空间的精神羞耻感和保持独居状态的需求,是源于个人自由和人格尊严的人格性权利,旨在维护个人尊严、生活安宁与精神利益,也体现出一定的财产利益内容(部分隐私资讯有可能会给权利人带来实际的物质收益)。依据马斯洛的"需求层次理论",自然人从低到高具备生理需求、安全需求、社交需求、尊重需求和自我实现需求等五级基本需要。其中,尊重需求和自我实现需求是对于超越了物质满足的精神上的独立和自由的追求。个人作为社会的一分子,既生活在封闭的自我世界之中,又生活在开放的群体世界之中。完整的人性由内在隐藏的自知人格和外在表征的公知人格等两部分组成。隐私权是实现人性完整、激励个人自主决定私人事务的重要工具,也是捍卫人格的财产利益的重要权利形式。当然,传统隐私权作为一种防御性的精神性人格权,财产属性并不明显且具有间接性和零散性,商业化利用的频次和范围较小(主要表现为特定人群的肖像被用于制作商业广告)。另一方面,隐私权兼具公私法双重属性。例如,美国不仅在《侵权行为法重述》系列中将隐私权认定为受到民法保护的私权,《宪法》的第四修正案亦以防止公权主体对私人的肆意干涉为己任,将隐私权纳入宪法保障的基本人权。我国《宪法》虽然没有明确规定隐私权的概念和范围,却在第38条、第39条和第40条分别规定"公民人身权不受非法侵害和限制。人身不受非法搜查、人格尊严不受侵犯。公民住宅、公民的通信自由和通信秘密受法律保护""公民的住宅不受侵犯。禁止非法搜查或者非法侵入公民的住宅""公民的通信自由和通信秘密受法律的保护,除因国家安全或者追究刑事犯罪的需要,由公安机关或检察机关依据法律规定的程序对通信进行检查外,任何组织或者个人不得以任何理由侵犯公民的通信自由和通信秘密。"《侵权责任法》《民法总则》《民法典人格权编(草案)》等明确规定了隐私权。

(2)隐私权是支配性权利

自然人有权占有、使用、自行或授权传播或公开个人资料、个人行为和私生活空间。对于其中涉及的财产权益,在不违反法律法规的前提下,可以出售给他人使用。对此,无论是美式的双轨制人格权理论下将权利人许可他人使用自己的隐私资料并获得财产利益认定为商品化隐私的独立的公开权,还是德式的人格权商品化理论下认定个人隐私权是包括精神利益和财产利益的统一权利,都已经全面认可隐私权的财产权属性。例如,某位明星出版个人传记是通过主动公开个人隐私直接获得经济利益的合法行为,应当受到法律保护；另一位明星花费大量人力和物力隐瞒自己特殊的性取向，避免这一隐私信息被披露后导致的粉丝、代言和片约等大面积流失，亦体现了隐私权的财产利益。

(3) 隐私权是动态性权利

隐私本质上是个人划定自己与外部的界限、排斥他人对自己的窥探的权利，具有较强的主观性和动态性。权利主体往往可以通过一系列外在行为自行决定个人事务是否被归入隐私界域。这也导致了隐私权边界模糊，难以通过法律法规逐一明确具体的权利范围。事实上，若是所有取得个人资料或接触个人领域的行为都构成隐私侵权，相关诉讼将浩如烟海，并不利于社会稳定与经济发展。随着具体环境、不同对象、行为态势等动态变化而调整的隐私权一般以公益为止。当出现个人隐私权行使与他人利益保障之间的权利冲突之时，需要进行合理的价值平衡。例如，客观上必然涉及他人利益的言论自由与个人隐私之间的抉择依赖于具体场景中深层次的价值考量。个案中隐私权的存在应当符合合理隐私期待规则。即在特定环境下按照一个具备正常能力的理性人的认知水平和行为标准判断下无法容忍的高度冒犯其个人信息、窥探其行为轨迹和入侵其个人空间的不良行为均属于超出合理期待阈值的侵权行为。例如，对于个人身体隐秘的轻微窥探和特殊癖好的小规模传播就有可能对其造成严重的精神损害乃至物质损失，而对于个人一般购物偏好的挖掘和使用造成的负面影响相对较小。

此外，隐私权本身是寻求保护个人自由与维持社会秩序之间动态平衡的权利形式，在一定环境中应当服从公众需要、向其他更为重要的权益让渡，才能真正发挥有利社会稳定与有序发展的重要作用。例如，芬兰是全球幸福感最强的国家，一向以尊重个人自由与隐私权益著称，却将每年的11月1日设定为"全民收入公开日"。芬兰税务局会在这一天根据国民缴纳的税金公布每一个人的应税收入，任何人都可在官方网站查询到其他人的收入。这一全民放弃收入隐私的做法是为了控制日益扩大的贫富差距，寻求更加透明、减少性别和种族差异的薪资制度。

3. 传统隐私权的表现形式

隐私权是个人实现复杂社会需求、达成自我实现目标的重要工具，也是帮助其在面对巨大社会压力时进行自我情感调节的手段。人生而平等。维西·米瑟斯在《自由繁荣的国度》中详细解释了平等的具体范围，即作为人而有权拥有的平等是地位、待遇和机会等条件的平等的环境。文明社会有义务保障每一个独立个体享有条件平等就必须拥有的尊严权与自决权。即便是那些处于被监禁状态的人们也应当享有一定的隐藏自身私密的权利。隐私权的范围不仅包括不被他人知晓、使用和传播的可识别出特定个人身份和想法的静态资料的权利，也包括个人对于求学就业、恋爱结婚、医疗政务等活动的排他性决定权，还包括了免受非法监视和不合理的搜查、避免不情愿的他人接近的权利。

杰里·康(Jerry Kang)表示，隐私权包括个人资料免于他人非法获取、使用、披露和公开的权利，个人在做出重大决策时免受他人干扰的选择权，个人独自居住的物理空间免遭他人干扰的安宁权等。德·西(De Cew)主张，隐私权包括信息隐私权、表达隐私权、限制解除权等[1]。欧文·凯莫林斯基(Erwin Chemerinsky)指出，隐私权主要表现为遍布于

---

[1] 张民安. 美国当代隐私权研究：美国隐私权的界定、类型、基础及分析方法[M]. 广州：中山大学出版社，2013：40.

权利法案特定条款之中的关涉合理隐私期待且避免公权力侵入个人生活的物理性隐私权[①]。1960年，威廉·普罗索（William Prosser）在《论隐私》一文中列明了侵扰他人安宁或私人事务、公开他人私密事实、公开丑化他人形象的事实以及出于个人利益或商业目的而擅自使用他人的姓名或肖像等四种隐私侵权行为。共性之处在于侵害的都是个人享有的不受干扰的独处权利且受害人可以请求赔偿精神损害和财产损失。

4. 传统隐私权的功能效用

"没有隐私的全面公开，社会类似集中营"[②]"文明将被摧毁，谦逊和优雅将被残酷和粗鄙替代。"[③]长期以来，隐私权的终极目标一直是切实维护个人自由和人格尊严，帮助公民更好地实现言论自由、集会自由和宗教信仰自由等宪法性权利，在保证个人自治的同时，促进社会秩序稳定并确保国家安全。

（1）隐私权是实现个人自主的重要前提

文明社会应当保障每一个自然人区别于他人存在的独一无二的人格特征，有必要积极为人们提供紧张和复杂的日常生活中免受外部侵入的物理空间和精神场域。隐私权作为独立的特殊权益，是独立的自然人在有必要的情况下免于社会压力而尝试自行决定某些私密问题的权利。隐私权的目的在于建立一个强有力的壁垒以对抗外部世界对人格尊严和自由权益的入侵。自由的人是享有隐私权的人，是能够完整地维护自己的某些私密和不必向他人分享个人看待事物的观点的人[④]。保护隐私权使得个人能够自主决定生活中诸多事务，获得个性发展的重要机遇。正如乔治·欧卫尔的《1984》里无处不在的"老大哥"的极致而广泛的监控和干涉，使得个人无法隐藏想法和偏好、无力自主决定自身事务，严重侵害人格尊严和个人自由，必将导致整个社会逐步丧失民主和远离法治[⑤]。

（2）隐私权是释放自我情绪的核心保障

人是社会的动物，一切生产生活事务都会受到社会价值观、社会责任感和政策法规的全方位约束。每个自然人总是在自己承担的学校学生、企业职工、家庭成员等社会角色之间不断切换并负担相应的责任，由此背负的各种压力使得很多人长期处于焦虑状态，往往需要寻找片刻的喘息和独处的空间。例如，人们有时候需要通过在日记中宣泄对领导同事或亲朋好友的强烈不满来短暂地释放负面情绪，松弛情感和解脱压力。隐私权使得自然人获得了悄然释放自我情绪的重要途径，为个人实施的某些轻微地背离了社会规范的行为偏差留下足够的容错空间，使得自然人不会生活在所有违法违纪都会被他人知晓的长期恐惧和紧绷状态之中，有助于个人健康与社会和谐。

（3）隐私权是开展自我评价的激励举措

一个人只有在独自面对自己的时候才有可能做到完全的不作伪与不遮掩。隐私权得到充分保障的相对安全的私密场域赋予了自然人在没有外部干扰的情况下诚实地回顾过

---

① 欧文·凯莫林斯基. 重新发现布兰代斯的隐私权//布兰代斯. 隐私权[M]. 宦盛奎，译. 北京：北京大学出版社，2014.
② 沈中，许文洁. 隐私权论兼论人格权[M]. 上海：上海人民出版社，2010：142.
③ John Gilmer Speed. The right of privacy[J]. The North American Review, 1896(163)：64.
④ Clinton Rossiter. The Pattern of Liberty. Konvitz and Rossiter. op. Cit，15.
⑤ George Orwell. Nineteen Eighty-Four（英文版）[M]. 北京：北京联合出版公司，2015：5.

往、自省所为、总结经验教训以及认真规划未来的客观环境，使得个人可以参照社会主流伦理规范做出正确的自我评价，帮助其自主决定是否公开、向谁公开、何时公开以及如何公开某些私密想法和行为。

(4) 隐私权是加强人际互动的辅助工具

虽然"忠信的使者必带来医治"①，坦诚的互信关系是人与人之间加强良性交往、维持社会稳定的重要支撑。但是，谎言亦是人类进化的成果。很多情况下，谎言既是个人自保的工具，也是维系自然人之间相互扶持的亲密关联的重要工具。同时，良性的人际互动有时需要隐匿一些可能会产生负面影响的个人隐私。文明社会之中，若是每个人都毫无保留地暴露出自己知晓的所有事情和真实想法，反而有可能会威胁和谐有序的人际状态。隐私权通过限制自然人被赤裸裸地敞开在众人面前，给予了每个人维持尊严的渠道，也使得个人可以通过与信任对象分享私密而更加亲近，促使彼此之间形成互相尊重的安全的心理距离。

此外，隐私权的一大功用是给予个人能够自社会压力之下有限地解脱出来、获得一些喘息和松弛的机会，实质上包容了轻微的违法活动和违德行为。这也导致隐私权在行使的过程中常常与知情权相冲突或与安全权相对抗，使得其因着时间、空间和具体的人和事的变化而动态调整。随着整个社会的经济链接与人际互动日益加强，社会责任的概念取代了个人过失的概念。时至今日，无论是建立在个人自由基础上的美国隐私权，还是建立在人格尊严基础上的欧洲隐私权，抑或是我国近年来日益成熟的隐私权，都强调了个人独处空间及其私密行为具有不可侵犯性的前提是不违公共利益和他人权益。例如，配偶双方是否了解彼此身体状况和遗传病史是影响婚姻质量和子女健康的关键问题。在个人对于重大病史的隐私权与配偶的知情权发生对立时，有必要优先考虑关涉他人权利乃至社会利益的知情权。由此，《民法典　婚姻家庭编（草案三审稿）》肯定了夫妻双方的重大疾病告知义务，"一方患有重大疾病的，应当在结婚登记前如实告知另一方；不如实告知的，另一方可以向婚姻登记机关或者人民法院请求撤销该婚姻。"②

三、数智化场景下的数据隐私权

1. 数据与信息的概念辨析

(1) 数据

"数据"，最早之意为"数值"，在历史长河中主要以数字形式出现。原本没有与自然人的个人身份和具体行为产生联系。直至20世纪40年代中期，这一词汇被首次用于指代"可存储和可传输的计算机信息"③。玛格丽特·罗斯（Margaret Rouse）认为，"数据是转换成二进制的数字形式的信息。"④国际标准化组织（ISO）将数据界定为对事实、概念或指令的一种特殊表达形式。童应学将数据视为能够以"0"和"1"的二进制信息单元形式输入

---

① 圣经．箴言 13:17.
② 结婚登记前不如实告知患有重大疾病，拟由法院统一行使撤销权[N]．潇湘晨报，2019-12-23.
③ Data. https://www.etymonline.com/word/data.
④ Definition:Data. https://searchdatamanagement.techtarget.com/definition/data.

计算机并被处理的字母、图形、符号、数字、模拟量等的统称①。潘大连指出,计算机领域中的数据概念是包括了数字、图表和文字在内的可以使用计算机处理的资料②。许文义表示,数据是描绘事物状况、具体条件和其他因素的数字、字母、符号等计算机处理中产生的信息要素③。魏美新主张,数据是指适合人工或计算机处理的概念、指令、事实等④。

随着计算机技术长足发展及其向社会生活各个领域的全面渗透,大量零散的资料、轨迹和现象开始以二进制数字形式表达出来。广义范围内使用的数据是指以电子化形式记录的各种信息⑤。那些以"0"和"1"的二进制数值形式输入计算机的数字、图形、符号、模拟量等全部被统称为数据。即数据就是二进制的原始数值。

(2) 信息

"信息"一词历史久远。我国古代指"消息",我国台湾地区指"资讯",日本称之为"情报"。长期以来,"信息"与"数据"常常被混用,但两者实质上存在一定的差别。数据是指一切未经处理的原始电子化材料,而只有处理至有意义的数据才能被称为信息⑥;数据是二进制形式存储的材料,信息则是对于电子化和非电子化材料和轨迹的表述。

(3) 数据的特征

一方面,数据必须附着于某种存储或传输介质。早期社会附着于一般物体的信息在后工业时代中以电子化形式置于系统硬盘、移动磁盘或虚拟空间,构成了现代意义上的数据。虽然只能使用机器解读和处理,但随着大数据挖掘技术和机器计算能力的提升,数据已经成为新时代的石油。当前,越来越多的数据通过生物传感设备等从自然人的身体流向人工智能中枢系统。公权部门、企事业单位和其他社会组织对自然人的了解越来越深刻(如脸书公司表示只要50个点赞就能弄清楚用户意向),辅助、干涉甚至是替代对方进行决策选择。

另一方面,数据已经成为具有多重价值的生产资料。物联网、云计算、大数据和人工智能等联合作用之下数据价值不再局限于特定用户应用价值的整合⑦,而是能够通过挖掘零散地分布在众多物理传感器和其他电子介质中的海量数据,全方位勾勒出完整的全景画像。

2. 几个常被混用的概念

近年来,理论界和实务界充斥着混同使用个人资料、个人数据、个人信息以及隐私数据和云隐私数据等概念的现象,有必要予以澄清。

(1) 个人资料

所谓的个人资料是指自然人的姓名年龄、家庭背景、教育求职、医疗健康等能够独立或组合识别出特定个体的材料。自最早的口口相传,到写于龟壳竹简,再到各类纸张文

---

① 童应学. 计算机应用基础教程[M]. 武汉:华中师范大学出版社,2010:211.
② 潘大连. 电脑大辞典[M]. 台北:猫头鹰出版社,1997:57-58.
③ 许文义. 个人信息保护法论[M]. 台北:三民书局,2001:94-96.
④ 魏美新. 英汉实用咨询科技词典[M]. 台北:黎明文化事业股份有限公司,1984:88.
⑤ Data. Wikipedia. https://en.wikipedia.org/wiki/Data.
⑥ Data v. Information. https://www.diffen.com/difference/Data_vs_Information.
⑦ 徐曦. 机器70年:互联网、大数据、人工智能带来的人类变革[M]. 北京:人民邮电出版社,2017:153.

书,虽然承载介质在不断变化,个人资料却一直是可以直接或间接识别自然人的材料集合。

(2)个人信息

广义的个人信息是对于可直接或间接识别出自然人的姓名、性别、年龄、种族、婚姻状况、家庭背景、教育水平、职业经历、医疗健康记录等材料及其动态行为轨迹的表述。这一概念也是自古就有,而不是计算机产业发展的附随品。范围而言,广义的个人信息大于个人资料,不仅包括了能够识别出自然人的静态材料,还包括了能够识别自然人的动态行为轨迹。我国《网络安全法》第7章附则中解释术语含义时明确指出:"个人信息,是指以电子或者其他方式记录的能够单独或者与其他信息结合识别自然人个人身份的各种信息。"虽然有排除了传统信息外延中"动态行为轨迹"之嫌,但"其他方式记录"貌似包括了以"口传纸书"等形式承载的个人材料。不过,基于这一定义内嵌在《网络安全法》之中,加之很多理论学者和实务专家将"信息"与"数据"混同甚至主张"信息"外延小于"数据",整个社会明显呈现出狭义界定和适用的现象。即将狭义的个人信息等同于个人数据。《最高人民法院、最高人民检察院关于办理侵犯公民个人信息刑事案件适用法律若干问题的解释》和《民法典各分编(草案)》基本复述了《网络安全法》中有关个人信息的界定,似乎有意继续维持这一状况。

《民法总则》第111条、多个民法典草案建议稿和分编建议稿等,纷纷将个人信息权作为独立的全新民事权利,放在与隐私权同等的位阶上进行权益认定和系统化保护,显然是误读了"个人信息"这个实质上非常古老的概念。学界对于《民法总则》第111条的争议较大。一部分人基于第111条归属的《民法总则》第5章标题为"民事权利",条文本身又赋予了自然人支配权并设定其他主体的积极义务和消极义务,认为虽然条文本身没有直接出现个人信息权,却是肯定自然人享有个人信息这一民事权利的宣示性确权规定。另一部分人认为,《民法总则》第110条已经明确列举了人格权、姓名权、隐私权、肖像权等,却没有将个人信息保护纳入明确列举的范围,也没有在第111条中使用个人信息权的概念,甚至没有明确相关积极义务和消极义务。这就表明立法机关没有将个人信息作为具体人格权,只是为保护自然人的其他合法权益提供基本的法律依据。第111条采用保护力度较弱的控制他人行为的模式而非权利模式构建利益空间。

(3)个人数据

真正的电子科技伴生的权利形式是个人数据权。基于相关用语已经展示出约定俗成的态势,勉强可以与狭义的个人信息权混同使用。从个人资料、个人信息到个人数据,这是一个从口述言传到纸笔文墨,再到硬盘光碟,直至虚拟空间承载的表现形式的演进过程。

主要国家和地区在界定个人数据时的重大区别在于其究竟是仅指能够识别出"活人"的电子化信息,还是包括了"在世和离世"的自然人。部分国家和地区将个人数据界定为直接或间接地关涉特定活人的信息。英国的《数据保护法》、日本的《个人信息保护法》、瑞典的《个人数据法》、我国香港地区的《个人数据条例》和我国台湾地区的《计算机处理个人数据保护法实施细则》将之视为能够直接或间接地关联、识别并评价一个特定的在世自然人的信息。另一些国家和地区明确指出个人数据是直接或间接地关联、能够独立或者与其他数据结合识别活着或离世的特定自然人的各种信息,或者避谈生存状态而仅表明是关涉特定个人的信息。《欧盟数据保护指令》(Data Protection Directive,95/46/EC)、德国和冰岛等的《个人数据保护法》①均属此类。欧盟的《通用数据保护条例》(GDPR)第 4 条中对于个人数据定义的概括与《数据保护指令》完全相同,但在列举可识别的自然人的认定要素中增加了"姓名、身份编号、地址数据、网上标识"等②。我国的《网络安全法》、最高人民检察院发布的《关于印发〈检察机关办理侵犯公民个人信息案件指引〉的通知》等也有类似规定。国家标准《信息安全技术 个人信息安全规范》(GB/T 35273—2017)第 3 条第 1 款也对个人信息做出了类似描述。

个人数据的广义界定包括了自然人在生产和生活中产生的一切电子化方式记录的信息,狭义则是指能够单独或者与其他数值相结合识别出自然人的各种电子化信息。这里的个人数据涵盖了关涉自然人的生理的、心理的、家庭的、社会的、经济的、文化的各种电子化信息。最根本的特征在于能够直接或间接地对接数据主体或将权利人与他人区分开来,可以分为仅靠护照号码、身份证号码等单一数据就能够判断个人身份的直接识别和需要两项或以上数据(如组合姓名和工作单位)才能够锁定数据主体的间接识别。

个人数据是个动态概念。随着云计算成本下降、大数据挖掘技术和人工智能识别算法改进,个人数据的来源和内容都发生了一定的变化。例如,通过网页数据追踪技术分析访问者行为轨迹的过程中,必然会采集到的关联特定主体的 IP 地址属于传统社会中未曾出现过的个人数据形式。同时,由于大数据分析和人工智能应用必须搭载在云计算平台之上,众多传统的政策法规难以调控的个人数据泄露、窃取和毁损事件基本都在云场景中出现,当前理论界和实务界谈及的个人数据基本是指云上个人数据。

具体而言,个人数据主要包括个人基本数据(如电子化的姓名、生日、性别、民族、国籍、住址、电话等)、个人身份识别数据(如电子化的身份证号码、护照号码、社保卡号码、居住证号码等)、个人生物识别数据(如基因数据、指纹数据、声纹数据、掌纹数据、虹膜数据、耳膜数据、面部识别特征数据、步态数据等)、网络身份标识数据(如 IP 地址、邮箱地址、平台账号密码、个人数字证书等)、个人医疗健康数据(如电子化的检查报告、医药处方、健康档案、家族病史、手术及麻醉记录等)、个人教育工作数据(如电子化的教育经历、工作经历、培训记录、成绩单和任职表现等)、个人财产数据(如电子化的银行账号、存款和交易记录、征信状况、消费记录等)、个人通信数据(如电子化的通信录、好友列表、通话记录、短信彩信、描述个人通信的数据等)、个人在网记录数据(如网络浏览记录、软件使用记录等)、个人位置和常用设备数据(如个人在网行踪轨迹记录、设备 MAC 地址、设备唯一识别码等)、个人其他数据(如电子化记录的性癖好、宗教信仰、婚恋过往等)。

同时,依据与隐私的密切程度不同,个人数据可以分为敏感数据和非敏感数据。其

---

① Directive 95/46/EC of the European Parliament and of the Council of October 1995 on the Protection of Individuals with regard to the Processing of Personal Data and on the Free Movement of Such Data. https://eur-lex.europa.eu/legal-content/en/ALL/? uri=CELEX%3A31995L0046.

② Regulation (EU) 2016/679 of the European Parliament and of the Council of 27 April 2016 on the Protection of Natural Persons with regard to the Processing of Personal Data and on the Free Movement of Such Data. https://eur-lex.europa.eu/legal-content/EN/TXT/? uri=celex%3A32016R0679.

中,个人敏感数据是指那些基于不同社会背景、文化传统和现实情况而需要特殊限制的数据,特指一经非法收集、使用、披露就有可能会危害特定受害人的人身权益和财产权益的数据类型。主要包括个人身份数据、个人财产数据、个人医疗健康数据、个人生物识别数据、个人网络身份标识数据以及性向癖好、婚恋过往、宗教信仰、政治主张以及未公开的违法犯罪记录等。此外,大数据技术提升了从零散的非结构化数据中挖掘出密切关联个人隐私的信息的能力,扩大了特定情形下敏感数据的范围。

(4)隐私数据

狭义的隐私数据是指自然人不欲为他人所知的以电子记录的能够单独或者与其他数据结合识别自然人个人身份的各种数据。广义而言,个人数据既包括了自然人自愿公开、公权部门出于合法要求强制公开和新闻媒体监督公开的能够单独或者与其他数据结合识别个人身份的数据,亦包括了自然人享有不受外来干扰、滥用、出售或以其他方式转让的隐私数据。目前的实际运用中,尤其是政策法规之中,个人数据与隐私数据常常混同。对此,为避免混乱和误区,后文不再赘述说明。

事实上,个人数据与隐私之间关系密切,却也存在明显区别。一方面,私人聊天记录、银行账户、电商购物清单等大多是个人不愿对外公布的具有一定私密性的数据,在不危害公共利益和他人权益的前提下属于应当受到法律保护的个人隐私。另一方面,两者仅是存在一定重合度的概念范畴。个人隐私还包括未以数据形式存在的私生活物理空间,而有些个人数据由于主客观因素的作用(如政策法规和个人自愿公开),并不属于隐私范畴。自然人有可能积极披露、使用和传播自己的个人数据,往往一经公开就不再属于隐私数据。

(5)云隐私数据

虽然广义的隐私数据包括了在线隐私数据和线下隐私数据,但随着物联网、大数据和人工智能发展而频繁出现泄露、窃取或损毁风险的是在线隐私数据。目前主要国家和地区进行相关政策法规调整的主要动因也是切实保护个人在线数据的隐私权。云隐私数据则是指云环境中自然人不欲为他人所知的二进制记录的能够单独或者与其他数据结合识别个人身份的各种数据。由于预计全球云数据中心的数据量很快就会占到世界数据中心总流量的95%以上[①],尚未上云的数据基本是军警政府数据、金融保险数据和企事业单位的关键数据,可见目前几乎所有在线隐私数据都在云端运行。也就是说,当前一般表述中的个人隐私数据就是云隐私数据。

3. 数据隐私权

伴随着全球数字化和智能化的发展进程,隐私权的表现形式不再拘泥于简单传统介质的隐私权,而是逐渐从确保独处空间与私人事务不受他人干扰的权利,转变为积极控制己方数据的人格权属和财产利益[②]。数据隐私的概念体系日益饱满,意指电子化形式记

---

① Cisco. 13th Annual Complete VNI Forecast: VNI Global Fixed and Mobile Internet Traffic Forecasts(2017-2022). https://www. cisco. com/c/en/us/solutions/service-provider/visual-networking-index-vni/index. html? POSITION=Cisco%2blink&COUNTRY_SITE=us&CAMPAIGN=GCI%2b2016&CREATIVE=go%2bURL%bto%2bGCI%2bpage&REFERRING_SITE=Cisco%2blink.

② 彭礼堂,饶传平. 网络隐私权的属性:从传统人格权到资讯自决权[J]. 法学评论,2006,1:57-62.

录的可以直接或间接识别出特定自然人的数据、个人数字化的行为轨迹和附属于个体的数字空间中具有合理隐私期待的部分。

理论研究领域,亚瑟·米拉(Arthur Mliller)在《对隐私权的攻击——电脑、数据库及文件》一文中将隐私权定义为个人对于自己信息的收集、存储、传播、修改的控制权[①];亚当·卡莱尔·布雷肯里奇(Adam Carlyle Breckenridge)表示,隐私权是个人享有的能够决定与他人分享的本人信息范围和控制具体传播方式(如特定的时间、地点或其他环境要求)的权利[②]。德国学者提出了"个人信息自决权"[③]的理念。

法律实务领域,美国于1974年颁布的《隐私法》中明确限制了公权部门强制披露个人数据的范围,避免其被无节制地滥用[④]。1977年,美国联邦最高法院在"惠伦诉罗伊案"(Whalen v. Roe)[⑤]中首次承认了宪法保护的隐私权范围包括与公民人身有关的个人数据。即公权部门在收集、存储、使用和流转数据时应当避免披露能够识别出个人身份的姓名和地址等私密信息以及不得侵害公民独立做出重要个人决定的权利。该案中,纽约州的一些医生和患者针对新出台的处方必须电子化记录并存储于政府中央处理器上的规定提起诉讼,主张这一规定非法侵入了宪法保障的医患隐私领域。审理法官认为医疗机构、公共卫生管理部门、保险公司和其他权力机关均有权收集、存储和使用必要的患者数据,州警察部门有权基于监管危险药物使用的需要获取相关个人的隐私数据,但负有避免不当公开的义务。基于推进技术发展的同时应当保障个人自由的法律精神,美国政府特别工作小组在起草《提供和使用个人信息的原则》(Principles for Providing and Using Personal Information, IITF)时主张,隐私权是自然人享有的对于能够识别出自己的个人数据的全面控制权。全国人民代表大会常务委员会《关于加强网络信息保护的决定》、最高人民法院《关于审理利用信息网络侵害人身权益民事纠纷案件适用法律若干问题的决定》等明确肯定了数字化的个人隐私受到法律保护,《民法总则》还在第111条中强调了个人信息的法律保护。

大量数字化载体的隐私权成为专门性的权利形式,意指自然人享有的一项新型的、旨在确保数据主体自由自主地控制具有合理隐私期待的身份数据和其他个人数据及其附着的独立的物理领域和虚拟空间免受他人非法知晓、干扰、使用、披露和公开,以及自主决定私人事务,对抗外部不当侵害和实现有效救济的动态权能,以实现不过分干涉他人自由的前提下保障人际交往安全和经济社会发展为宗旨,既包括了价值位阶较高的个人身份识别等人格利益,也包括衍生出的价值位阶略低的财产利益[⑥]。

传统介质隐私权包括口头或纸面的可以识别个人身份和其他私密特征的资料以及自然人在现实世界中的私生活免受他人获取、使用和传播的权利,逻辑结构较为清晰。然而,网络空间的虚拟性模糊了自然人的个人身份、行为轨迹和附属空间彼此的界限,导致

---

① 陈红. 论行政资讯公开制度中的隐私权保护[J]. 浙江工业大学学报,2002,3:275-280.
② Adam Carlyle Breckenridge. The Right to Privacy[M]. University of Nebraska Press,1970:1.
③ 迪特尔·梅迪库斯. 德国民法总论[M]. 邵建东,译. 北京:法律出版社,2001:810.
④ Laurie Doherty. Privacy act[J]. Washington Law Review,1988(56):1028.
⑤ Whalen v. Roe,429 U. S. 589(1977).
⑥ 王镭. 电子数据财产利益的侵权法保护——以侵害数据完整性为视角[J]. 法律科学,2019,1:38-48.

数据隐私权包括了可以直接或间接识别个人身份和其他私密特征的数据和数字化记载的自然人在现实世界和虚拟网络中的行为轨迹免受他人获取、使用和传播的权利,以及个人真实空间和虚拟空间免遭他人干扰的权利等,亟待建立精确的权属规则,按照一定的标准高效合理地进行利益权衡。

四、云数据隐私权

1. 概念界定

虽然"隐私权"是仅能由自然人享有的基本权利,即指"个人隐私权"。"数据隐私权"可以等同于"个人数据隐私权"。广义的数据隐私权包括了线下电子化设备中存储的可以直接或间接识别个人身份和其他私密特征的数字化记载在现实世界中免受他人获取、使用和传播的权利。但是,日渐勃兴的云服务以低廉的价格、简便的方式、超强的效率以及弹性供给模式等吸引了巨大的用户量并获得全球资本大力追捧。当前频繁发生的信息时代特有的具有严重社会危害性的数据隐私侵权事件,如关联分析碎片化个人非敏感数据或步态人脸等个人生物数据以揭示自然人的身份隐私等,均需要在云计算平台完成。随着云产业逐步成熟,大数据分析与人工智能技术必须搭载在云计算平台之上,全球几乎所有网络个人数据的收集、存储、使用和流转都在云环境中进行。这一切导致目前相关理论探讨和政策法规中提及的数据隐私权基本都是指云环境中的个人数据隐私权,即云数据隐私权。

数智化时代频繁出现的违法违规现象促使云用户全方位审慎解读数据应用,以数据主体的自由权、隐私权、受教育权等为核心的基本权益成为业界巨头们的阿喀琉斯之踵。2019年年初,微软总裁布拉德·史密斯(Brad Smith)在领英(LinkedIn)上表示今年可能会出现一波科技抵制风潮(Tech-Iash),"保护隐私权的话题将会越来越热门"[1]。云数据隐私权保护成为新一代技术创新的一大要点。

爱伦·威斯丁(Alan Westin)发表过一段发人深省的言辞:"每个人都戴着面具生活于世,并且对于彼此戴面具时的行为表现出深信不疑的态度。而面具一旦被撕破,个人可能不堪的真实面目就会被迫袒露在众人灼灼的目光之下。生活在自由社会里的人们必须加强警惕,除非关乎重大的社会利益,否则任何人都不得侵犯保护个人最终自主权的隐私权益。"[2]建立与加强个人之间的密切联系往往是共享某些不为外人所知的个人私密的附随产物。确保人们能够控制分享隐私的范围和幅度、制止和严惩未经权利人允许的获取与披露行为等,是维系社会主体之间亲情、爱情、友情和信任纽带的重要支撑。隐私权使得独立的自然人能够按照己方意愿从纷繁复杂的社会生活中暂时抽离思想和行为,离群独处或仅与小圈子里的人亲密交往,抑或选择保持人际距离地隐匿在大群体之中。

信息产业飞速渗透各行各业的发展态势使得传统社会中面对面的资讯传递转变为数字化流转。数据是云计算的核心。以文字、图片和影音文件等为代表的静态数据以存储为目的且不参与运算,而以程序文件、数据库文件、业务逻辑文件等为代表的动态数据是参与运算的明文形式,往往无法通过简单加密实现完整保护。云环境中海量个人数据的

---

[1] 隐私和网络安全将是未来科技发展的屏障. http://www.sohu.com/a/293258734_701814.
[2] Alan Westin. Privacy and Freedom[M]. New York: Atheneum,1968:33.

收集、存储、使用、披露和公开中暴露出复杂多样的隐私难题,"修改隐私权时,需要在技术发展前景和个人权益需要之间进行价值平衡。"①

不少享受着科技便利、能够理解云服务复杂运作模式的人们对于云上数字化个人隐私内容带来的巨大风险有所认知,已经意识到方便快捷的云上数据流转可能会削弱个人隐私的安全围障。例如,美国明尼苏达大学的苏米·杨(Seounmi Youn)针对高中生有关隐私权自我认知的调研显示,青年人对于个人隐私的期待低于年长者,他们不太重视公开个人数据的潜在风险,更在意的是披露本身带来的各种利益②。客观而言,避免云数据隐私权受到侵害的简单粗暴做法是不再使用网络和云工具。然而,虽然众多文人墨客高度赞誉印度的"黎明之村"和我国的"终南修道",但真正能够适应艰苦的远离现代化技术之人寥寥无几。信息技术对于社会生产和居民生活的巨大推动作用使得几乎没有人愿意放弃连接万物的云服务生态。

当然,这些并不意味着人们无条件地放弃了自由掌控个人静态数据、动态行为轨迹和独处空间的全部权利。基于云计算的服务生态之中,隐私数据的挖掘与保护是相伴相随的孪生兄弟。当数据主体将隐私数据置于云上或在云服务中产生新的隐私数据之时就意味着整个云生命周期面临着大量难题。主要包括:云数据隐私的权属争议与分级标准,安保架构与加密模式,隐私数据收集、存储、使用和分享规则,相关合规要求、保留期限和迁徙条件以及监管权责等。值云上海量数据挖掘容易暴露出更多私密事务和产生更为广泛深远的影响之际,保障关键性隐私数据是自然人得以过着有尊严的生活的先决条件。掌握着云平台、大数据挖掘和算法架构的科技寡头们若是缺少实质监督,就有可能在数据滥用的道路上越滑越远。批量处理云上隐私数据的行为在很大概率上会严重打压数据主体的自决能力。从边沁设想的圆形监狱到《1984》里的老大哥,处于透明环境之下、知悉他人可以在任何时候观察己方活动,会使得数据主体产生恐惧感并在监视威胁下放弃自我,进而回避参与政治生活和社交活动,甚至导致整个社会滑向完全控制个人的思想和行动的不自由状态。

云数据隐私权特指云上个人数据的隐私权,即是云场景中电子化形式记录的可以直接或间接识别出特定自然人的数据、个人数字化的行为轨迹和附属于个体的数字空间中具有合理隐私期待的部分。虽然与传统隐私权有着相似之处(如以云数据主体享有的个人私密资料、私密行为轨迹和私密数据空间等三大法益为中心),也体现出不少时代发展和技术革新带来的崭新特征。尤其是云上隐私数据及其衍生去真后的集合数据中表现出的有益国家安全、社会稳定、经济发展和人际沟通等的前所未见的巨大价值,以及不少数据主体因为廉价便利等理由而自愿让渡给处理者的个人数据权益机制过于混乱等,导致云数据隐私侵权形式复杂且损害后果呈现出多样化趋势,往往不易查明因果关系,难以动态平衡侵权责任分配和承担问题。

2. 法律特性

搭建在云平台之上的形形色色的创新应用融入了海量个人在线轨迹和数字空间,打

---

① Stephen Breyer. Our democratic constitution[J]. NYN Law Review,2002(77):261-263.
② Seounmi Youn. Teenagers' perceptions of online privacy and coping behaviors:A risk-benefit appraisal approach[J]. Broadcasting & Electronic Media,2005(49):95-96.

开了科技魔盒,使得人们处于不受时间限制和空间约束的万物互联之中,导致整个社会的群集现象发展到了巅峰,甚至正在急速滑向古斯塔夫·勒庞(Gustave Bon)在《乌合之众:大众心理研究》里描绘的随时随地在线的人们如同游魂般漫游在无意识领地的场景,致使自然人的人格尊严和个人自由受到的威胁上升到人类走入文明社会以来的峰值。

网络知识传递和观念形成随时听命于带节奏的舆论营建的暗示和云数据挖掘下精准推送的引导,逐渐表现出对某些小众的理性影响和自我思考无动于衷的生物激情。少数人即便试图产生自己的看法并予以表达,但一经出声就会遭遇不可容忍、无法抵抗的口诛笔伐。而当个人独立思考的成果难以对抗群体的偏执、专横和保守之时,趋利避害的本能使得绝大多数社会人慢慢地失去独立批判的思考能力,甚至转变为社群中最凶悍的"打手",奋力撕咬着个别持有不同意见的异端分子。

云数据隐私权兼具人格权与财产权双重属性,既强调数据主体对于隐私数据的支配性,又关注数据控制者和使用者对于隐私数据的利用空间,试图确保自然人在私密场域中享有足够的自由并全面维护其在社会交往中的自尊和自信,逐渐展现出一些不同于传统隐私权的法律特性。

(1)范围持续拓展

云环境中用分散的碎片化基础物理设施存储可识别个人身份的静态数据和动态轨迹并通过并行处理让数据主体感受到的聚合展示场所往往是虚拟的数字化隔离区域,而非现实世界里独立的个人空间。这一新型场域之中,敏感与不敏感、可识别与不可识别之间的界线越来越模糊,调整范围随着技术进步不断拓展。例如,传统社会之中,身份证号码通常被视为非常敏感的数据,而出生日期可能就没有那么敏感。但是,云上大数据处理系统只要知道某人的生日和出生日期,基本就能够分析出身份证号。万物互联的全新社会环境之下,单独的看似匿名的数据(如步态),有可能在融合了云计算、大数据、人工智能技术的系统内迅速关联到一个人的真实身份和行为轨迹。

(2)强调管理控制权

传统隐私权制度重点关注自然人的独处空间不被非法侵入和个人私密不被非法披露,并不会特别强调隐私内容的管理和控制本身。云环境中物理设备、传输通路与加密系统等均由云服务提供者一力掌控,数据主体一方面丧失了对于各种途径上传至云的隐私数据的绝对控制权,无法通过多重加密或全面清除等降低侵害云数据隐私权的风险;另一方面,云上数据主体有权自主决定是否将存在一定变现价值的隐私数据交予他人使用,有权许可他人在必要范围内以一定方式利用已方数据。具体表现为事前许可他人合法享有、对于他人非法占有和使用行为的事后授权[①]。

云系统的复杂性加大了评判云服务提供者、云用户和数据主体的管理控制权是否合法合理的难度。一般而言,"基础设施即服务"的场景中,云用户完全控制数据、应用和计算,云服务提供者和云用户共同控制网络和存储,而提供者独立控制基础物理硬件设施;而在"平台即服务"的场景中,云用户完全控制数据,云服务提供者完全控制硬件、网络和存储,双方共同控制计算和应用;在"软件即服务"的场景中,则是由云服务提供者控制硬

---

① 鞠晔,凌学东.大数据背景下网络消费者个人信息侵权问题及法律救济[J].河北法学,2014,11:52-60.

件、网络、存储和计算，云用户和提供者共同控制数据和应用。换言之，云用户完全控制隐私数据的是"基础即服务"和"平台即服务"的云生态系统，而在"软件即服务"的场景中云用户使用提供者给予的标准化应用程序并依赖其保障环境安全。虽然仍然可以通过多重加密、模糊处理或备份数据等方式行使权利，却明显削弱了云用户对于隐私数据的管理和控制能力。不同的云环境中数据隐私管理控制权归属和行使的具体差异使得云上隐私数据非法收集、非法存储、非法利用、非法转让和非法披露等的细节认定存在较大难度。虽然云服务提供者和云用户分享创设、变更、删除和保密云隐私数据资源组件的管理控制权，但在具体个案中的权利分配和责任承担既要符合法律法规的明文要求，也要依照双方之间以及有数据主体参与的情况下取得一致意见的协议内容办理。

(3) 凸显变现收益权

云数据隐私权是以人格权为第一性、以财产权为派生的第二性权利。但是，云平台上的大数据挖掘技术迅速提升和人工智能算法应用日渐广泛等使得云数据隐私权呈现出前所未见的巨大变现价值，成为市场主体积极追逐的重要资源，逐渐形成明显的物质对价。云上隐私数据使用价值和交换价值的极速增加使得数据主体享有的基于隐私数据可获得的物质利益和精神利益同比攀升。云数据隐私权受到侵害后可能表现为单纯的精神损害，也可能是包括了财产损失的混合损害。

经营性云服务提供者在利用数据主体的隐私数据变现之时必须获得授权。例如，脸书公司(Facebook)与用户达成的每月支付 20 美元以追踪其行为轨迹的协议合法有效的前提是，对象用户具有独立的民事行为能力，协议内容充分翔实地写明了追踪的个人数据范围与后果，且关涉的隐私内容和追踪方法等均不违反法律法规。同时，虽然自然人一旦自愿公开自己的隐私就意味着放弃隐私权（隐私数据一经公开就不再具备私密性），但在特定范围内公开个人隐私并不等于默许获取方自由地向第三方披露。此外，云服务提供者若是从事未经授权的非法变现活动，应当将收益返还给数据主体。除非双方另有协议，即便经过授权之后，云数据隐私权的变现收益也应当划拨出数据主体的应得份额。

(4) 聚焦查询权、更正权和删除权

数据主体对于云服务提供者和云用户收集、存储、使用、传输和披露隐私数据的行为和己方隐私数据的即时状况，享有在合理时间内采用适当方式进行查询的权利，亦享有对于存储和处理的不准确、不完整或不适宜的隐私数据的更正权，还享有请求云服务提供者或云用户完整、彻底和及时删除的权利。云服务提供者不得以任何形式保留数据收集和处理中产生的临时数据。当云用户主动删除隐私数据之时，被删除的数据应当立即呈现加密清除状态。云系统进行资源再分配之前必须遵循云服务协议和云隐私政策进行不可重组的不留残余的多次覆写或更为安全彻底的物理设施销毁，确保可识别出特定个人的数据所在的存储空间被及时释放或再分配给其他用户之前已经不可逆转地完全清除。

阿里云安全事业部资深总监肖力曾在接受媒体采访时表示，"客户的数据永远属于他们自己。"[①]数据主体享有防止云上隐私数据遭遇未经授权的破坏、丢失或更改的权利，有权请求云服务提供者、云用户及其他参与者采取必要措施维护云隐私数据的完整性、可操

---

① 肖力. 客户的数据永远属于他们自己，没有第二种可能[OL]. https://36kr.com/p/5079405.html.

作性和安全性。例如,任何情况下以未经加密的明文形式存在的云隐私数据存在巨大的安全风险。通过封装式安全容器保障隐私数据的安全性不仅需要海量成本和时间投入,还严重缺乏弹性;而仅由数据主体保有密钥可能会导致终端无法验证,且某些改善服务状况、提升平台技术水平的数据分析也需要捕捉和深化处理云隐私数据。

(5)重构合理的隐私期待

哈里安法官(Harlan)曾在"卡茨诉美国"一案(Katz v. United States)里强调了当事人应当证明自己对于某一事物存在合理的主观隐私期待[①]。这种期待必须结合行为人所处的时间和空间、具体行为方式和目的、行为对象和结果等综合判断,特别是必须考虑在国家安全、公众福祉、言论自由、人格尊严等多种相关价值权衡中是否符合社会的一般性合理期待,由此判断隐私权是否在权利主体自愿泄露给第三方时丧失。

进入数智化时代以后,人们对于隐私的期待一直在下降,"通常会很快接受用某些东西交换个人数据"[②],加大了具体案件中的判断难度。一般认为,数据主体主动存储在云服务器上的个人数据,如果采取了任何加密手段进行自我保护,就将之视为锁定容器,享有合理的隐私期待。但范围仅限于多元场景下有可能迅速识别出特定个人的数据(如路人的步态唯有在步态识别技术下才有可能关联到特定个人),不能过度延伸到那些经过脱敏处理后无法关联到特定个人的资料。即"当公民没有采取保护措施就将其信息传到互联网等公共媒体上时,对于数据不再享有隐私权"[③],但当云用户和数据主体为云上隐私数据设置密码等虚拟障碍以限制他人访问之时,对于相关的合法内容就享有合理的隐私期待。

问题在于,即便数据主体加密上传和存储云上隐私数据,却同时与云服务提供者达成授权审查和监管数据的协议,就有可能导致数据主体丧失合理隐私期待。同时,云服务提供者与云用户之间的关系与房屋租赁中的房东和房客之间的关系具有相似之处。提供者未经允许或没有特定的法律事由,就没有权利访问和披露云用户提交的隐私内容,即便保留了最小限度内访问用户数据(类似房东在特殊情况下有权进入已出租房屋)的权利,对于隐私数据内容(房间内的事物)也不享有任何权利。例如,传统的隐私权规定中最高隐私利益附于个人住所,"中华人民共和国公民的住宅不受侵犯。禁止非法搜查或者非法侵入公民的住宅"。住所区域属于隐私合理期待的固性范畴,存储在个人住宅中的计算机上的个人数据享有隐私权益。其他位置储流私密信息的隐私权益则取决于个人掌控能力,即数据主体对于己方能够有效控制传播的私密信息享有隐私权。事实上,数据主体将隐私数据迁入云平台,类似将加密手提箱托予可信任的第三方保管。基于除了当事人的家以外,很少有什么东西比加密手提箱更具隐私期待,数据主体理应享有云数据隐私权。

第四节 云数据隐私侵权的主要类型

一般而言,类型划分需要有一个合适的分类标准。在公共场所与私人空间沆瀣分明

---

① Katz v. United States. 389 U. S. 347,361 (1967).
② Paul M. Schwartz,Property,Privacy and Personal Data,117 Harv. L. REV,2004:2055.
③ United States v. Gines-Perez. 214 F. Supp. 2d 205,225 (D. P. R. 2002).

的时代，住宅、背包、日记本是个人隐私的当然载体。而今，以硬件计算资源复用技术和动态资源组织与分配机制为基础的密集型云计算为大数据挖掘和人工智能技术应用提供了重要的工具支撑，使得政府部门、企事业单位、很多社会组织乃至实力雄厚的个人都积极地将政务、业务或事务等部署在基于云计算的服务生态之中，大幅度地降低了运营成本，全面优化资源调配并提高行为效率。2018年，"以云为先"的微软公司使用云订阅取代了销售许可软件的业务模式，全年营收达到1103.6亿美元，成为全球市值最高的上市公司①。基于云计算的服务生态是无限数据服务的物联网神经中枢②，能够从海量零散数据中抽取内在关联，规模化转型和推动数字业务增长。

然而，深入挖掘海量数据的云计算模式本身就潜藏着较大的数据隐私泄露和毁损风险，虚拟机动态迁移的复杂过程进一步给数据主体带来诸多安全隐患。云中任何数据的安全性通常都不明确。正如妄图事无巨细地记录主角一生的电影《楚门的世界》里的经典台词，"我的生活不分公私。"不仅基于云计算的服务生态的基础物理设施存在被攻击或直接接触的风险，云服务提供者、网络黑客、其他恶意的云用户和独立自然人亦有可能在云上数据资源池创建、存储、使用、传输和销毁的过程中侵害数据主体的隐私权。云隐私数据的安全性已经成为数据主体选用相关服务时的核心考量因素。

具体而言，云服务提供者通过云服务协议和云隐私政策减免己方责任，又依赖远高于数据主体的技术实力隐藏侵害数据隐私权的行为；个人黑客、非法组织及意图通过不正当手段获取云隐私数据的公权部门等不断渗透；缺乏事前有效预防、事中严格监管和事后全面救济的法律法规。诸多因素综合作用之下，云数据隐私侵权现象愈演愈烈，引起了整个社会的广泛关注。群体研究伙伴公司（Crowd Research Partners）的调查显示，九成安全领域从业人员对于云上数据威胁忧心忡忡，61%表示出对云数据隐私权的担忧③。

基于云数据隐私侵权现象的逻辑思考与司法实践的发展状况，考虑分类标准的灵活适用，可以做出以下划分。

一、依据云数据隐私侵权场景划分

基于云计算的服务生态已经渗透到社会生活的方方面面。在公有云、私有云、混合云等不同的部署场景和基础设施即服务、平台即服务、软件即服务等不同的交付场景中，云数据隐私侵权现象存在一定的差异性。

1. 不同云部署场景下的数据隐私侵权

（1）私有云部署场景

私有云部署场景中数据来源、数据使用和数据流转等均在封闭环境里进行，除去云设备提供者或技术维护者故意窃取云隐私数据的特殊情形以外，不会出现侵害用户数据隐

---

① 微软全年营收超1000亿美元 企业级云服务增速50%. http://companies.caixin.com/2018-07-20/101307031.html.

② 物联网是基于信息承载体连接物理空间和信息空间，通过网络协议实现物物之间、物人之间、人与环境之间的信息交互，使得信息互通的范围扩充到万物之上。物联网使得隐私数据收集、使用、处理和传播等不一定需要人类有意操作。自动收集、智能化处理和高效传播大幅提升了数据资源的经济价值和社会价值。

③ 吕玥. 从零开始，理解"云"[OL]. http://www.donews.com/article/detail/4912/14005.html.

私权的情况。私有云系统运作过程中偶发的侵害第三人数据隐私权的事件，大多源于云用户在未经数据主体允许又没有法律法规明确授权的情况下获取和使用对方的隐私数据，少量是云上智能化的大数据处理算法的不确定性导致的意外关联引发了侵害第三人数据隐私权的恶性事件。总体而言，私有云环境中的数据隐私侵权现象相对较少且侵权程度较轻。

（2）公有云部署场景

公有云部署场景的稳定性较差且长期使用的成本较高，用户群体对于物理基础设施和整个系统的控制、监管能力较差，在一定程度上拖慢了云计算加速应用到产业领域的步伐。即便通过特别服务协议获得公有云提供者有关强化密钥的明确保证，互联网和移动链接设备易受攻击的特征仍然导致涉及云隐私数据的通信活动不断被拦截与窃取。例如，大量用户密集使用碉堡箱（Dropbox）、谷歌云端硬盘（Google Drive）和亚马逊简单存储服务（Amazon S3）等公共云盘的硬件设备与物化接口。公有云上具有较大弹性的数据处理中心缺少强有力的安全屏障，频繁发生隐私数据泄露、损毁或无法读取以及账户劫持等恶性事件[1]，严重破坏公有云的可靠性、确实性、完整性与协调性，大幅拉低公有云提供者的声誉指数，引发整个行业的安全与信任危机[2]。相关连锁反应、部分国家和地区限制加密适用范围的法律规范以及公权部门持续监审广域云图等迫使众多数据主体不愿融入公有云环境，"63%的受访者担忧提供者保留其删除数据的副本，49%的受访者则更忧虑提供者依据执法机构的要求提交其隐私数据"[3]，例如，曾以"一视同仁的便捷服务"[4]为傲的亚马逊公有云曾经迫于美国政府施压而在没有解释和致歉的情况下删除了维基解密的海量内容[5]。目标用户对于公有云的信任缺失致使公有云上的聚合数据资源池持续萎缩，拖慢了大数据环境下突破信息孤岛的创新进程。

（3）混合云部署场景

混合云部署场景随着工业4.0发展和5G技术落地日益拓宽应用领域，目前主要适用于负载扩容、数据或业务的灾难恢复、数据备份等，集中强调用户群体对于核心数据的有效控制和实现边缘数据的弹性化按需共享，却也逐渐暴露出网络连接的稳定性、安全性与易用性较差，相关基础功能不够完备，虚拟专有云模块调度困难且费用过高，共享公有云模块安全隐患严峻以及诸多云端混乱调配海量资源中频繁发生窃取和损毁隐私数据的事件等问题，致使用户群体极度担忧混合云上数据隐私权的完整性与实操性。例如，中国信通院调查的3915家企业中，已经应用云计算的达到2142家，占比为54.7%，其中采用混

---

[1] 如谷歌邮箱受袭事件与大规模执行错误事件. BBC News, Google May Pull Out of China after Gmail Cyber attack. http://news.bbc.co.uk/2/hi/8455712.

[2] M Ali, Khan S U, Vasilakos A. Security in cloud computing: Opportunities and challenges[J]. Information Sciences, 2005: 305.

[3] Horrigan J. Use of Cloud Computing Applications and Services[OL]. http://pewinternet.org/Reports/2008/Use-of-Cloud-Computing-Applications-and-Services.aspx.

[4] AcAskill E. Wiki Leaks Website Pulled by Amazon After US Political Pressure[OL]. http://www.guardian.co.uk/media/2010/dec/01/wikileaks-website-cables-servers-amazon.

[5] Amazon Blocks Wiki Leaks but Denies "Pressure"[N]. China Daily, 2010-12-04.

合云的企业占比为6.6%①。12.3%的企业认为在没有明确的监管指引下不宜应用混合云。一方面,混合云针对独立用户特别定制的采用虚拟化操作系统的专属云在实现局域数据整合与传递的同时,不定期的临时负载扩容需要增设基础设备且难以实现必要的外链共享②,不同云端之间低效率的手动同步调度使得系统内的隐私数据面临着来自操作者、参与者或第三方的巨大威胁。另一方面,混合云系统通过遍布全球的数据中心架设的公共节点为大量用户同步提供服务③,全面掌控着云上数据资源与共享方式。虽然绝大多数混合云提供者声称同一硬件资源上建立的多个子系统仅允许各自内部共享数据,其他参与者均不知晓基本架构和数据内容,却频频出于利益考量或其他因素非法处置云上隐私数据④。混合云的用户群体通过共享公有云存取与传递隐私数据在一定程度上意味着控制权与开发权移转,数据主体甚至不会知晓隐私数据存储和流动的真实地理位置⑤,大幅增加了隐私数据的安全风险与损害救济难度。例如,莫兹(Mozy)、无忧(Carbonite)、崩溃预案(Crash Plan)等在混合云上存储与备份数据之时均不承诺保证隐私数据的完整性与安全性,亦不愿在隐私数据遗失或泄露的情况下承担责任。⑥

2. 不同云交付场景下的数据隐私侵权

(1)"基础设施即服务"的云交付场景

"基础设施即服务"的云交付场景中使用者完全掌握着物理硬件和程序软件,实质控制、整合和分配云上资源池中的海量数据。云计算设施和技术的提供者难以渗透和干预已经投入应用的云系统的运作流程。除非恶意第三方窃取云上隐私数据的违法行为利用了提供者的既有技术漏洞,本场景内绝大多数的数据隐私侵权事件源于企业级云用户的故意或疏忽。

(2)"平台即服务"的云交付场景

"平台即服务"的云交付场景中提供者将拥有庞大用户群体的复杂应用需要的标准化数据库系统置入云界面中的高效集成开发环境,虽然并未直接接触云用户上传的数据资源,却因实际掌控着云系统的底层架构而具备挖掘平台内所有数据资源的能力,存在侵害云数据隐私的现实风险。本场景中,企业级云用户之于客户和个人级云用户的隐私数据仍然享有较强的排他性管控权限,云数据隐私侵权大多表现为企业级云用户不当收集、不当存储、不当使用或不当删除客户的隐私数据。

(3)"软件即服务"的云交付场景

"软件即服务"的云交付场景中提供者不仅独立掌握着整个云系统的基础设施、服务器设置和内部运维等,还集中运营着云上各种软件程序。云用户不再需要预装软件,却也

---

① 中国信息通信研究院. 中国混合云发展调查报告[R]. 2018.
② 王冠. 面对云计算企业如何选择[J]. 电子技术与软件工程,2016,5:184-186.
③ Loganayagi B,Sujatha S. Improving cloud security through vitalization[J]. Communications in Computer and Information Science,2011(204):442.
④ Palanisamy R,Verville J,Bernadas C. An empirical study on the influences on the acquisition of enterprise software decisions:A practitioner's perspective[J]. Journal of Enterprise Information Management,2010(23):610.
⑤ Frischbier S,Petrov I. Aspects of Data-Intensive Cloud Computing. LNCS 6462,Springer-Verlag,2010:57.
⑥ Hu W,Yang T,Matthews J N. The good,the bad and the ugly of consumer cloud storage[J]. ACM SIGOPS Operating Systems Review,2010(44):110.

变得只能有效控制部分组件。提供者在控制、复刻、分发云用户各种需求和行为的过程中,有可能侵害数据隐私权。虽然本场景中企业级云用户在使用客户数据的过程中侵害隐私权的难度较大,但违规采集自然人隐私数据的现象层出不穷。

二、依据云数据隐私侵权内容划分

1960年,美国侵权行为法领域的领军人物威廉·普罗瑟(William Prosser)在调查了300多个侵权事件之后将隐私侵权划分为侵扰受害人的独处环境、公开披露造成受害人困扰的私密事务、公开传播使得受害人的个人形象遭到公众误解的错误信息以及侵权人为了自身利益而挪用受害人的姓名或肖像等①。当时的独处环境仅限于物理环境,私密事务范围较窄,个人姓名和肖像等资料被认定为遭受侵扰的标准较高。

伴随着数智化时代而来的密集的云服务模式中的数据隐私侵权涉及的是自然人虚拟化的云上私密空间和能够直接或间接识别出数据主体的广泛的个人数据。

一方面,基于云计算的服务生态中可以归属特定自然人的虚拟空间是数据主体享有的不受外物干扰的私人领域,是多维组构的云数据隐私权中性质最原始且内容最广泛的分支②。任何缺乏法律法规特别授权或数据主体明示同意的情况下,通过追踪干扰、关联推送、精准提示或窥探篡改等方式侵入数据主体的云空间的行为都是对云数据隐私权的严重侵害。

另一方面,某些组织和个人为了自身利益,在未经数据主体同意或没有法律法规特别授权的情况下挖掘、整合、分析、运用或二次开发利用云隐私数据以辨识数据主体的兴趣偏好、行为习惯、地理位置、宗教信仰③,进而公开令数据主体尴尬或困扰且不属于当前社会认定的合理知情范围的私密数据,进而非法助力个性化营销、调整经营决策、争夺销售红利或服务于非正当的权力监控,皆是对云数据隐私权的严重侵害。

三、依据云数据隐私侵权目的划分

全面渗透各行各业的云服务中暴露出的数据隐私侵权目的复杂多样,主要包括为了获取不当利益、未能尽到法定义务以及出于好奇或恶作剧的侵权事件等。

首先,云数据隐私侵权大多是行为人基于直接或间接获取不当利益之目的而入侵、窃取、攻击或毁损数据主体的隐私数据。当前,不少以数据收集、共享、分析和售卖等为主营业务的云生态系统持续挑战数据隐私的底线,"在过去一年里,硅谷的公司以及一大批像它们一样的网络公司都因为消费者保护领域的违法和欺诈行为而卷入调查……日前谷歌公司向联邦贸易委员会就对其未经用户许可而通过社交网络应用Buzz泄露用户数据的指控做出了整改答复。"④

其次,提供者往往将云服务同时供给不同用户。公有云和混合云场景中持续在线的

---

① William Prosser. Privacy[J]. California Law Review,1960(48):389.
② Jerry Kang. Information privacy in cyberspace transactions[J]. Stanford Law Review,1998(50):1193.
③ Restatement of Torts:Publicity Placing Person In False Light (Second). American Law Inst.,1977:652E.
④ Cecilia Kang. Web Firms Face Increased Federal Scrutiny over Internet Privacy[N]. The Washington Post,2011-04-08.

网络接口使得云系统可能会面临着各种恶意攻击程序，而多个终端共用一台物理服务器的特征使得云用户还有可能遭到来自其他用户或恶意侵入者的旁路通道攻击，加之众多云用户使用HTTP（而非HTTPS）的加密方式随意访问云计算资源暴露出云数据传输通路在安全性、完整性与私密性等方面的巨大风险。不少云数据隐私侵权事件的发生正是因为云服务提供者、企业级或个人级云用户以及相应的数据外包企业等未能尽到法定的设置合理安全保障的义务，导致云上隐私数据因疏忽而泄露或被恶意侵入者窃取。例如，不少提供者在分布式云环境部署中使用欠缺动态加密工具的复杂路由和多层域名，采用防御能力一般的虚拟防火墙，使用简单的密码权限控制方式认证接入用户的身份，构建云用户明文上传和存储数据资源的通道，并在重新启用独立的云空间前不会进行彻底的数据清理，甚至缺乏云数据容灾备份机制与隐私数据安全措施提升意识。

最后，部分云服务运作过程中出现的数据隐私侵权事件是那些本身没有牟取非法利益之目的，亦不属于应当承担保护数据主体隐私数据安全责任之列的行为人（大多为个人黑客），出于好奇、恶作剧或检测自身技术等个性化的主观原因而实施的侵权行为，同样会造成不可挽回的严重后果。

第二章 云数据隐私权保护的法理基础

第一节 云数据隐私权保护中的人权保障

物质资料极度匮乏的时代中人们普遍缺乏应对自然灾害和改造自然环境的能力,主要担心沙尘暴、洪水、地震等来自外部且固定不变的指向未来的威胁,相应的社群环境以争取生存空间为要旨。伴随着数智化社会转型而来的各种技术风险产生了辐射面广泛的规模化负面影响①。人类行为不以创造巨大的财富增益为最终目的,而是尽力防范技术引领的社会进步给人权造成的威胁。一方面,全面渗透社会生产和居民生活的云服务中广域的数字化联动节约了海量资源,充分发挥出促进民主、平等与自由的积极作用。另一方面,云环境建设和完善中不断暴出的数据主体真实身份和私密事件等又对整个社会已经达成基本共识的普遍性人权基准构成巨大的威胁。

一、人权的定义与类别

1. 人权的定义

人权是哲学思辨的产物。这一概念的界定问题虽然历经了思想家们长达两千多年的讨论,迄今却尚未形成一个得到普遍认可且论证严谨的定义。

早在古希腊时期,亚里士多德就描绘了"政治的公正有些是自然的,有些是约定的。自然的公正对任何人都有效力,不论人们承认或不承认……在我们这个世界,所有的公正都是可变的,尽管其中有自然的公正。"②中世纪的神学家托马斯·阿奎那(Thomas Aquinas)在《神学大全》中进行了更加深刻的探讨,将人权界定为上帝命定了某些行为的自然正确性。但是,基督教、佛教等主要宗教的神邸并不相同,全球范围内没有一位神明获得普遍信仰,难以就此达成一致。

1651年,托马斯·霍布斯(Thomas Hobbes)在《利维坦》一书中描述了一种上帝并未参与的自然状态,并指出其中可能有一些源于自然的应享权利,开启了主张人权是源自人性天然禀赋的普遍而客观的权利之"天赋人权"的自然学派的先河,"由于人性基础客观存在,即便在人权没有得到法律认可的场景中,此种权利也会存在"③。伊曼纽尔·康德(Immanuel Kant)进一步强调了人权对于公民社会的重要性:"人的权利神圣不可侵犯,统

---

① 安东尼·吉登斯. 失控的世界[M]. 周红云,译. 南昌:江西人民出版社,2001:22.
② 列奥·施特劳斯. 自然权利与历史[M]. 彭刚,译. 北京:生活·读书·新知三联书店,2003.
③ Marie Benedicte Dembour. What are human rights? Four schools of thoughts[J]. Human Rights Quarterly 2010,32(1):1-20.

治力量必须为此做出巨大的牺牲。"①不过此类人权源于人的自然本性的主张常常遭到有神论者的口诛笔伐。

1791—1792年,托马斯·潘恩(Thomas Paine)将自然权利限定为人的生存权中属于个人的权利,即那些为了个人的安适和幸福而行使的权利和思想的权利,而不包括作为社会成员享有的公民权利②。不久之后,以让·雅克·卢梭(Jean Jacques Rousseau)为先导的主张市民社会中的人权源于契约共识③的协商学派开始兴起,进而逐步发展为"人权是人们为了展开有序生活而主动建构的治理工具"④。然而,整个社会积极参与人权保障的一大初衷是充分尊重自然人的人格尊严和个人自由。这一理论的缺陷在于,持续汇聚的社会共识有可能导致公权对于私权过度的强制性干预。

20世纪以来,人权领域不仅活跃着韦斯莱·霍菲尔德(Wesley Hohfeld)、赫伯特·哈特(Herbert Hart)、罗纳德·德沃金(Ronald Dworkin)等擅长语义、规范或逻辑分析的学术大师,投身实践的人权卫士们主导的强调人权作为抗争不公之有力武器的反抗学派和认为人权存在的理由仅是人们普遍使用了这一语词的话语学派也逐渐获得了部分人群的认同。

迄今为止,虽然学界尚未就人权概念本身达成普遍性共识,却基本认可人权既是人类生存的基础和根本,亦是全人类共同追求的价值目标,整个社会应当不遗余力地保护那些人之所以成为人的基本属性。

人权实践领域中,18世纪末期的法国大革命之后颁布的《人与公民权利宣言》将17项权利认定为人的自然、不可剥夺和神圣的权利。作为人权领域现存最具权威且影响力最为广泛的规范性文件,《世界人权宣言》综合采纳了自然学派和协商学派的人权界定,既强调"对人类家庭所有成员的固有尊严及其平等的和不移的权利的承认"、肯定"人人生而自由,在尊严和权利上一律平等",又表示"鉴于各会员国业已誓愿同联合国合作以促进对人权和基本自由的普遍尊重和遵行",统一发布了"所有公民和所有国家努力实现的共同标准"。《欧洲人权公约》第8条宣称:"人人享有使自己的私人和家庭生活、家庭和通信得到尊重的权利。"⑤

从人权源于人的固有尊严,到人权源于人类福祉需要,再到人权源于个人代理能力,人类社会对于人权理论基础的认知不断更新与复杂化。约翰·奥马尼克(John O'Manique)提出了人权的真正基础应当筑基以下命题:

"P1:我应该生存;
P2:X对于我的生存至关重要;

---

① Immanuel Kant. "Perpetual Peace" in Hans Reiss (ed.), Kant: Political Writings (2nd. ed.)[M]. Cambridge: Cambridge University Press, 1991: 125.
② Thomas Paine. The Rights of Man[M]. New York: Penguin Books, 1985: 68.
③ Jean Jacques Rousseau. The Social Contract, Maurice Cranston (trans.), Baltimore: Penguin, 1968: 50. For Rousseau's views of the connection between religion and the state, Book IV: 8.
④ Michael Freeman. The philosophical foundations of human rights[J]. Human Rights Quarterly, 1995(16): 491-514.
⑤ Convention for the Protection of Human Rights and Fundamental Freedom. Rome, 8.1, 1950-11-04.

P3：因此，我应当做/拥有 X。"①

也就是说，人权并非建立在人类行为创造的道德理念之上，而是建立在任何社会都可以发现的人类生存的共性价值之上。这里的生存不仅意味活着，而且意味有质量地活着，即涵盖了一个自然人的生存权和发展权。

2. 人权的类别

人权是有充分理由支撑的人类共同的道德规范，在抽象的基本权利描述下能够衍生出一系列具有实操性的特殊权利。一般认为，这些权利具有高度的优先性，但是否应当具有普遍性的问题上分歧较大，进而出现了多种多样的人权分类方法。

既有按照权利人行使权利时的参与程度进行划分的模式：主动权利（如政治参与权）、积极权利（如受教育权）和消极权利（如人身安全权）；又有按照权利被提出的时间序列进行划分的模式：第一代人权（如涉及个人自由和参与政治生活的"公民政治权"）、第二代人权（如涉及保障自然人平等的经济条件和公平待遇的"社会经济权"）、第三代人权（如涉及各国居民的"集体发展权"）②；还有将之划分为基本权利和非基本权利、绝对权利和相对权利、普遍权利和专属权利等多种范式的人权分类方法。

我国目前的一般性分类方式仍然将人权划分为经济、社会与文化权利（如工作权、健康权、受教育权）、公民权利与政治权利（如平等权、自由权、生命权）、集体权利（如发展权、环境权、和平权）以及老弱病残妇幼和少数民族等特殊群体权利等类别。

二、云数据隐私权保护中人权保障的理论基础

1. 云数据隐私权的人权属性

人权的存在是为了维持人类在生产和生活中最基本的尊严，"人权于我们而言，不是健康的必需品，而是为了有尊严地生活。"③一个自然人对外遮掩自己的私密和私生活空间的行为往往出于保持尊严生活的最低要求。保护隐私权是尊重人性、维持社会主体的人格尊严、使得个人能够拥有精神自由的独立活动空间、进而自主决定生活方式和价值选择的基础性措施。

《世界人权宣言》第 12 条明确了隐私权的法律地位，"任何人的私生活、家庭、住宅和通信不得任意干涉，他的荣誉和名誉不得加以攻击。人人有权享受法律保护，以免受这种干涉或攻击"，却并未详细阐释何谓"任意干涉"。《公民权利和政治权利国际公约》第 17 条基本重申了《世界人权宣言》的规定，"任何人的私生活、家庭、住宅或通信不得加以任意或非法干涉，他的荣誉和名誉不得加以非法攻击。"《欧盟基本权利宪章》第 8 条对个人数据保护做出了规定："人人有权享有个人数据之保护（第 1 款）""此等数据应仅限于特定明确目的，且于数据所有人同意或其他法律规定之正当依据下，公平地被处理。人人均有权

---

① John O'Manique. Universal and inalienable human rights: A search for foundations[J]. Human Rights Quarterly,1990(12):465-485.
② Summer Twiss. Moral grounds and plural cultures: Interpreting human rights in the international community [J]. The Journal of Religious Ethics,1998(2):271-282.
③ Jack Donnelly. Universal Human Rights in Theory and Practice[M]. Ithaca:Cornell University Press,1989:17.

了解其个人数据,并有权要求销毁其个人数据(第 2 款)""应由独立之主管机关监督这些原则之确实遵守(第 3 款)。"

虽然隐私权作为保障人的神圣不可侵权之权利的属性很久以前就得到了普遍认可,但其在整个人权体系中的位置及其具体内容、侵权认定标准与损害救济方式等长期处于不确定状态。

云数据隐私权是具有基本人权属性的新型权利形式。"数字化世界是一片崭新的疆土,可以释放难以形容的生产能量,但它也可能成为恐怖主义者或江湖巨骗的工具,或是弥天大谎和恶意中伤的大本营。"① 全球互联互通的网络系统和迅速落地应用的云计算、大数据和人工智能使得针对特定自然人的隐私侵害变得更简单、更持久且影响面更广泛。例如,一个人行走的步态或说话的音色等在传统社会中无法直接指向特定个人且难以广泛传播的数据资料,在相关处理技术高速发展的云场景中却是能够迅速定位到某个自然人的隐私数据。云数据隐私权迅速成为关涉众多对象且产生深远影响的人权形式。因之,澳大利亚的公民自由团体自发建立了云政务系统侵害隐私权的调查数据库,马来西亚人权核心小组数次谴责各级执法部门通过云上大数据处理平台侵害个人隐私和人格尊严的卑鄙行径。

2. 云数据隐私权保护的衍生性人权保障

长久以来,人权一直是不可剥夺且不容侵犯的权利。随着经济发展与社会进步,涉及个人生存和发展各个环节的人权体系展现出强大的包容性,不断增加新的内容。加强云数据隐私权的保护力度,不仅是保护数据主体基本权利的要求,亦将有助于一些相关人权的合法享有与侵权救济。

(1)云数据隐私权保护与边缘群体的表达自由权

1)公共领域理论。尤尔根·哈贝马斯(Jürgen Habermas)曾在公共领域理论中做出如下界定,"公共领域最好被描述为一个关于内容、观点也就是意见的交互网络;在那里,交往之流被以一种特定方式加以过滤和综合,从而成为根据特定议题集束而成的公共意见或舆论。"② 这意味着在文明社会的公共领域之中,一个独立的自然人应当能够以平等的身份发表意见并统一汇集成公共意见。然而,传统社会中人与人之间由于身份、性别、智商、种族、地位等的实际差异而导致拥有悬殊明显的社会资源和话语权,不可能达到哈贝马斯描绘的理想公共交往情境。尤其是同性恋者、异装癖者、神经衰弱者、有色人种、持不同政见者、穷困潦倒者以及其他残障人士等处于社会边缘的少数群体经常受制于主客观因素,无法通过主流群体掌控的书报杂志、广播电视等表达自己的意见和需求。

2)思想市场模型。美国联邦法院大法官奥利弗·福尔摩斯(Oliver Holmes)曾在裁判异议中率先建立了思想市场模型,"通过思想的自由贸易可以更好地达到最终的良好愿望——检验真理最好的东西是思想的力量,使得思想在竞争中被接受"③,阐明了言论自

---

① 埃瑟·戴森.2.0 版数字化时代的生活设计[M].胡泳,范海燕,译.海口:海南出版社,1998:17.
② 尤尔根·哈贝马斯.在事实与规范之间:关于法律和民主法治国的商谈理论[M].童世骏,译.北京:生活·读书·新知三联书店,2003:466.
③ Abrams v. United States,250 US 616,630,1919.

由的重大意义。《世界人权宣言》第 19 条将表达自由定义为"人人有权享有主张和发表意见的自由""此项权利包括持有主张而不受干涉的自由,通过任何媒介和不论国界寻求、接受和传递消息和思想的自由。"《欧洲人权公约》第 10 条对此进行了重申,"人人享有表达自由的权利。此项权利应当包括持有主张的自由,以及在不受公共机构干预和不分国界的情况下,接受和传播信息和思想的自由。"

3)云数据隐私权保护下的边缘表达状态。开放包容、费用低廉且操作简易的云环境及强有力的云上数据隐私权保护机制使得社会边缘群体在使用云服务时可以持续保持匿名状态,不仅帮助其有能力且有胆识地在公共生活和公共权力领域内自由表达意见,还营造出个人意见是否获得认同不受现实条件干扰的良好局面。高效保护云数据隐私权为寻求性别平等的女权主义者、寻觅稳定伴侣的同性恋者、寻找心灵舒缓的精神抑郁者等提供了参与社会生活、获得群体归属感、提升平权运动效果的重要平台。

(2)云数据隐私权保护与公民的政治监督权

覆盖面广泛的互联网络中智慧政府的发展模式为广大居民提供了获悉政治事务、开展在线监督的高效通路,进一步扩大了公民政治监督的范围并简化了监督过程。问题在于,早期的万维网有着鲜明的匿名化特征,"谁都不知道坐在电脑面前的是不是只狗",较好地保障了行使政治监督权的公民的人身自由和财产安全。随着云端存储个人数据的模式逐渐渗透各行各业,加之基于大数据的个人身份和行为分析系统愈加完善,政府云和社交云等公民行使政治监督权的数据资料的主要存储和调用系统中对应的用户终端的匿名性遭到很大威胁。云数据隐私权保护有助于避免批评政府政策或检举违法官员的数据主体遭到强制性干预,提升公民参与政治监督的热情。

(3)云数据隐私权保护与其他人权的损害救济

万物互联的数智化时代,人们的日常生活得到极大改善,但人权活动推进中依旧遇到形形色色的难题,特别是如何及时获取精准的数据资源①。每一个在线的自然人都可以简单快捷地参与到人权事件的披露、分析、制止和损害救济之中。既有可能成为侵害个人基本权益的违法行为的发现者,也有可能成为人权侵害案件处理的见证者和审查者。保护云数据隐私权,避免嗣后的打击报复,使得弱势的自然人敢于揭露和批判侵害其他数据主体的经济、文化、政治权利的行为,积极督促承担人权保障责任的政府部门、组织机构和云服务提供者迅速采取有效的补救措施。

3. 云数据隐私权保护中的人权冲突

(1)云数据隐私权保护与个人的自主决策权

1)沉默螺旋理论。传播学上经典的沉默螺旋理论认为,人们往往会形成对于一个有争议的议题的意见状况的认识,并主动判断自己的意见属于多数派还是少数派。只有当感觉到自己属于优势的多数时,才倾向于表达意见,若判断出自己属于劣势的少数时,往往会选择保持沉默。几经反复之后,优势意见群体的声音会越来越强大,而劣势意见群体的声音会越来越弱小,从而形成螺旋式过程。由此,占主导地位的大众传媒常常通过营造意见环境来利用个人惧怕孤独的心理,推动人们趋同支持媒体引导的优势意见。

---

① Jamie Metzl. Information technology and human rights[J]. Human Rights Quarterly,1996(4):705-746.

2)冒险转移理论。冒险转移理论进一步表示,在群体决策中很容易出现极化倾向。即个人决策受到自我感知的群体意志的影响时,更容易做出比独立决策时更为极端的决定。即原本选择冒险端的成员在群体讨论后更加冒险,而原本选择保守端的成员则会更加保守。

3)云数据隐私权保护制约个人自主决策。云数据隐私权保护使得数据主体的真实身份处于相对隐蔽的状态,为其提供了个人私密数据和私密空间的安全港,却并未改变虚拟世界中独立个体对于孤独的恐惧。特别是匿名性本身就是一把双刃剑,有可能降低云环境中数据主体的责任意识。基于行动责任已经分散给所有群体成员的心理认知和匿名相处中受到彼此更深的影响,数据主体不仅有可能做出实质不自由的决策,甚至可能会从事侵害其他个体基本群里的行为,如对于持有非主流意见者进行不理智的激烈攻击。

(2)云数据隐私权保护与公众的信息自由权

现代社会中公众的信息自由权常常以大众知情权和新闻记者对于公众关注事项进行报道的自由权形式表现出来①。云数据隐私权保护中的人权冲突集中表现为个人对于隐私数据的自治权与大众知情权和新闻自由权之间的紧张关系。

1)迈克·约翰的自治理论。亚历山大·迈克·迈翰(Alexander Meikle john)认为,言论自由的最高目标是确保居民能够拥有参与政治生活必需的各种信息,从而处于自治的状态。"我们对于相对且有限的自治的'尝试'使得自由绝对化。它表达了美国人民建立和保护自由的决心。这个决心不是建立在空想之上,而是基于清醒的思考和痛苦的经历。确定之事在于,无论自由有何利弊,政治自由的发展都为公民提供了更好的保证。"②虽然这一自治理论遭遇到诸如"将言论自由简单视为推进政治自由的手段"之类的批评,但作为认可广大居民有权为了自身利益合理地获取公权数据的理论支撑,客观上推动了强大而独立的新闻自由。

美国联邦最高法院的威廉·约瑟夫·布伦南大法官(William Joseph Brennan)在具有里程碑意义的"纽约时报诉沙利文"(New York Times Co. v. Sullivan)一案中,很好地运用了这一理论,"即便人们对于公共事务的讨论中,常常包括了一些针对政府和官员的尖锐攻击,美国也不会禁止居民讨论。"③

保罗·查德威克(Paul Chadwick)指出:"新闻业是为了即时地了解公众需求、负责任地披露社会事件、进行探讨与共同决策等重要的公共服务,具有反馈性、即时性和随机性等特征。随着时间推移,新闻业会发展成具有巨大公共价值的档案馆,成为集体记忆。"④

2)云数据隐私权保护约束公众信息自由。欧盟和美国对于云数据隐私权保护的方向不一。前者是偏向消费者权益考虑的人本主义,主张数据主体对于隐私数据的关注一般会超过消费者对于个性化消费的需求,通过可执行的法律规范使得在欧洲境内开展业务的云企业不仅需要取得用户的明示同意且此种同意是保存最低数据量的有限允许,还必

---

① Council Regulation 2016/679,2016 O. J. (L 119)1(EU).
② Alexander Meiklejohn. What Does the First Amendment Mean? 20 U. CHI. L. REV. ,1953:461.
③ 376 U. S. 254,270(1964).
④ Paul Chadwick. Don't Let Data Protection Undermine Journalism[OL]. Guardian,2018-06-10,https://www.theguardian.com/commentisfree/2018/jun/10/data-protection-press-freedom.

须确保隐私数据的删除流程透明公开,亦应当如实向数据主体告知云上任何可能导致自然人隐私数据风险的违规行为。后者则是偏向商业利益考虑的自由主义,认为表达的利益大于隐私的利益,主张云服务提供者如果保留大量社会主体的隐私数据就可以更好地完成个性化服务供给的任务,强调网络媒体和大众的知情权,进而采取强调数据主体一旦将隐私数据公开给第三方就应当减少合理的隐私期待的默示同意制度。例如,如果数据主体没有主动选择退出在线追踪服务,云数据控制者和使用者就有权获取和使用隐私数据[1]。

数智化时代的显著特点是大众传播不再局限于少数商业提供者,海量人员和资本不断涌入网络传媒行业。在线媒体的新闻报道有利于制止公职人员滥用权力和披露社会不良事件,却也存在很多通过展示他人私密满足公众好奇心以便获得高额商业利润的现象,常常涉及云上个人数据。数据主体的隐私利益使其享有个人数据不被非法收集的权利,并在缺乏收集或保留个人数据的必要性之时,享有即时而完整的隐私数据删除权。

以数据主体享有的删除权为代表的云数据隐私权保护机制约束着数字化新闻媒体的业务模式[2],大幅增加其确保隐私数据安全、防止数据泄露并及时通知的成本。在线媒体在收集云上个人隐私数据之前,不仅需要征得数据主体的明确同意,还应当清晰地告知这些数据的具体用途[3],并建立相关业务的详细记录。此外,数字化新闻媒体还必须确保签约的第三方参与者妥善处理云隐私数据。

(3)云数据隐私权保护与其他人权形式

数智化时代的云服务的开放性、便捷性、安全性与廉价性等为政治掮客、经济犯罪者、极端主义者和各种危险分子提供了存在空间。云数据隐私权保护在一定程度上为这些群体提供了在隐藏个人身份的前提下肆无忌惮地传播性别歧视或种族歧视言论、开展网络色情服务、操纵舆论影响产业格局和金融走向、攻击或诽谤合法政权甚至操控公民政治决策等的客观便利,有可能会严重侵害平等权、健康权、经济自由权、政治参与权等基本人权。

云数据隐私权保护与个人的安全权、健康权和生命权等的冲突主要体现在网络反恐领域。近年来,全球多起恐怖事件使得很多国家试图削弱隐私数据保护机制,致力于建立和加强指纹、虹膜、面部识别等生物特征识别系统并监视个人通信、公共场所和交通手段。例如,哥伦比亚参议院曾在反恐怖主义法律改革中,试图授权政府部门在涉及恐怖主义的案件中未经司法授权即可截取个人通信数据,"为了防止严重的恐怖行为,相关部门在通知总检察长的前提下,无须事先获得法院命令,即可进行逮捕、突袭和住所审查,并在随后的36小时内接受法官复审。"但是,这一涉及基本人权的条文修订很快就被该国宪法法院宣布违宪而未能执行[4]。法国曾在《信息社会法(草案)》(LSI)中要求网络服务提供者至

---

[1] http://us.practicallaw.com/6-502-0467.

[2] Jeffrey Rosen, Stand Law Review. Rev., 2012(64):128.

[3] Susan McGregor, Hugo Zylberberg. Understanding the General Data Protection Regulation: A Primer for Global Publishers [OL]. http://www.cjr.org/tow_center_reports/understanding-general-data-protection-regulation.php.

[4] 哥伦比亚宪法. http://www.presidencia.gov.co/constitu/atoslegis/02del2003.htm. http://www.cpsrperu.org/bdatos/colombia/privacidad.

少存储所有用户的活动日志一年以上并规定了政府有权使用私有加密密钥①,因为严重削弱人权遭到很多公民自由团体的反对,最终未能通过。欧盟地区很早就在《欧洲刑警公约》和《欧洲刑警组织理事会决议》里规定了各领域中隐私数据的保护责任。

三、人权视阈下的云数据隐私权保护思路

整体而言,妥善保护云数据隐私权有利于数据主体免受监控,保障云系统使用的安全性,使其能够通过云端获取更多的知识、产生更频繁的思想碰撞、充分表达权利诉求,进而打破主流观念的压制,参与公共事务的探讨。

1. 云数据隐私权保护的可行能力解释模型

阿玛蒂亚·森提出了可行能力理论(Capability Approach),"个人'能力'就是其可以获得的备用的功能性活动的集合。能力实质上是一种获得备用的功能性活动集合的自由。"②玛莎·纳斯鲍姆(Martha Nussbaum)进一步描绘了可行能力对于人格尊严和社会正义的重要价值,指出一个人的能力包括天然禀赋的基本能力、个人在与家庭和社会的互动中后天习得和发展出来的内在能力、个人经由国家社会提供的机会和条件而获得的全面自由的发展中展现出的复合能力。一个社会的发展状况与个人可行能力的成熟程度往往呈现出正比关系。可行能力解释模型的关注焦点一直是独立的个体,而非整个社会的福利状况,密切关系到一个自然人能否享受到尊严和自由等基本人权。

玛莎·纳斯鲍姆概括了文明社会中国家应当培养和保障的自然人的十项核心能力:①生命的能力,即能够活到正常的人类预期寿命,既不会过早死亡,也不会在死亡前落到不值得存活的境地;②身体健康的能力,即能够拥有包括生殖健康在内的良好的健康状况,且能够有一个满足自身需要的栖身之所;③身体完整的能力,即能够自由迁徙,免受包括性侵和家暴等在内的恶意侵权,有机会满足自己的性需求且有机会进行生育;④感觉、想象和思考的能力,即能够感觉、想象、思考,尤其是能够享有政治和宗教等敏感领域的言论自由;⑤情感的能力,即能够对除了自己之外的人与物保持爱意;⑥实践理性的能力,即能够形成善念,积极批判和反思自己的人生规划;⑦归属的能力,即能够与他人共同生活,承认并表达对他人的关心,参与各类社会互动,作为一个有尊严的个体获得与他人相同的平等对待;⑧其他物种的能力,即能够关心自然世界;⑨娱乐的能力,即能够享受娱乐活动;⑩对自身环境的控制能力,即能够参与政治生活,享有表达自由和结社自由,能够与他人平等地享有财产权、工作权和自由权等。

这十项核心能力的出发点主要是尊重个人自我决策的实践理性,"在所有核心能力的应用领域内,行之有效的良性政策都意味着尊重个人的实践理性。自然人对于实践理性的能力集聚了所有其他能力。例如,一个人规划自己生活的机会,实质上就是选择并安排符合其他能力的功能性活动。"③即赋予了人的自主性在核心能力中的轴心地位。传统社会之中,个人资料和私生活空间处于相对隔离的状态,以实践理性为核心的个人可行能力

---

① www.iris.sgdg.org/actions/lsi.
② Amartyasen. Development as Freedom[M]. New York:Knopf,1999:75.
③ Martha Nussbaum. Creating Capability:The Human Development Approach[M]. Harvard University Press,2011:39.

较强。及至信息社会,智能化的大数据处理技术对于四散于云环境之中的零碎隐私数据的深入挖掘使得社会主体难以保持匿名状态,各种社会活动均处于无处不在的监视、评价与干预之下,自主性逐渐降低,无形之中减弱了自然人的可行能力,使得个人的人格尊严和个人自由受到巨大冲击。云数据隐私权保护机制的建立正是对于个人可行能力理论的实践回应,论证了保护云上隐私数据对于人权的重大意义。

2. 云数据隐私权保护的合理限制理论

《世界人权宣言》第 29 条明确了限制人权行使的理由,"人人对社会负有义务,因为只有在社会中他的个性才可能得到自由和充分的发展",由此提出了合理限制人权泛化的标准,"人人在行使他的权利和自由时,只受法律所确定的限制,确定此种限制的唯一目的在于保证对旁人的权利和自由给予应有的承认和尊重,并在一个民主的社会中适应道德、公共秩序和普遍福利的正当需要;这些权利和自由的行使,无论在任何情况下均不得违背联合国的宗旨和原则",却没有明确具体的合规标准,亦没有详细列明"道德、公共秩序和普遍福利的正当需要",难以在实践中充分发挥指导作用。

虽然在网络失序、网络暴力和网络恐怖主义的社会治理过程中,有可能威胁云上隐私数据的安全性、私密性与稳定性,迫切需要完善云数据隐私权保护机制。但是,云数据隐私权保护在特定场景中亦有可能侵害其他人权。例如,云服务对于知名人物数据隐私的保障标准设置过高就会侵害公众知情权。数字世界的创新自由与竞争自由必须以不侵犯他人合法权益为边界。有必要基于合法性原则、非歧视原则、必要性原则、禁止滥用原则等予以一定的合理限制,提高云服务的隐私数据保护中侵害其他人权形式的成本,引导自然人主动尊重他人合法权益。当然,一般而言,对于云数据隐私权保护的限制应当符合维护国家安全、遵循公共道德、尊重他人自由等特定目的。

3. 云数据隐私权保护的个人自治理论

云数据隐私权保护机制将个人自治视为隐私的核心要素,给予数据主体自由选择是否共享以及如何共享数据隐私的权利。云服务提供者、经营者和云用户等对于数据主体明确表示同意的隐私数据可以依照与权利人的约定进行采集、存储、使用和传递。即便是那些持有少数派政治见解者或性取向特殊者,若是明确自愿地公开隐私数据,就不再属于保护范围。

第二节 云数据隐私权保护中的效率与公平

一、云数据隐私权保护中的效率问题

效率是公平的物质前提,公平是提高效率的保证,两者是整个社会共同追求的基本目标。经济学领域一直贯穿着"物品和资源是稀缺的,以及社会必须有效利用这些资源"[①]的两大核心思想。整个世界不是流淌着喝不尽的美酒、堆积着吃不完的粮食的伊甸园,而

---

① 保罗·萨缪尔森,威廉·诺德豪斯. 谈效率、公平与混合经济[M]. 萧琛,译. 北京:商务印书馆,2012:29.

是处处可见需求与供给的不平衡。庞大的人类欲望与有限的物资供给使得政府格外看重有效配置社会资源的重要意义。效率要求在承认稀缺的现实性之上,基于给定的技术产出最优质量和最多数量的产品和服务。从宏观角度看,效率是社会资源在各个生产部门之间的有效配置;从微观角度看,效率是各个主体充分发挥出生产经济效益的状态。

一个有效且自由的市场环境并不能使得资源配置得到全社会的广泛认可。企业既受到利润最大化的目标驱使,又为了应对价格竞争,往往采用效率最高的生产技术以降低成本。在萨缪尔森的眼中,市场经济的核心控制者是偏好和技术两大君主。一是用户偏好,即用户根据自己先天或后天的偏好决定社会资源的最终用途,即在生产可能性边界上的各个点之间进行选择。二是社会可利用的资源与技术。可利用的资源限制了消费范围,技术成效限制了某些产品的发展。

云市场是通过价格变动和市场体系协调各种涉云活动的复杂而精良的机器,也是一部能够汇集和传播数十亿各不相同的人的知识和行动的机器,既大幅提升了社会效率,又在使用的云平台中广泛纳入了个人的基因数据等生物数据和其他身份识别数据,严重威胁云数据隐私权。云上大数据处理的广域应用明显加快了商业保险的审核速度,改善了零售企业的客户忠诚度计划,虽然提升了效率,但也对云数据隐私权造成威胁。

云数据隐私权保护的效率考量包括如下几点:①云数据隐私权保护机制自身的效率问题。国家社会的法律资源本身处于稀缺状态,云数据隐私权保护的机构设置、运作流程、效果考量等需要考虑到社会承担的实际成本,且保护机制的构建和完善必然会减少整个社会可获取的数据总量并增加交易成本[①]。②云数据隐私权保护对于云市场效率的双重影响。一方面,保护数据主体的隐私权益,尤其是隐私数据的变现利益,有助于个人的自利行为通过竞争市场产生社会经济效益。另一方面,云服务提供者、经营者、云用户以及相关行业的经济效率需要海量隐私数据的强力支撑。

二、云数据隐私权保护中的公平问题

"关于永恒公平的观念不仅因时因地而变,甚至也因人而异,这种东西正如米尔柏格说过的那样'一个人有一个理解'。"[②]经济学领域常用洛伦茨曲线展现不公平的程度,往往使用绝对公平和绝对不公平的两个极端之间的阴影部分衡量相对不公平。

公平标准是人们追求的最终目标。即便是完全竞争的云市场也不能必然带来公平的分配。相反,由于数据主体的智力水平、家庭环境、受教育程度、经济状况等的差距,有可能处于极端不公平的状态。如果没有足够强大的云数据隐私权保护机制,就无法阻止无节制的商业化收集和使用。2016年美国总统大选期间,剑桥分析公司(CA)通过脸书平台访问海量用户及其关联的百万量级亲朋好友资料的大数据分析,是对云平台上个人隐私数据的明显操纵。虽然个人用户可以通过调整脸书平台的默认隐私设置拒绝第三方访问,但相关研究持续表明,个人用户常常无法理解云上隐私数据的共享范畴和量级,很少

---

① Neil M Richards. Reconciling Data Privacy and the First Amendment[M]. 52 UCLAL. REV. ,2005:1149-1165,.
② 中共中央马克思、恩格斯、列宁、斯大林著作编译局. 马克思恩格斯选集(第三卷)[M]. 北京:人民出版社,1995:212.

主动调整默认设置①,致使隐私数据一直处于风险状态。

公平的环境需要客观地评估保护云数据隐私权的成本和收益。在资源稀缺的世界里,选择了一样东西就意味着放弃另外一些东西。一项决策的机会成本就是相应的被放弃的物品或劳务的价值。"企业是营利性组织,自然要基于短期和长期的获利能力来做出决策。"②以利润为导向的云运作模式使得云服务提供者、经营者、云用户等很可能会忽略数据主体和第三方的损失。企业实施安全保障的核心标准是成本不大于预期业务损失。事实上,如果适当加强软件开发的谨慎性将会降低缺陷率,却需要更长的时间和更高的开发费用③。云用户并不愿意花费略高的零售价格来支付附加的安全性,"市场通常以最先销售和最低成本来回报,而不是额外的开发时间和成本。"④

数字时代的云服务促进了个人自治并增强其创造力。云用户常常通过嵌入式超链接表达喜欢与否、是否合适以及行为轨迹等。云服务提供者往往将数据隐私权理解为用户群体的集体利益,而不是每个数据主体都拥有的利益,倾向于权衡所有用户集合的有关云数据采集、使用、出售和转售等的隐私利益与实际成本,而不是权衡某一个数据主体的利益,严重威胁云上个人数据的隐私权。

云数据隐私权保护中公平与效率之间的难解冲突推动了隐私数据付费模式的兴起。云隐私数据货币化虽然有利于保障数据主体的经济收益权,却也有可能导致用户之间的巨大鸿沟,还会导致云服务提供者、经营者及其他参与者给数据主体加上标签,如低收入的农村人、年轻的单身父母等⑤,容易导致歧视性营销和不公平待遇。"以意想不到的方式,从看似无害的数据源中得出有力的推论"⑥,进一步破坏公平的社会环境,例如,Datacoup的服务条款建议零售商和其他第三方可以使用其产品向特定类型的用户提供区别报价⑦。事实上,云平台上提供的免费服务一般都需要使用数据主体的隐私数据进行支付。

某些数据主体由于社会环境和经济状况的不同而可能获得不同的隐私待遇,破坏了公平有序的社会局面。"市场选择的重要决定因素是财富。如果数据隐私要花钱,或者相反,如果放弃隐私就可以省钱,那么获取隐私将更加不平等。"⑧配备了高级加密技术和隐私安全机制的云服务收取的价格远高于不提供这些服务的企业,意味着对于那些经济上处于不利地位的消费者来说,无法负担高昂的隐私费用,将导致不同收入人群之间巨大的数据鸿沟。这种隐私保护的差距和弱势群体可能本来就缺乏隐私保护的专业知识和维权

---

① Craig Timberg. https://www.washingtonpost.com/news/the-switch/wp/2018/04/04/facebook 63.
② Bruce Schneier. Information Security and Externalities, Schneier On Security [OL]. 2007. http://www.schneier.com/essays/archives/2007/01/information_security_1.html.
③ Anthony Hall. Seven Myths of Formal Methods,7 IEEE Software,1990(9):11-19.
④ Eugene H. Spafford. Remembrances of Things Pest,53 Comm. Acm,2010:35-36.
⑤ Daniel J Solove,Paul M Schwartz. Consumer Privacy and Data Protection. 2015:88-92.
⑥ Sharona Hoffman. Citizen science:The law and ethics of public access to medical big data[J]. Berkeley Technology Law Journal,2015,30:1794-1796.
⑦ Neil M Richards,Daniel J Solove. Prosser's privacy law:A mixed legacy[J]. Columbia Law Review,2010,98:1892-1893.
⑧ Julie Cohen. Examined lives:Informational privacy and the subject as object[J]. Stanford Law Review,2000,52:1373-1398.

意识等现象,将进一步加剧充斥在社会方方面面的数字鸿沟。例如,经济短缺的父母会有意或无意地将与儿童有关的数据与家庭数据结合在一起,或者与孩子共享终端设备,甚至主动将子女的数据出售给接受隐私付费的商业机构,导致云服务提供者经常能够获得未成年人的隐私数据,甚至通过孩子的行为状态、日常爱好和班级中的表现和潜力,预测其成年后的偏好和活动,对其人生发展产生负面影响[1]。

完善云数据隐私权保护的法律法规和相关执法监督机制,要求云服务提供者、经营者和数据使用者清晰地说明隐私数据采集、存储、使用和传递的方式与内容,给付合理的数据费用,使得数据主体隐私权的财产属性得到最大程度的伸张,亦建立数据主体自主风险管理的负面清单,有利于实现效率与公平的统一,却也面临着违法泄露云隐私数据造成的巨额损失。

第三节 云数据隐私权保护中的公益与私益

一、公益与私益冲突的理论探讨

以自由主义者为核心的派别从自然人天然禀赋的绝对性出发,主张个人私益高于公益,不应当为了公益而牺牲私益。虽然有利于避免公权部门以保护公益为名侵害居民私益,但也导致公权部门怠于保障顺应社会发展方向的重要的公共利益。事实上,"私权的社会性乃至义务性表明私权并非仅因个人利益而存在,私权同样应符合公共利益。"[2]

以功利主义者为核心的派别从现实利益的比较出发,主张公益整体上高于私益。"私权的社会性乃至义务性表明私权并非仅因个人利益而存在,私权同样应符合公共利益。"但过度强调公益也加大了本就处于弱势的私益受到侵害的风险。例如,杰里米·边沁认为,道德选择的最终标准是最大多数人的最大利益。约翰·密尔认为,保护或限制一项私益只能说是因为公益,此外不能给它什么理由。彼得·琼斯提出的规则功利主义主张按照那些能够最好地促进公益的规则生活。

亚当·斯密在《国富论》中阐释了公益和私益之间的一致性,强调在一个运转良好的市场机制中,追求居民私益亦可以产生增进公共利益的附随效果。事实上,隐私权通过允许居民更有效地参与民主协商来保护社会公益[3],重在营建居民平等地参与政治生活、共同寻求彼此在政治问题上的共识发展的外部环境。"在现代社会中,权利具有社会性及公益性,权利的存在不仅要保障个人权益,而且要维护社会公益,以推动社会整体和谐发展为目的。"[4]

二、云数据隐私权保护中的公益要素

随着全球经济一体化的高速发展和科学技术日新月异,云上物联网中充斥着数百万

---

[1] Tara Haelle. Do Parents Invade Children's Privacy When They Post Photos Online? [OL]. NPR. http://www.npr.org/sections/healthshots/2016/10/28/499595298/doparentsinvadechildrensprivacywhentheypostphotosonline.
[2] 史尚宽. 民法总论[M]. 北京:中国政法大学出版社,2000:38-40.
[3] Paul M Schwartz. Internet Privacy and the State[M]. 32 CONN. L. REV.,2000:815-853.
[4] 施启扬. 民法总则(第8版)[M]. 北京:中国法制出版社,2010:362.

个全新的应用程序，积极推动各类产品和服务的互联互通，愈加强调有效供应公共产品和维持公共秩序和谐稳定，进而促进智能化社会治理的发展。"标志着政府管理含义的变化，指的是一种新的管理过程，或者一种改变了的有序统治状态，或者一种新的管理社会的方式。"①同时，当市场的自由调控对利益失衡的情况无能为力时，往往成为法律为维护公共利益予以介入的初步证据。虽然数智化时代中公权部门积极开展与广大居民的协商合作以追求多元参与、公开透明的公共利益最大化的良好的、健全的、有效的善治状态，但是，过快迭代的技术环境下法律规范与立法技术相对滞后，加之争夺有限资源过程中公益与私益频繁变动等，导致云数据隐私权保护机制中难以建立客观、稳定、及时的衡平公益与私益博弈的框架。

基于云计算的智慧政务系统通过智能化的身份证系统、社会保障卡系统、户籍登记系统等全面掌握着一个人的姓名、性别、出生日期、地址、婚姻状况等诸多数据，加之身份证和社保卡是开设银行账户、购买出行票证、参加医疗保险、租住公共住房以及办理各种社会事务的必要凭证，等于公权部门掌握着一个人几乎全部的生活轨迹。虽然有利于及时获取危害国家安全和公共秩序的信息，却也加深了人们的不信任和恐惧感。例如，美国共和党全国委员会雇佣的数据分析公司 Deep Root Analytics 的选民数据泄露事件中暴露了近 2 亿选民的个人资料②。随着云上个人数据的持续增加，不断出现全新的公益与私益的冲突，尤其是在云隐私数据的采集、存储、使用和流转问题上。

在具体的云场景之中，公益和私益的边界划分非常困难且相关证据不易获取。有必要关注特定文化场景下云数据隐私权保护中的公益要素，逐步建立和完善非公益必要不干预的原则。

我国当前处于社会转型阶段，存在着一些不良风气和错误认识，充斥着各种行为评价的激烈交锋，对于个人私生活上某些瑕疵的容忍度甚至超过了一些西方国家。以婚内出轨离婚的社交代价为例，目前我国不少地区和适龄人群对于非公职人员此类情况的容忍度较高，而在基督信仰浓厚的意大利和法国等欧洲国家中以教堂堂区为基本的社交单元，由于结婚誓言书上"作为平等的忠实伴侣相伴一生"是不可收回的承诺（除非婚姻缔结本身因隐瞒特殊疾病等违反教会法，任何理由都无法解除婚姻关系），世俗离婚将使其本人和亲友都遭受巨大的舆论压力和内心煎熬，且进一步解除宗教婚姻几乎是不可能的事情。这一切使得西方平信徒即便被赋予全部私人空间和个人行为轨迹不受外来知悉和干涉的权利，也会受到具有一定社群强制性的宗教规则的约束。

我国云数据隐私权保护中既要看到保障数据主体隐私权益的积极功能和正面效用，亦要结合我国的实际情况，关注相关公共利益的获取与维护。例如，对于广大居民普遍不满的政府部门在云平台上公布未加遮掩的个人信息和企业违规使用和传播个人用户的隐私数据等需要加强安保技术研发和应用流程的管理与监督，尤其是对于众多非基础性的功能使用，不仅需要获取数据主体的单独同意，还要采用小视频、多格漫画等方式让数据

---

① 罗伯特·罗茨. 新的治理[M]. 木易，编译. 北京：社会科学出版社，2000：86-87.
② Natasha Bertrand, GOP Data Firm that Exposed Millions of Americans Personal Information Is Facing Its First Class Action Lawsuit, Bus. Insider, 2017-06-22. http://www.businessinsider.com/deep-root-analytics-sued-after-data-breach-2017-6.

主体能够清晰了解授权范围,避免不必要的隐私顾虑和争议。但不必保障导致国家的、社会的、集体的权利处于不利益状态的隐私数据。

三、云数据隐私权保护中的私益要素

2017年,《经济学人》宣称"世界上最有价值的资源不再是石油,而是数据。"[①]亚马逊云、谷歌云、阿里云、腾讯云、京东云等业界巨头纷纷将业务卖点建立在用户数据分析使用之上。尤其是通过云平台相互连接的物联网络(如智能家居、智享出行、智慧教育)为数据掮客和其他企业提供了收集消费者实时的位置数据、消费数据、语音数据,甚至与健康相关数据的机会[②]。

1. 隐私付费商业模型(PFP)

数据具有技术可获性和实践复用性,本身具有明显的竞争价值。同时,逐渐深入自然人各个生活场景的隐私数据的量级越来越大,数智化社会中日益增长的隐私数据需求和云上个人数据的数量与种类的激增既催生了云服务的提供者、经营者、数据主体及其他参与者要求终端消费者支付额外费用以防止云上隐私数据因用于广告等目的而被收集和处理的隐私付费模式(PFP)。"互联网明显的优越性已经得到证明。隐私是人们的需求,他们愿意为此付费。"[③]

隐私付费的商业模式是平衡数据淘金热和数据主体急速增长的隐私需求的新型工具。目前表现为两种类型:一是保持传统的隐私零价格模式不变,但向要求严控隐私数据泄露或使用的用户收取一定的费用[④];二是要求消费者支付更高的费用以避免隐私数据收集和定向广告等,同时向同意隐私数据跟踪、使用与披露的消费者提供折扣。

(1)隐私零价模型

云系统的消费群体通常会提供个人数据以换取免费产品或服务。但是,由于数据本身具有现实价值,这些产品和服务实际上并不免费。"数据即支付"的误导性描述使得数据主体无法合理评估特定的个人数据收集对他们的边际效用,并不完全了解自己在多大程度上以牺牲隐私权为代价来换取"免费"服务,并不知晓提供者、经营者或云用户的监控程度及隐私数据披露给第三方的状况。这种不完善的数据交换产品的易货交易中,数据价值可能超过所提供的服务的价值,消费者对此却没有清晰的认识。不仅那些依赖定向广告收入的公司"要求获取查看用户账户信息、位置信息、个人身份信息和交流信息的权

[①] Regulating the Internet Giants: The World's Most Valuable Resource Is No Longer Oil, but Data, Economist, http://www.economist.com/news/leaders/21721656data-economy-demands-new-approach-antitrust-mles-wordds-most-valuable-resource.

[②] Adam Greenfield. Rise of the Machines: Who Is the "Internet of Things" Good for? Guardian, http://www.theguardian.com/technology/2017/jun/06/internet-of-things-smart-home-smart-city.

[③] Cadie Thompson. The Next Thing You'll Pay for. Your Online Privacy, CNBC[OL]. http://www.cnbc.com/2014/03/07/the-next-thing-youll-pay-for-your-online-privacy.html.

[④] Letter from Senator Elizabeth Warren to Tom Wheeler, Chairman[OL]. http://www.warren.senate.gov/files/documents/2016-6-21Letter-to FCC-re-PrivacyRulemaking.pdf.

限"，云服务提供者还会从"促销非数字化产品"和"转售收集到的数据中获得额外收入"①。对此，无论多么复杂周密的"通知——选择"流程都不会对提供者、经营者或机构型云用户产生实质制约，因为云服务提供者等可以通过额外的数据策略证明侵害云上隐私数据的做法具有合理性和必要性②。"免费"标签下交互数据的云服务中甚至无法使用消费者权益保护制度。云上大数据挖掘的隐私数据利益主要在企业之间流动，消费者却必须支付额外费用以避免隐私数据被收集和使用。

(2) 隐私提价(折扣)模型

云服务的提供者和经营者认识到明星政要和成功商人等特殊客户群愿意为隐私安全支付更高的费用，随即"将用户隐私控制体系界定为关键性产品，分别按照免费的低级别隐私控件和付费的高级别隐私控件进行处理。"③此模型下的提供者和经营者还会鼓励数据主体通过使用折扣放弃隐私数据，可能会迫使消费者在隐私和其他必需品之间做出艰难选择④。

2. 个人数据经济模型(PDE)

随着云上隐私数据价值飙升，Datacoup、Meeco、Digi.me 等初创企业开始寻求新方法让个人拥有云上隐私数据的所有权并按照自己的条件与企业共享⑤。此种模式下，数据主体的管控能力有所增加，可以通过出售隐私数据获得价值增益。例如，Cozy 提供了个人云解决方案，允许"客户将其个人数据托管在个人服务器上并进行整理和对外交易"⑥，使得其具有独立于云服务提供者的地位。例如，数据主体可以与意向企业共享云平台上的隐私数据，以便换取更具个性化的优惠产品或服务。这一模型表面看来与隐私折扣模型相近，实则不然。个人数据经济模型的场景中，数据主体拥有更多的控制权，可以通过货币化个人隐私数据而成为云数据市场中的主动参与者，分享海量数据创造的全部利润。

第四节 云数据隐私权保护中的公序良俗

一、公序良俗的法理探讨

1. 公序良俗的概念分析

近代民法的个人本位过度强调意思自治，导致私法自治成为立法的绝对化考量。《法

---

① Deborah Alcocer Delano, Taylor Reynolds. The App Economy 25 (OECD Dig. Econ. Papers, No. 230, 2013). http://dx.doi.org/10.1787/5k3ttfdv95k-en.
② Helen Nissenbaum. A Contextual Approach to Privacy Online, Daedalus[J]. J. Am. Acad. Arts & Sci., 2011 (3):32-34.
③ Sai Prakash. Primium-Business Models for a Privacy-Conscious World[OL]. http://www.adlittle.com/downloads/tx_adlprism/Primium.pdf.
④ http://ecfsapi.fcc.gov/file/60002079241.pdf.
⑤ Mobile Ecosystem Forum. Understanding the Personal Data Economy: The Emergence of a New Data Value-Exchange[OL]. http://mobileecosystemfonim.com/wp-content/uploads/2016/11/Understanding-the-Personal-Data-Economy-Whitepaper.pdf.
⑥ About Cozy. http://cozy.io/en/about/.

国民法典》等通过狭义阐释公序良俗原则来拓展意思自治的广泛应用,割裂了个人和社会的紧密联系。"意思自治不应当被理解为存在不受国家法律影响的领域"①,随着私法自治背后的不平等和不自由一再以极端事件展现出来,个人本位的民法体系逐渐受到限制。现代民法的社会本位使得公序良俗成为私法自治的实质界限,不仅在维护基本人权中发挥了积极作用,亦在维护市场经济秩序中展现出重要价值。

主要国家和地区立法中对于公序良俗的表述具有很强的相似性,却又不尽相同。《法国民法典》第 6 条将之界定为"公共秩序与善良风俗",《埃及民法典》第 28 条将之界定为"公共秩序与道德",《韩国民法典》第 130 条将之界定为"社会秩序与善良风俗",《奥地利普通民法典》第 879 条将之界定为"善良风俗",《泰国民法典》第 12 条将之界定为"公共秩序",我国《民法总则》则直接写入"公序良俗"四个字,取其是公共秩序和善良风俗之意。

公序即公共秩序,"既是法律基本价值的具体体现,也是社会生活得以存续的核心。"②公序从属于秩序范畴,强调私权的社会性。"与法永久相伴相随的基本价值就是社会秩序。所有秩序,无论是从生命的原初状态中发现的,还是人们致力促成的,其名称均可从法律中引申出来。"③我国民法学界曾将之与社会公共利益相等同。但是,"社会公共利益"一词是不周延的法律概念,无法覆盖一切违反公序良俗的行为④。史尚宽用"公共秩序"指代社会发展必要的一般秩序,包括了继承制、私有财产制以及个人言论、信仰、出版、经营的自由等⑤,梁慧星主张"公共秩序"包括了现行法律制度、作为法律秩序基础的根本原则和理念等在内的社会发展的一般秩序⑥。我妻荣将"公共秩序"界定为"概指国家社会的一般利益,其内容因时代的变迁而难以具体化。"⑦王泽鉴提出"公共秩序"是存在于法律本身的价值体系中的社会一般利益。民法上的公共秩序的适用领域广泛,是在法律缺乏明确规定或者个案适用具体规则显失公平的情况下,授予法官以追求实质正义为目的进行自由裁量的重要手段,将之界定为一般利益比一般秩序更为合适。

良俗即善良风俗,从属于道德范畴,强调私权的公共性。最早源于罗马法将地方风俗作为习惯法的组成部分。即便到了制定法相当发达的近现代,风俗习惯仍然是弥补法律规范的滞后性和不周延的重要工具。其中,"风俗"二字是指一个地区经长期演变而形成的习惯、礼节和禁忌等。"善良"则是加诸"风俗"之上的一般道德标准,是在特定时期特定地域中的平均道德水平达成的社会共识。

2. 公序良俗的原则属性

社会效果评价一直是法律实践成效的主要标准,而个案的评价往往触及居民的道德习惯和情感因素。而这些道德评价、习惯和情感集中体现了特定社会状态下公序良俗的

---

① 迪特尔·施瓦布. 民法导论[M]. 郑冲,译. 北京:法律出版社,2006:298.
② 许中缘. 论法国公共秩序理论的新发展——兼论我国民事立法与司法的启示[J]. 当代法学,2003,2:142-149.
③ 拉德布鲁赫. 法学导论[M]. 米健,朱林,译. 北京:中国大百科全书出版社,2003:1.
④ 梁慧星. 市场经济与公序良俗原则[J]. 中国社会科学院研究生院学报,1993,6:21-31.
⑤ 史尚宽. 民法总论[M]. 北京:中国政法大学出版社,2000:334.
⑥ 梁慧星. 市场经济与公序良俗原则[J]. 中国社会科学院研究生院学报,1993,6:21-31.
⑦ 我妻荣. 新订民法总则[M]. 于敏,译. 北京:中国政法大学出版社,2008:254.

精神。早先,我国的《民法通则》第 7 条规定的"民事活动应当尊重社会公德"起到了类似公序良俗原则的作用,但直至《民法总则》第 8 条才第一次明确规定了公序良俗原则,"民事主体从事民事活动,不得违背法律,不得违背公序良俗。"

"民法基本原则均为强行性规定,不能由当事人自由选择,而应无条件遵循,其强行性源于其负载价值的根本性,对这些价值的不尊重或破坏将危害该社会赖以生存的根基。"[1]公序良俗原则的内容涉及社会一般利益,适应了社会经济生活和居民价值追求的需要,是为了应对具有全有或全无的功能(未能留下活动空间)的法律规则的缺陷[2],而不预先对任何确定的事实设定确定的法律后果的法律规则之上的规则。

法的规则正义强调绝对遵守程序,满足了人们对于秩序价值的追求。但是,法治社会的根基应当是人们从内心深处崇敬法律、相信法的正义与平等,而只有良法才能真正得到大众内心的认同。法律规则的滞后性、僵化性与不周延性等固有缺陷使得成文法容易达到平等对待所有主体,却很难达致实质正义。公序良俗原则恰是妥善维护实质正义,避免过度注重意思自治而损害弱者利益。

公序良俗兼具秩序和道德双重特征。那些被纳入法律规范的具体公序良俗可以直接适用,而对于其他的原则性公序良俗,就由行使自由裁量权的法官依据社会价值观的变化进行衡平裁判,以克服法规的僵化性、滞后性和不周延性,实现法对实质正义的追求[3]。"尽管绝大多数法律概念都是不确定的,但这些概念至少存在可能的文义作为法官对其进行解释的依据,但公序良俗却连这种可能的文义也缺乏。它仅为法官指明了一个方向,使其朝该方向予以裁判,但在该方向究竟能走多远,则只能依赖法官自己的判断。"[4]

二、云数据隐私权保护中的公序良俗

公序良俗原则在云数据隐私权保护领域中的落实包含了两层含义。一方面,保障数据主体在特定云环境中的隐私权体现了公序良俗的要求。例如,公序良俗原则是保护劳动者权益的手段。依据传统的契约理论,除非属于法律明文禁止的歧视或偏见,私营企业可以自由决定雇佣或解雇的问题。契约自由忽视了劳动者处于弱势地位的事实。绝大部分劳动者由于对付酬工作的依赖性而处于他人管理之下,劳动关系的内容不能仅仅适用私法自治标准[5]。众多用人单位将员工信息置于云上,通过劳动合同要求员工公开大量个人隐私,甚至包括微博或朋友圈等,进而依据员工在线行为轨迹和对宗教哲学、政治事务、社会事件等的观点和看法来进行管理和决策。例如,俾斯麦·椎宾(Bismarck Tribune)因为在脸书上张贴了自己吸烟的照片而被老板开除[6],催生了云上社交媒体使用的

---

[1] 徐国栋. 民法基本原则解释:以诚实信用原则的法理分析为中心[M]. 北京:中国政法大学出版社,2004:31.
[2] 阿图尔·考夫曼,温弗里德·哈斯默尔. 当代法哲学和法律理论导论[M]. 郑永流,译. 北京:法律出版社,2004:152.
[3] Markesinis B S, Larenz W, Dannemann G. The German Law of Obligation[M]. New York: Viking Penguin Inc., 1997:180.
[4] 梁慧星. 市场经济与公序良俗原则[J]. 中国社会科学院研究生院学报,1993,6:21-31.
[5] 哈里·韦斯特曼. 德国民法基本概念(第 16 版)[M]. 张定军,译. 北京:中国人民大学出版社,2013:13.
[6] Jessica Holdman. Employees Fired for Facebook Post, Bismarck Tribune[OL]. http://bismarcktribune.com/business/local/employees-fired-for-facebook-past/article_2117b7f8-199b-11e3-806d-001a4bcf887a.html.

注意事项和禁止措施。云环境中的个人隐私数据主体相对于云服务提供者、经营者和机构型云用户而言，在经济地位、技术水平、市场信息等方面处于不对等的地位。为了避免这种实质不平等对于数据隐私的侵害，应当以公序良俗原则作为保护数据主体权益的手段，对违反公序良俗原则的云服务做出否定性评价，使得数据主体获得应有的救济和赔偿，进而达到维护云数据隐私权的目的。

另一方面，对于数据主体在云环境中的隐私权的保护应当以公序良俗为实质界限。以实现云数据隐私权保护领域的个案正义为导向的公序良俗原则注重个案场景和具体事实，不仅具有对成文法适用进行补充的功能，也具有对其适用进行矫正的功能。主要针对的是违反家庭伦理的行为、违反性道德的行为、违反职业道德的行为、限制自由的行为、暴利行为、极度射幸行为、违反正当竞争的行为等。例如，家庭是整个社会的基本细胞，对于那些违反家庭伦理的行为和违反性道德的行为，不能够以云数据隐私权逃避责任承担。

云数据隐私权保护中的公共秩序考量涉及国家安全、经济安全、政治安全，侧重于对数据主体的私益与公共利益以及数据主体之间的利益协调；善良风俗考量则具有明显的传统性、民族性和伦理性，注重对违法行为的道德评判。

虽然云服务协议必须符合旨在平衡公益和私益的法定条件，但云服务提供者、经营者和机构型云用户常常凭借经济、技术和地位优势来使用有违契约自由与契约正义的格式条款。如果没有公权力的维权干预，数据主体很难摆脱弱势困境。云服务协议中的格式条款在性质上属于合同范畴，仅在意思自治的范围内可以予以认定，一旦超出许可，触及了基本原则或强行法规，即被认定为无效。因而，对于云环境中有关隐私数据采集、存储、使用、传递和销毁等事项的格式条款，若是滥用云服务提供者、经营者或机构型云用户的明显优势，使得数据主体处于"接受或退出"的受制状态而降低自决能力，触及公序良俗的"安全阀"，影响国家社会的一般利益和一般道德，就应当被认定为无效。

第三章 云数据隐私侵权的法律构造

1890 年,塞缪尔·沃伦和路易斯·布兰合作的开创性的《论隐私权》一文描述了价格适中的小型照相机与营利至上的报刊经营模式侵入了个人独处的神圣领域,迫切需要进一步充实自然人的人格法益。20 世纪 50 年代以来,随着计算机技术越来越普及,人们具备了创建可以存储和处理大量信息的数据库的能力,并逐渐意识到个人隐私不仅会受到盗用姓名和肖像等传统形式的威胁,还会受到访问和使用数据主体隐私信息的威胁。时至今日,立足云环境的大数据挖掘和人工智能算法模型全面渗透社会生活方方面面,不仅展示出精准数据评估的重要价值,推动政府部门、企事业单位、其他社会组织和独立的开发人员等加速向云端迁移海量个人用户的数据、产品和服务,还暴露出通过智能化的关联分析揭示个人极力隐藏的私密数据的弊端。火眼公司(FireEye Co.)首席安全官史蒂夫·布斯(Steven Booth)在企业年会中表示,"大多数积极将数据上云的企业尚未重视数据中心的安全防护。我们目前承接的数据泄露和事件响应中大约有 20%涉及云。"① 2018—2019 年,很多巨头企业的云平台频繁发生操作失误或数据滥用导致的覆盖范围广泛且影响力巨大的数据隐私侵权事件,导致广大居民越来越关注隐私数据的云端处理细节。

第一节 云数据隐私侵权主体论

一、云参与主体与云数据类别

虽然云产业发展迅猛,分工不断细化,但毕竟整个行业起步较晚,理论探讨的广度与深度尚不充分。云技术开发者、云系统设计者、云架构搭建者、云服务经营者、云环境维护者等不断涌现的全新概念处于相互交叉与复合使用的状态,至今未形成具有公信力的权威定义。然而,概念是辩证思维的基本逻辑形式与研究工作的前提。厘清云服务参与主体的内涵与基本数据类别是全面剖析云数据隐私侵权的法律构造的重要前提。

1. 云参与主体

(1)云技术提供者

基于云计算的服务生态源于众多技术参与者持续性的研发活动。具体而言,至少包括云技术开发者、云工程架构的设计者和搭建者以及整个云运作流程的技术维护者。主要包括公益性云技术提供者和营利性云技术提供商。实践操作中主要指掌握了高精尖技术的互联网巨头企业或少数黑科技创新公司。

---

① 2019 年网络安全领域的重点关注哪些方面? www.sohu.com/a/277462715_210640.

(2) 云服务经营者

一个成型的云环境框架中从基础物理设施到众多应用软件的各个组成要素均需要花费大量的初始设备成本和拥有一批专业能力突出的技术专家。云市场较高的参与门槛使得能够提供云服务的参与者往往也是云技术开发者、云工程架构设计者和搭建者、云平台运营者以及云运作流程的技术维护者。对此,诸多身份合一的云服务经营者可以按照是否以营利为目的,简单划分为公益性提供者和营利性经营者。由于一个云系统的搭建与维护动辄需要上千万甚至数亿美元,现实生活中几乎没有真正的公益性的云服务。绝大多数经营者出于产品宣传、拓展客户、获取用户信息以求数据红利等原因,往往会提供附加了速度、载量、时长等特殊限制的免费产品或服务。即便是号称"完全免费"的云服务,实质上也是以个人数据为代价的有偿交易。

(3) 云用户

云用户是指免费或按需付费使用云服务的组织或个人。其中,包括政府部门、企事业单位或其他社会组织等在内的机构型云用户并不直接享有数据隐私权。但他们搭建在云系统之上的门户网站或其他应用程序的终端使用者基本上都是享有数据隐私权的自然人。这些在云服务环境中拥有隐私数据的本源归属者通常被表述为数据主体,是应当享有包括数据隐私权在内的广泛数据权益的自然人。云技术提供者、云服务的经营者、机构型云用户等应当积极承担对于位处终端的自然人的数据隐私权的安全保障义务,按照科学合理的分配方式承担侵权责任和更为广泛的社会责任。

(4) 恶意侵入者

云环境中以黑客为代表的恶意侵入者是严重威胁个人数据隐私的重要群体,在理论上是数据隐私权被侵害时的直接责任人与第一责任人,相关责任分配和承担主要依据法律法规、云产品或云服务协议、云隐私政策以及行业规范等。但是,现实操作中却常常由于技术限制而难以有效追踪。

2. 云数据类别

对于云环境中的数据进行分类,一般围绕不同参与主体在云系统中的身份展开。可以参考《信息技术—云计算—云服务和设备:数据流、数据类别和数据使用》〔ISO/IEC 19944:2017(E)〕,进行如下分类。

(1) 云提供者相关数据

主要包括云技术提供者、云服务经营者、云系统维护者等在供给中产生的资源配置和利用数据、云服务专用虚拟机、存储和网络资源分配、总体数据中心配置和利用、物理和虚拟资源故障率、操作成本、咨询记录、工单信息以及云服务提供者与其他参与主体的沟通过程等数据对象。

(2) 云用户相关数据

机构型云用户和各种场景下的终端个人用户在购买或开始免费使用云服务时提供的用户名、密码、电子邮箱、手机号码等账号数据和实名认证中完善的真实姓名、身份证明信息、通信地址、单位名称、工商登记信息或组织机构代码证信息、银行账户信息等在内的数据元素组成的助力云服务管理或满足所在地区法律法规要求的数据对象。云服务的提供者在用户账号注册、管理或实名认证等过程中应当严格按照法律法规、用户协议和隐私政策的规定收集、存储、使用和分享。

(3)云服务衍生数据

云服务中的各种交互行为产生的日志数据、配置数据和定制化数据,以及在取得用户单独授权后针对新功能服务反馈的数据等。

二、云数据隐私侵权主体

基于云计算的服务生态链纷繁复杂,云上隐私数据收集主体多元化、处理方式多样化、侵权手段隐蔽化,难以认定侵权主体。一方面,云环境中能够单独或与他人共同控制个人数据的主体至少包括云服务经营者、从事监管的公权部门以及付费或免费使用云服务的机构型用户和个人云用户。另一方面,云上代表控制者处理隐私数据的专业机构、公权部门、其他法人和自然人都属于数据处理者。两者不仅有可能由同一主体一并承担,也有可能由不同主体承担,且处于可变的动态情状之中。例如,云服务经营者既有可能是云数据隐私的控制者,也有可能是云数据隐私的处理者,还有可能两者皆是或皆不是。那些向用户兜售完全采用自助方式处理隐私数据的基础物理设施的云服务经营者虽然有可能掌握着因使用服务而进行的临时缓存数据,却不能归入控制者或处理者的行列。又如,用户在云服务器上存储隐私数据时是典型的云数据隐私控制者,若是通过云平台分析这些数据就转变为云数据隐私处理者。在共享的多租户标准化基础设施即服务的云环境中,如果遭遇到多用户发出不同指令之时,云服务经营者会授权次级处理者参与进来。一般而言,云数据隐私控制者有必要选择技术实力较强、综合素质过硬的处理者代表自己处理隐私数据,而处理者必须合法、正当、精准且适度地处理云上隐私数据。

云架构的参与主体为数众多、情况复杂。合理加以分类是探讨云数据隐私侵权的特征、成因及其预防和救济机制的重要前提。依据来源属性与权责范围的不同,主要包括云基础设施提供者、云系统建构者、云应用开发者、云服务部署者、云服务经营者和使用者、云数据第三方处理者及各自的雇员群体等。各子项均有营利性提供商和公益性提供者之分。其中,云基础设施提供者提供包括服务器、网络设施、存储设备等在内的搭建虚拟云平台的载体。既有可能是云服务的经营者,也有可能是纯粹的基础设施提供者;既有可能集中在位于某个地点的超大规模数据中心内,也有可能分布在不同地理区域的数据仓库组成的分布式云数据中心内。可以细分为国际商业机器公司、戴尔、惠普等提供芯片等硬件基础设施提供者,NetApp数据库、信息安全软件等软件基础设施提供者,思科、华为等网络设备提供者和中国联通、中国移动等电信运营者等接入性基础设施提供者。

云系统建构者负责连接硬件集成和软件集成以提供云平台建设解决方案。云应用开发者负责在云服务经营者运营的环境内或云用户自建环境内设计和部署基于云计算的服务生态。可以分为机构型云应用开发者和个人开发者,前者内部尚有数十名甚至数百名承担不同技术工作的人员,后者为从事云应用开发的自然人;也可以分为云系统通用软件的开发者和特定行业软件开发者。云服务部署者可以细分为云整合服务提供者、云应用培训服务提供者和云定制开发服务提供者等。云服务经营者是云生态系统中真正意义上面向使用者的主体,也可以为其他云参与角色提供必要支撑。既有资质要求,又必须达到一定的资金和技术标准。主要包括基础即服务层提供者、平台即服务层提供者、软件即服务层提供者。基础即服务层提供者是获取并控制硬件设施和软件资源池,实现云用户只需投入少量成本配备终端链接设备就可以按需租用计算和存储能力。平台即服务层提供者为用户提供通用的、灵活的、可拓展的云计算平台服务。软件即服务层提供者在整个云服务中获利最丰厚、话语权最高。主要是为云用户提供丰富的个性化应用并进行软件维护和管理,支撑对方最简单、最直接地随时随地使用软件。云服务使用者是云生态链的终极环节,通常是指通过自助管理的服务页面使用云计算业务的组织或个人。可以细分为政务云用户、企业云用户、金融云用户、教育云用户等机构型云用户和个人用户。

虽然腾讯、华为、阿里等云服务经营者积极参加并通过了"网络安全等级保护"(简称"云等保")的资质认证,能够为云用户提供金融级的高质量隐私安全服务。但是,大部分参与主体尚未建立科学高效的数据安全统筹部门,无法彻底避免来自少数内部雇员的恶意攻击。云数据隐私碎片化情境下个人的隐私数据不仅存在泄露风险(故意或过失地向不可信的第三方透露或遗失数据),用户密钥也有可能会被截取。即任何参与者都有可能成为云数据隐私的侵权主体。尤其是在一些公权部门持续暗中向云服务经营者索取个人隐私数据,大幅度地削弱了广大居民对于云服务保密性和安全性的信心。例如,谷歌的《透明度报告》中显示,仅在 2015 年 7—12 月,该公司在美国就接到了来自公权部门的 12523 次数据请求,其中 79% 按照要求出示了数据。亚马逊公司也表示,2015 年 1 月至 5 月底共收到 813 张传票、25 份搜查令、13 次法庭指令以及来自美国国家安全部门的 249 次数据请求。

1. 恶意侵权的侵入者

目前爆发的云数据隐私侵权事件中很大一部分源于恶意第三人的外来攻击。尤其是亚马逊等公共云服务平台往往通过网页应用程序编程接口(Web API)帮助云用户合理有效地进行云资源管理,较好地推进了云端和数据中心的一致性,简化了云使用中复杂部署和多元配置的难度。但是,云上个人用户使用云服务系统的动态生命周期之中,理论上讲任何主体都有可能通过服务界面连接云平台,面临着用户密钥被窃取的风险、系统安全漏洞遭受攻击的风险以及在虚拟机组建中部署木马的风险等。

早在 2008 年 12 月,著名黑客科林·柏西瓦尔(Colin Percival)就在网络上披露了亚马逊的云计算服务平台 AWS 的数字签名算法中存在明显漏洞,数据在传输过程中面临着巨大的被修改的风险[①]。2016 年 9 月,百度云加速的数百万托管用户的数据遭到外部攻击而全线泄露。2017 年 11 月 22 日,优步公司(Uber)首席执行官达拉·科斯罗萨西(Dara Khosrowshahi)在官网发布的公告中自爆,两名恶意黑客于 2016 年 10 月通过攻击优步软件工程师私人使用的面向开源和私有软件项目的托管平台 GitHub 中的数据资料获得了登录凭证,并成功使用这一凭证访问了亚马逊云计算服务平台 AWS 上的账户,而这一账户的目的正是处理优步的计算任务。黑客在从该账户中获取到未加密存储的 5700 万优步乘客的姓名、电话号码和电子邮箱以及 60 万司机的姓名、电话和驾照号码之后,向优步勒索了 10 万美元封口费。优步公司在得知用户隐私数据遭到窃取后,不仅没有向相关用户发出通知并及时告知监管机构,还支付了"赎金"加以掩盖。

---

① Colin Percival. AWS Signature Version 1 is Insecure. Daemonic Dispatches. http://www.daemonology.net/blog/2008-12-18-AWS-signature-version-1-is-insecure.html.

此类通过外部攻击侵害云数据隐私的恶性事件反映出恶意第三人能够成功地非法获取云数据隐私需要云系统自身存在安全漏洞、云服务供给方或是机构型云用户缺乏数据安全意识(尤其是对内部工作人员的安全要求与监管不到位)等特殊条件。

2. 侵权方式隐蔽的云服务提供者

云技术提供者、云系统设计者、云服务经营者等未尽到合理的注意义务或主动采取恶意行为等均有可能侵害云数据隐私权。例如,中国第一大云计算公司阿里云近几年不断面临窃取用户隐私数据的指控。

2016年,阿里菜鸟与顺丰丰巢开始合作,前者共享了消费者的数据,后者共享了相关物流数据。一年后,双方都要求对方扩大共享数据的范围。阿里菜鸟表示,顺丰的丰巢快递柜通过调用云平台里的非顺丰数据,形成了涵盖包裹信息、快递跟踪记录、消费者生活习惯等在内的"最后一公里"的精准数据场景。随即,阿里以提升数据安全性为理由,要求顺丰将业务系统从腾讯云迁徙到阿里云。而在云市场内部,腾讯云试图通过数盾的智能化一站式数据安全解决方案赋能用户隐私数据的全生命周期,降低成本并使得操作更为人性化。同时,阿里云几乎没有数据丢失记录,腾讯云却已经发生了多起数据永久丢失的事件。此外,阿里云的企业级产品进行了 vCPU 绑定,具有更好且更长时间的稳定性。尤其是在阿里提出要求丰巢迁徙进入己方云平台的前提下,顺丰不仅可以在脱敏客户隐私数据后再存储到阿里云系统之中,通过加密文件和自行保管密钥等避免数据泄露,还可以要求使用己方制作的操作系统镜像以避免内置后门程序的风险,要求使用独立的物理隔离区域(独立的云物理机上不得有其他用户的虚拟机)等。但是,顺丰明确拒绝了貌似能够帮助提高丰巢服务效率、增加稳定性的平台转换要求,甚至进一步引发了双方互禁接口的冲突升级。原因在于,菜鸟和丰巢的商业利益博弈之中,顺丰强烈质疑阿里云有可能会通过大规模的数据挖掘,结合自身掌握的海量用户的身份标识数据(主要指在线账户和手机号码等,不包括技术上不可能定位到的有限的上网出口 IP 地址),第一时间关联出顺丰几乎所有客户的具体信息、交易情况和业务状况等。

顺丰菜鸟之争前后,阿里云又爆出了"肥鹅旅行事件"。肥鹅旅行是一个尝试使用大数据和少许人工智能技术进行自动化签证操作的专业签证服务机构(已于 2018 年 9 月 30 日暂停运营)。2017 年 5 月 31 日,肥鹅旅行的朱峰通过朋友圈爆料阿里云可以通过 Agent 监控客户主机的本机端口流量,抓取查看用户重要的加密数据。对此,虽然阿里云微博很快发布了《关于数据安全保护的声明》作为回应,"阿里云的所有程序不会查看客户的密钥和服务器证书,也不会检测客户服务器的端口流量数据",却并不足以合理解释爆料人朱峰提及的种种异常情况,未能迅速平息公众的怀疑情绪。

同年 5 月底,北京市石景山区人民法院一审判决了北京乐动卓越科技有限公司诉阿里云计算有限公司案。虽然这一案件主要涉及当事企业的知识产权和数据安全,但阿里云一再在"郑重声明"中反复提到"用户数据隐私"一词,又是全国首例云服务器提供者被诉侵权案,在云数据隐私侵权研究中具有较为重要的价值。

2019 年 2 月爆发的阿里云代码托管平台的项目权限设置存在歧义导致的海量云用户源代码泄露事件对于云上数据隐私造成了广泛而深远的负面影响。"铅笔道"指出,阿里云代码托管平台(code.aliyun.com)在用户建立云开发项目的管理设置时有三个访问权限设置的备选项：Private（私有）、Internal（站内登录可见）和 Public（完全公开）。这一点背离了互联网行业推崇明确、直接、无歧义的表述方式的传统。全球知名托管平台 Github 的访问权限选项中只有两个："Private"和"Public"。由于公开后果简单明确，默认不需要再行具体解释。阿里云的问题是多出一个并非目测即明、不需要解释的"Internal"（平台公开）的选项。"Internal"一词对于机构型云用户本身就存在一定歧义，既可以理解为"企业内的用户都能访问"，也可以理解为"使用本云代码托管平台的人都能访问"。而这一系统最初是全英文界面，很容易造成误读。但是，直至 2018 年 9 月，阿里云才突出显示了"Internal"权限的中文注解。此外，漏洞发现者还表示，阿里云代码托管平台中建立项目时的这三个访问权限选项，在很长时间内的默认勾选的是"Internal"，而不是业界惯例的"Private"。而今，阿里云效平台已将默认选择设置为与 Gitlab 一致的"Private"。然而，云用户对于访问权限设置选项的理解歧义已经引发了众多开发者的操作失误，致使数百个项目代码泄露。最为糟糕的是，这些机构型云用户本身也极度缺乏数据安全意识，不仅大多未对重要的工作账号进行同态数据加密，还纷纷将未经脱敏处理的终端个人的账号、密码等上传到云服务器中，严重威胁了数据主体的隐私权益。例如，万科集团泄露的生产环境密钥可以访问包括购房客户上传的身份证扫描件和各地销售人员报表等在内的数据资源。众所周知，身份证扫描件是目前国内个人最重要的身份标识证明。这一云数据隐私泄露事件导致众多受害人的多项基本权益长期处于巨大的风险之中。此外，爆料者还拿出了 2018 年 11 月和 2019 年 1 月与阿里云效平台客服进行沟通的对话截图，用以证明其数次将 51 足迹 APP、咪咕音乐、百度无人车合作伙伴 ecarx 等将访问权限设置为"Internal"（平台公开）的机构型云用户的核心代码泄露情况通知阿里云官方渠道，而阿里云并未及时通知到相关企业。

对此，阿里云若是主张其默认的一直是"Private"，就有责任也有可能通过调取并公开前几年的日志记录自证清白。在爆料者告知此问题后，阿里云有必要及时通知涉事的机构型云用户。反之，如果阿里云代码托管平台确实曾经将默认设置确定为"Internal"，即便提供的是免费的代码托管，基于该词汇本身的模糊性和可能导致的严重损害，阿里云也有义务详细、明确、直接地向云用户解释并用显著标识提示其"Internal"的可能后果。虽然按照国家标准《信息安全技术 个人信息安全规范》（GB/T 35273—2020）的规定，云服务平台有必要主动审计机构型云用户的个人数据安全机制。但是，基于云用户有权自由选择访问权限的设置方案和用户数据保密的基本权益，阿里代码托管云作为平台不应当享有全面扫描用户源代码的权利，不可能知道或求证爆料者关于云数据隐私泄露风险的说法的真实性。加上爆料者不是云数据隐私侵权的受害人，其向阿里云提出的用户项目权限理解偏差导致的开发者错误设置是典型的社会监督。阿里云在接到投诉后即便不主动承担审核云用户是否存在数据泄露的责任，也有必要进行安全漏洞的自我排查，并提醒访问权限设置为"Internal"的云用户更加注意源代码安全。事实上，阿里云在全网舆论集中关注这一事件后，第一时间发出了全站通知提醒，还逐一通知了之前将访问权限设为"Internal"的云用户，充分说明阿里云实质上很清楚全站提醒和个别通知的必要性与可行性。

这一事件中机构型云用户及其开发人员、阿里云（如果其默认设置为"平台公开"或者在事件发生后确实没有告知涉事公司并导致损失扩大），甚至包括爆料者（即便阿里云平台和机构型云用户存在问题,也不是其随意爬取数据的理由),都对云数据隐私的安全性负有责任。其中,源代码存在泄露风险的机构型云用户负有不可推卸的责任。即便默认设置是"Internal",建立项目的开发者也应当承担审慎检查各项功能设置的义务。英文不好或者没有看到之类的托辞,在这里并不适用。毕竟三个访问权限选项都处于显著位置,显然是机构型云用户的开发人员并未尽到注意义务。源代码和数据库都是企业的核心资产,而远程托管代码云平台目前是数据泄露的重灾区。企业应当具备保护己方核心资产的基本意识,尽量避免上传客户的隐私数据。时至今日,相关开发人员也应当具备知识产权意识,深刻理解维护商业秘密和客户隐私数据的重要性。此类数据泄露事件的发生显然受到机构型云用户缺乏数据安全保障意识、在数据安全管理上存在明显漏洞、内部工作人员缺乏职业道德和社会责任感等的影响,也归因于当前较为低廉的违法成本不足以推动机构型云用户花费大量人力和物力进行数据安保的技术评估和政策审计。此外,我国当前的个人归责机制不健全,相应违规惩罚未能达到震慑机构型云用户的员工的地步。

3. 过失侵权为主的机构型云用户

虽然云服务平台中很多机构型云用户的海量数据分散存储在同一个云物理虚拟机上,彼此之间的程序隔离并不牢固,有可能引发其他用户的旁路攻击,但机构型云用户在云运作过程中主动恶意侵害自有的终端数据主体隐私权的情况较少。主要原因在于这些终端个人的数据隐私是由机构型云用户主动上传至云服务器,且很多在传输之前单独进行了脱敏和加密。即绝大多数机构型云用户手中掌握着数据主体的明文数据,完全没有必要在数据上传到云上之后再主动侵害隐私。一般而言,机构型云用户侵害云数据隐私常常是缺乏数据安全意识、缺少科学使用云服务的技术实力、不能进行动态的自动化防护以及没有遵行必要的安全策略的恶果。

2017年,美国威瑞森无线通信公司(Verizon)对于在第三方电话软件与数据供应商耐斯系统公司(NICE Systems)持有并负责运营的云服务器上的一套云文件存储库的人为配置错误导致1400万客户数据泄露。美国波普糖公司(Popsugar)推出的运用人脸识别技术比对用户照片和明星相似度的爆款应用"双生"(Twinning)中上传的所有照片都存储在亚马逊的云计算服务平台AWS之中,却在"Bucket权限设置"中发生了错误,导致网站代码中可以直接找到并点击进入云服务器的网址,里面存储着终端用户上传的海量数据流,导致大量个人照片泄露。

同年,受雇于美国共和党、主要从事通过大数据精准推送选举广告的网络数据供应商深根分析公司(Deep Root Analytics)托管在亚马逊AWS上的数据库泄露,暴露了约2亿美国选民的隐私数据。具体内容不仅包括姓名、年龄、出生日期、电话号码、家庭地址、宗教信仰等选民登记细节,还包括采用先进的大数据挖掘工具预测出的选民对于堕胎权、干细胞移植、枪支持有权的态度,严重侵害了涉事个人的数据隐私。追根溯源,这一轰动全球的事件的发生是因为该公司将海量个人数据存储在亚马逊云服务器上且未设置保护性密码,未曾尽到合理的注意义务。无独有偶,在美国大选中至少为42个州提供选票计算机和服务的选举系统和软件公司(Election Systems & Software)也将海量终端个人的数据资料上传到亚马逊的云服务平台AWS且未进行密码保护,最终导致伊利诺伊州180万名选民数据泄露。

第二节　云数据隐私侵权现象论

一、概念

"侵权行为的概念涉及对侵权行为侵害对象的判断、侵权行为法所保障的权益范围的界定以及侵权责任的构成要件等"①，具有较大意义。但是，《侵权责任法》出于谨慎考虑，未对"侵权行为"进行明确界定。事实上，立法部门未予确定的一个重要原因在于学术界对此尚未达成共识。

有关侵权行为界定的分歧首先表现为是否将"过错"视为其必要条件。王利明、莫里斯、史尚宽等学者早年主张"过错"是其必要构成条件。随着侵权法理论研究与实务活动的发展，不少学者认识到"过错"与"违法"实质上是截然不同的两个概念。过错是对行为人主观心理的判定，违法则是法律规定的客观状态。侵权行为包括过错行为和依法应当承担民事责任的其他损害行为，判断标准不是行为人的主观心理状态，而是客观的行为及后果。"法律未禁止即为许可"②的传统民法观念意味着违法性的判断标准就是违反绝对禁止性规定的行为。具体到云数据隐私侵权行为的违法性中的"法"，特指以保护合法的数据隐私权为目的的制定法。云数据隐私侵权行为必须是侵害他人合法数据隐私权的违法行为；对于那些违背了基本价值观念或道德原则的不良行为，不能认定为侵权行为。

虽然我国《侵权责任法》第 6 条规定，"行为人因过错侵害他人民事权益，应当承担侵权责任"，似乎将侵权行为的客体认定为民事权利和未上升为权利的法益。不少人甚至据此认为"侵权行为"一词存在重大谬误，唯有纠正为"不法行为"③，才能起到保障民事权益的作用。事实上，侵权行为确实属于不法行为，但并非所有的不法行为都是侵权行为。侵害他人权利仅指侵害他人生命、健康、身体、自由、隐私等绝对权或配偶权、亲权、监护权等相对身份权，而不包括债权等相对权。同时，法律本质上就是对权利的规定，规范权力的目的是保护权利，义务规范亦是权利和权力的逆向表述。那些被认为是未上升为权利的法益（如纯粹财产损失、民事主体的精神利益、胎儿和死者的人格利益等）实质上不能成立。以死者的人格利益为例，死者已不是独立的民事主体，一切行为后果均无法归属于死者，自身不可能存在利益问题。"任何权利均可称为权益、法益，但权利外无权益、法益……侵权行为侵害内容法定的权利"④。云数据隐私侵权行为无论以作为还是不作为的形式出现，均必须切实侵害了合法的云上个人数据隐私权。

云数据隐私侵权行为是指发生在互联网上的侵害他人数据隐私权益的行为，特指行为人以作为或不作为的方式，侵害云环境中他人的数据隐私权又无合法正当事由且并非受害人授权或职务行为，不具备正当防卫或紧急避险等特殊法定免责条件，依法应当承担

---

① 杨立新. 侵权法论[M]. 北京：人民法院出版社，2004：25.

② Motive zu dem Entwurfe eines Bürgerlichen Gesetzbuches für das Deutsche Reich. Recht der Schuldverhältnisse, 1888:725.

③ 孙山. 侵权行为概念辨正[J]. 前沿，2010，24：14-17.

④ 李锡鹤. 侵权行为究竟侵害了什么？——权利外"法益"概念质疑[J]. 东方法学，2011，2：3-10.

损害赔偿等民事法律责任的违法行为。

二、基本特征

"云物大智"时代,云服务提供者虽然采取了入侵检测、病毒查杀、搭建防火墙等安全防护措施,却不足以应对黑客攻击、运维员工监守自盗以及个人隐私数据被窃取或损毁的风险。尤其是当前应用较为广泛的很多云服务都是由意图最大化挖掘数据红利、打通产品和服务障碍、为终端个人用户提供一体化便捷业务的国际互联网巨头全面提供。这些巨头企业虽然强调出于合理、必要、正当和明确的改进用户服务和体验之目的才会与代理商、软硬件系统产品提供者或授权服务中心等合作伙伴共享与提供的服务直接相关且必要的有限的用户数据,但实际的数据传输和使用中往往会加大隐私数据被窃取或泄露的风险。国家公权部门运用数据监控和技术拦截等秘密调查手段或者在未提供足够的合法依据的情况下直接要求云服务提供者配合调查取证的行为,构成对云数据隐私权的严重侵害。

一方面,云数据隐私侵权具备一般民事侵权的共性特征,是违反保护数据隐私的法律规范和禁止侵害数据隐私权的法律规范的行为,是行为人具备主观过错、采取作为或不作为方式、主要以损害赔偿为责任承担形式的违法行为。另一方面,云数据隐私侵权呈现出一些不同于传统侵权的特征,如侵权主体的复杂性、侵权行为的技术性、侵权客体的虚拟性、损害结果的不确定性以及因果关系判定困难等。

1. 侵权主体的复杂性

云数据隐私侵权主体复杂多样,包括了云技术开发者、云系统设计者、云架构搭建者、云服务提供者、云系统运维者、机构型和个人型云用户、其他恶意第三人(如某些政府部门或个人黑客)等。往往不是简单的直接侵权,而是涉及多方当事人的间接侵权,有时甚至无法确认直接侵权者的身份状况,远比传统侵权主体复杂得多。例如,直接攻击并获取个人数据的侵权服务器可能设在境外,根本无法查证侵权主体的真实身份。有些云数据隐私的侵权主体惯常赚取法律边缘的高额利润。云数据隐私权受损者遭受的严重精神损害与复杂的侵权主体获得的高额收益之间,形成了鲜明的反向对比。有些受害人因为害怕诉讼、报警或投诉等维权手段会使稍微平息的私密事件再起波澜,往往选择忍气吞声,变相降低了侵权主体的违法成本,导致近年来云市场乱象频发,务须尽快完善他律机制。

2. 侵权行为的技术性

云数据隐私侵权行为可以分为两类,一是结合传统侵权途径与手段进行的侵权行为,如云数据服务提供者的工作人员在发现某个认识的个人用户的出轨数据后大肆在线下传播给亲朋好友;二是以互联网络为媒介的在线侵权行为。网络环境在一定程度上隐藏了云数据隐私侵权活动,尤其是发生在仅由云服务提供者完全掌控,外部力量无从干预的场景之中。绝大多数个人用户对于云计算、大数据和人工智能的技术构成与云系统运作的技术内核一无所知,几乎不可能自行发现本人的数据隐私权受到侵害。例如,云服务经营者在未告知并征得当事人明确同意的情况下,悄然依据云上隐私数据的分析结果进行精准的广告推送。云环境的技术性也为行为人逃避侵权责任留下了"技术障碍"这一救命稻草。

3. 侵权客体的虚化性

云数据隐私侵权具有虚化性。侵权主体既有可能采取挖掘海量零散数据的方式拼凑个人敏感数据,也有可能在未取得数据主体明示同意的情况下悄然收集和使用隐私数据。绝大多数隐私权受到侵害的情形是难以用物质利益进行衡量的人格利益受损,加之诉讼过程中常常涉及各种技术性表达,需要投入大量的时间和精力,均非普通个人能够承担。

虽然云数据隐私侵权常常以非直接物质性的虚化状态展现,却不能抹杀其造成受害人真实的精神损害的事实。这也应当成为净化云市场秩序的重要考量。随着虚拟世界与真实世界的界限越来越模糊,云数据隐私侵权之诉可能会有所增加且查证和举证难度较大,可能会耗费较多的司法资源。维权成本过高、侵权主体与数据主体的实力差距等使得受害人难以获得相关证据。有必要基于司法保障一切维权活动的基本原则,加大侵权打击的力度与对云参与主体的宣传教育,使其在巨额赔偿与罚金面前主动放弃侵权行为。

4. 损害结果的不确定性

云数据隐私侵权的负面后果一般不具备直接的身体性,即侵权人和受害人若是不发生现实接触,一般不会对受害人造成实质的身体损害。云场景的方便快捷与基于云计算的大数据挖掘和人工智能算法突飞猛进使得侵权活动的危害难以预料,不仅侵权人对自身侵权行为的后果难以预断,受害人在很多情况下亦无法提供所受损害的详细数据,尤其是那些影响面广且较为持久的灾难性后果。云环境打破了人与人之间的地理限制和时间延迟,使得个人私密一经披露就会迅速发酵传播到网络的每个角落,可能会对个人及其家庭造成严重的损害后果。网络环境难以轻易消除痕迹的特征和个人生物特征等敏感数据的唯一性和不可更改性导致难以逆转此类损害后果。云数据隐私侵权不仅侵害了个人合法权益,亦对产业发展造成严重的不良影响,甚至破坏云市场风气,拉低一般道德标准,致使整个社会滑向血腥、暴力、自私与不诚信的深渊。

若将未造成损害的侵害他人数据隐私权的行为均认定为侵权行为,却基于没有损失而不予以救济,不仅是对法律尊严的亵渎,在司法活动中亦会令不精通法律的受害人茫然无措。损害事实是指由一定的行为或事件所造成的人身或财产等方面的不利影响。侵权行为的成立须以侵害权利而致生损害为要件。"损害"范围很广,包括可以金钱估算的财产损失与无法进行金钱估算的精神损害,包括既得利益与预期利益的减损。云数据隐私侵权行为造成的损害事实比传统侵权更为复杂,不仅大多难以直接进行金钱估算,而且经常需要较长时间才会展现出全部损害后果,相应的证据获取亦非常困难。

5. 因果关系判定困难

"所谓因果关系,乃加害行为与损害之间,具有前因后果之牵连也。"[①]云数据隐私侵权的违法行为与损害事实之间因果关系事项的具体判定至今仍是难题。目前而言,确认侵权行为并未涉及损害赔偿的额度,利益衡平与协调的困境尚不显著,若过于严苛地进行判断,有可能使得一些恶意侵权人逃避法律制裁。只要行为人侵害了合法的云数据隐私权的行为是造成损害后果不可缺少的原因之一,就应当认定两者间存在因果关系。

当然,一些介入因素的存在会减轻或加重侵权人的责任。例如,依据传统的"蛋壳脑袋规则",侵权人不过是轻轻敲击了受害人的头部,对方的头骨竟破裂了。虽然侵权人确

---

① 郑玉波. 民法债编总论[M]. 台北:三民书局,2002:156.

实不可能预见此等状况，受害人头骨容易破裂也不能成为其免除责任的正当理由，但受害人明知自身情况却未采取任何自我保护措施却可以减轻侵权人的责任。这一点在云数据隐私侵权领域中可以与合理隐私期待相结合。例如，数据主体明知道妻子患有严重的被害妄想症，却不闻不问，且在自己出轨的数据资料被云服务提供者公开后也未及时采取措施保障妻子的人身安全，最终其妻子跳楼自杀，可以减轻违法的云服务提供者的责任。

三、云数据隐私侵权的类型划分

近年来，谷歌公司、微软公司、苹果公司、阿里集团等频繁发生安全漏洞或第三方恶意侵入导致的大批用户数据外泄或损毁事故和内部工作人员故意行为直接引发的云数据隐私泄露事件，如索尼的公有链数次因黑客攻击而泄露数据隐私、我国云数据机房的本地磁盘损坏导致用户数据丢失、微软的商务办公套装软件BPOS发生重大云计算漏洞导致个人数据被非法授权下载、苹果的iCloud系统漏洞被黑客破解后窃取并非法交易或发布100多位当红女星的不雅照片等。频繁发生的涉及云数据隐私的恶性事件，亟待通过侵权诉讼加以救济和预防。唯有妥善明确侵权类型、构成要件、免责事由以及责任承担方式等，才能更好地保障云上个人数据隐私权。

德国侵权法理论按照侵权方式的不同，将侵权行为分为物之剥夺、物之本体侵害、物之功能妨害和物之归属关系侵害等基本类型。云数据隐私侵权类型既可以简单划分为侵害云数据隐私控制权、侵害云数据隐私使用权和收益权、侵害云数据隐私保密权、侵害云数据隐私归属关系等；也可以划分为直接侵害云数据隐私的不法行为和间接损害云数据隐私的不法行为。直接侵权一般是指独立且直接的侵权活动，往往不包括在第三人侵权时的不作为和内部员工侵权时的法定替代责任。

但是，上述划分方法均不能较好地对应现行法律有关云数据隐私权保护的规定，也难以为司法系统的裁判活动和当事人的维权实践提供有效指引，亦不能为涉云企业厘清可能承担的侵权责任并开展内部有序的合规审查提供明确标尺。

我国的《网络安全法》《民法典人格权编（草案）》《个人信息安全规范》《移动互联网应用业务功能个人信息收集必要性规范》等多处提及了个人数据的收集、使用、保存、提供、出售和删除等数据生命周期中的阶段性概念。应当根据能够反映各种侵权场景细微差异的云上隐私数据生命周期的进程，进行颗粒化的有序区分。

1. 不当收集云隐私数据

传统社会中行为人难以侵入住宅、背包等私人领域收集个人数据，且比较容易发现相关侵权行为和进行必要救济。技术性、隐蔽性和即时性等较强的云环境强化了行为人收集隐私数据的能力。所谓云隐私数据收集是指为了某一特定目的取得数据主体的隐私数据的行为，呈现出收集主体复杂、收集方式多样、收集范围广泛等特点。

不当收集云隐私数据的侵权行为通常表现为通过"一揽子"用户协议过度收集，通过追踪软件和定位系统等暗中收集，基于技术和资源优势欺骗收集等违背了合法性和最小限度收集原则的行为。此类侵权的构成要件包括：①行为人实施了收集云上隐私数据的行为，实践中有恶意的云服务提供者、机构型云用户以及其他恶意侵入者等；②无论行为人是独立收集还是共同收集、是直接收集还是间接收集，均欠缺数据主体的同意。就能否构成"同意"而言,在直接收集的情境中,行为人应当充分而明晰地告知数据主体收集的具体内容和规则,而在间接收集的情境中,行为人需要确定信息源头和流转的合法性;③不存在关涉数据主体重大利益、数据主体已经自行或以其他合法方式公开、属于执法要求以及法律法规确立的其他情形等无须同意的例外情形。

2. 不当存储云隐私数据

不当存储云隐私数据的侵权要件包括:①行为人实际存储了云隐私数据。②存储过程中存在明显不当。未及时准确地向数据主体反馈基础物理设施所在国别和地区、缺乏云存储物理介质和程序系统的严格管理(如在安全运维方面存在严重的策略缺陷,未安装足够的监控设备、未严格记录操作日志、未彻底审查雇员背景等)以及忽略长期潜在的云隐私数据安全风险而未能彻底清除退出后的云隐私数据留痕等行为。例如,云服务经营者一般不会主动告知终端用户云上存储隐私数据的准确位置。具有开放性、复杂性、多元性的云上数据传输使得传统的物理隔离技术不再适用。云服务部署中基础设施来源复杂、虚拟化技术结构混乱、加密措施不到位、计算资源动态化与数据处理分散化等均增加了数据隐私泄露、被窃或毁损的风险。飙升的数据价值、清洗数据过高的技术成本投入、违规暴露风险较低及绝大多数国家和地区相应惩罚有限等加大了云服务提供者在隐私数据存储、迁移和销毁过程中违法违规的风险。又如,虽然云虚拟机动态迁移的目标是尽可能减少总迁移和暂停时间,提高服务的可用性,支撑了基于云计算的服务的容错、负载平衡、软硬件维护以及管理的灵活性,但云虚拟机管理员可能通过非法重置用户密码、利用备份文件非法恢复用户数据以及虚拟机自然损坏等侵犯数据隐私,对于密码口令保管不善也会给黑客漏洞攻击和木马植入留下巨大缺口。③不存在关涉数据主体重大利益、数据主体已经自行或以其他合法方式公开、属于执法要求以及法律法规确立的其他情形等无须同意的例外情形。

3. 不当使用云隐私数据

云服务提供者和机构型云用户掌握着云上数据访问权限、控制着数据安全选项和数据运作流程。有时会基于自身利益需要,通过深度分析大量隐私数据以揭示个人用户行为规律。虽然表现出改善生产生活效率、推动经济社会进步的有益效用,却也常常触及云隐私数据的保护边界。不当使用云隐私数据侵权的要件包括:①行为人分析和自用、擅自出售或免费转让云隐私数据。作为新鲜事物的隐私数据交易目前尚且处于缺少监管和约束、权责不够明晰的规则不明阶段。云数据隐私的黑产从业者通过技术渗透、勾结云服务提供者或数据外包企业的工作人员获取云平台中的个人账户数据,再通过撞库攻击逐渐充实特定主体的隐私内容,最终勾勒出一个具有明确的行为轨迹、兴趣爱好、购物意向等的完整画像,进而通过暗网[①]等非法平台转售数据主体的隐私数据、推送精准广告,甚至是定向诈骗谋取高额收益。2017年,最高检察院督办的特大个人数据侵权专案牵扯到整

---

① 洋葱暗网通过层层加密的洋葱路由进行接力传输。洋葱网络(Tor)上每个路由之间输出的信息都会进行一层加密,数据经由的每个节点恰如一层层洋葱皮,接收者只能看到上一层洋葱皮的接力传输者,而不能看到首位发送者,从而实现了互联网的匿名交流和沟通,使用比特币交易进一步加强了匿名性。完全隐藏身份之下的暗网(谷歌、百度等引擎均无法发现暗网论坛),催生了定向攻击的个人隐私数据越来越多地被出售。如华住集团5亿条信息数据、浙江省学生学籍、快递订单数据等公民个人隐私数据交易的帖子均发布在暗网之上。

个数据生命周期中从源头企业的内部违法员工到中转商再到下游使用者等包括电信运营商及其运维服务提供者、大数据分析企业、精准广告推送公司等在内的11家企业（甚至包括了国内"大数据行业第一股"数据堂科技股份有限公司）。②行为人对于云隐私数据的使用未经过数据主体同意。③不存在无须同意的例外情况。④大数据时代海量零散的数据资源充斥了整个网络。法律不可能要求云服务提供者确保使用的隐私数据正确无误。但在员工考核、考生升学、金融审核、疾病预测等关系到个人生存和发展的重大事项的智能化大数据分析之中，若是使用了云上错误的隐私数据，将对个人的人身权和财产权产生严重损害。应当将故意使用错误数据作为严重的不当使用云隐私数据的侵权类型。

云数据隐私侵权行为的成立以过错和违法为前提。首先，面对浩瀚的云数据资源库，提供者和机构型云用户虽然不可能逐一检查收集和使用数据是否存在错误。但在数据主体发现存在错误时有权要求运营者予以更正。云服务提供者和机构型云用户不履行或拖延更正义务的行为构成侵权。其次，云服务提供者和机构型云用户负有采取技术措施和其他必要措施以防止云隐私数据泄露、毁损或丢失的数据安全保护义务。与之对应的是未尽到数据安全保护义务的侵权类型。最后，云数据隐私权的一大重要的保护性措施是数据删除权。这一点已经得到了大多数文明国家和地区的认可。我国《网络安全法》第43条规定，个人有权要求网络运营者删除违法或违约收集和使用的个人信息，网络运营者应当采取措施予以删除；《民法典 人格权编（草案）》第815条将侵害自然人合法权益、数据存储期限届满、于收集或使用目的已无必要以及其他缺乏正当理由继续占有个人数据的情形都归入了个人享有删除权的状况。对于云数据隐私侵权主体而言，在收到个人通知删除隐私数据后，应当及时彻底地履行删除义务。如若不能妥善完成，受害人能够就此提起侵权之诉。

第三节 云数据隐私侵权的发生原因

一、云架构的技术漏洞与监管缺失

基于云计算的服务架构是当前公认的最具前途的朝阳产业之一，整个社会甚至陷入盲目投资的怪圈，如MP3技术公司（MP3 Inc.）申请破产时"现有资产为7800美元"，债务竟高达"210万美元"①。虽然云架构连续正常运行并稳固用户群的先决条件是云系统内的数据收集、存储、使用、共享、流动和删除的完整生命周期不会因为偶然或恶意的原因遭到损毁或泄露，但复杂的云架构常常暴露出诸多技术漏洞且云数据隐私风险的规制与救济并不健全，持续刺激本领域的侵权活动。

云数据隐私侵权现象伴随着渗透各行各业的云架构的技术漏洞增加、传统的规制和救济措施却难以逐一对应适用而暴露出来的新问题。例如，云数据挖掘活动是发现或推断未知事实的过程，依赖相关性而非因果关系进行的数据处理过程，缺乏透明性和直观

---

① 音乐服务商 MP3tunes 已申请破产保护. http://news.itxinwen.com/internet/international/2012/0511/411131.html.

性,结果具有不可预知性,特别是反向身份识别技术使得海量数据主体成为透明存在。又如,公共云、私有云和混合云等不同类型的云架构因使用群体的差异具有不同特征,需要特别的数据隐私保护机制。私有云是内外资源仅为特定云用户利益的数据中心,其组织结构和服务内容与传统资源外包相似,无须特殊规制。公共云由云服务提供者掌握并可让一般公众或机构型云用户使用,混合云由两个或多个基础结构组成以确保数据存储与应用,两者均是"一对多"关系,有更庞杂的调整对象群和更多的数据隐私安全盲点[①]。大量非私有云架构实现了多用户终端共享数据资源且多种操作自动同步,存储与处理成本无限摊薄使其用户与数据存量与日俱增,导致云用户在与云服务提供者的数据隐私侵权谈判中的影响力和控制度较低。

传统的个人空间是具备有形的安全物理界域(如住宅)和秘密的活动场域(如日记),云架构中用户通过无偿获取或有偿租赁云上空间和系统进行数据存储和执行计算任务。所处的云区域是用户实质上不能直接控制的彼此虚拟隔离的无形空间。用户群体共同分享分布于不同地理位置的基础物理设施和虚拟资源池的逻辑隔离方式不仅使得碎片化个人数据的安全边界逐渐消失并拓展受众范围,导致传统社会中不太重要的身高、声音、步态等呈现出唯一性和排他性特征,迅速转变为亟待重点保护的云上隐私数据;还导致所处的云环境呈现出背离安全、稳定、可靠的高拓展性、高复用性、高灵活性特征,难以及时察觉和有效监管云数据隐私侵权。例如,虽然云用户在本地浏览器的安全设置中享有阻止"小甜饼"(cookie)或其他脚本执行的绝对权利,但在云平台的用户访问阶段和用户管理阶段等,密钥分配和更新、密文数据访问和权限控制中都充斥着受限于技术能力的系统漏洞和多主体参与带来的协同缺陷。更为糟糕的是,某些云服务经营者及其工作人员常常在数据主体不知情的情况下,恶意通过市场化手段非法转让海量隐私数据。活跃于"暗网"之上的黑色产业链不仅不断试探法律和伦理底线,亦是大量更为严重的违法犯罪的催化剂。

二、云生态模式中侵权成本低且维权难度大

当前,形形色色的云生态模式集中形成和动态配置协作端块,在 5G 网络、物联网、大数据挖掘和人工智能技术的共同作用之下,实现全人类的信息共享,改变了现实世界中个体生存和发展的方式,大幅提升社会各阶层需求的满足程度,却也极度扩大了数据隐私受害群体的范围及其严重程度。

1. 云数据隐私的量级巨大且获取简单

云上存储和处理的隐私数据的总量远远超出传统社会,获取的难度和成本却大幅降低。依据摩尔·巴林顿(Moore Barrington)对不同地理环境、人口状况、社会制度、技术水平、文化传统、宗教信仰等的社会环境的调查分析,技术发展程度和社会秩序完备情况与个人隐私总量呈现出正比关系。在技术薄弱的人治时代,社会个体仅拥有微量隐私;而在科技高度发达且社会制度较为完善的法治时代,社会个体的隐私量级飞速攀升。

云生态环境使得原本具体而明确的个人敏感数据成为散落在赛博空间中包含大量隐

---

① Hiawatha Bray. Hackers and Thieves a Growing Web Menace[N]. Boston Globe,2011-06-11.

私的分散而模糊的信息碎片。当云服务经营者的物理介质出现故障需要更换或者到达使用寿命亟待报废之时,未能及时采用适当的安全措施彻底清除剩余数据(如未按行业惯例及时消磁存储介质并在密封保存数年后进行物理销毁),就会给广大数据主体带来巨大的隐私安全隐患。虽然大多数国家和地区都规定了数据主体享有删除云上隐私数据的权利。但云服务提供者删除数据的过程漫长而复杂,其中每一个步骤和时间段都存在侵害数据隐私权益的巨大风险。以谷歌云为例,在接到客户提出删除云上数据的请求后,谷歌公司承诺在最长24小时内将对象数据与其他普通数据隔离并进行删除。此时是通过加密方式让数据呈现出无法读取的状态,而非真正意义上的彻底删除,且存在最长30天的内部恢复期以确保有足够的时间恢复因意外或错误而被标记为删除的数据,存在较大的被窃取或泄露风险。此外,谷歌云用户数据的冗余副本(删除周期一般为收到请求后的6个月内)可能存储在全球任何地方,云上的数据操作活动可以同时在地理位置不同的多个数据中心被复制。更为糟糕的是,云用户的备份数据通常存储在按照每日、每周和每月的静态周期保留的确保诸如整个数据中心中断等数据灾难时维持业务连续的大型增量快照之中。虽然在云用户提出删除数据的要求后不会再有相关数据被复制到备份系统之中,但删除前执行的备份仍然会按照预定的备份过期周期定期处理,导致数据主体的隐私数据长期处于不安全的风险之中。又如,个人型云用户向自动化云服务系统申请访问密文时需要验证身份属性,相应的通信过程可能会泄露数据隐私。

2. 云数据隐私的所有权与控制权实质分离

不同于传统隐私绝对权能的统一化归属与使用,云生态中隐私数据来源复杂,参与主体众多,所有权、控制权和处理权等常常处于分离状态。一般认为,用户置于云上或在使用云服务中产生的个性化数据归于己方(如企业用户主动上传的雇员数据);云平台中产生的系统数据、云服务提供者合法收集并置于云上的第三方数据及其在取得用户明示同意的情况下使用挖掘工具从云用户隐私数据集合中提取出的去真数据等,一并归于云服务提供者。但是,实际操作中,那些产生于云外的海量个人数据表面看似在置于云上之前就已经确立了权属状况,却在上传至云服务器的过程中由于多重因素作用呈现出权属不清的状态。例如,微信云端每日接收到的数十亿的自然人的数码图像,表面上数据权属简单明确,却往往在形态复杂的终端用户持续共享活动中难以确定合法的最终权利人。云隐私数据所有者与控制者的分离还会导致绝大多数数据主体并不真正知晓基础物理设置和组件设备的具体地理位置与运作情况,使得其难以有效监管云服务提供者对于数据隐私的侵害,加大侵权主体肆意释放违法违规的主观恶性的风险。

满足不同用户个性化需求的多样化云场景擅长挖掘零散数据的内在关联,加大了完善隐私数据安保机制的难度,导致云生态中数据隐私侵权活动能够使得受害人以往的所作所为、不欲为他人所知的欲望和情绪等彻底暴露在公众面前,使其长期生活在丧失私密空间的不安状态,进而被迫在外在行为甚至是内部思想上趋同社会主流模式,破坏了灌溉个人自由和人格尊严的良性土壤。

3. 云数据隐私侵权蕴藏丰厚的财产收益

在"Pavcsich v. New England Lift Ins. Co"这一隐私法领域的标志性案件的判决书中

有这样一段名言:"任何人都享有依据自己的习惯和爱好享受生活的权利。那些未曾违反政策法规、未曾侵犯他人合法权益的个性不同而导致的有差异的生活方式具有当然的合理性。保障人身安全并不局限于确保外在形体和有形财产不受侵犯,也意味着允许任何人在不影响他人的情况下按照自身意志生活。无论是想与世隔绝,或是众人瞩目,抑或既保障隐私又维持人际互动……每一种生活方式都是个人选择的结果,任何人都无权擅自干涉。"①

传统隐私权以精神权益为中心,大多缺乏明显的财产利益。侵权主体往往出于打击报复、敲诈勒索、恶搞猎奇等目的而侵入他人的私生活领域、获取或公开对方不欲为人所知的私密,主要包括侵扰他人私空间安宁、公开披露他人私密事实、公开丑化他人形象、出于私人利益或商业目的而擅自使用他人的肖像和姓名等,实质是通过侵害他人人格尊严和个人自由的方式威胁个人意志②。

云生态模式下大数据评估和预测对于产业成长、经济发展和社会稳定的重要影响使得数据成为推动信息社会腾飞的重要燃料,个人数据的变现价值上升到前所未见的高峰阈值,云上隐私数据的财产利益获得各界关注,也使得相关侵权活动展现出明显的竞合特征。参与主体侵害他人的数据隐私权大多不再是简单地受到窥探他人私密的好奇心驱使,更多是为了分析用户行为趋势、改善己方经营策略,实质是在追逐数据背后的巨大的经济价值,是旨在非法获取并使用他人数据隐私牟取经济利益的不法行为。例如,沸沸扬扬的脸书云上海量终端个人用户数据泄露事件中,剑桥大学心理学讲师阿勒格山德·科根(Aleksandr Kogan)将收集到的约 27 万用户的数据记录和通过好友关系抓取的 5000 万个人数据转卖给剑桥分析公司,是导致这一严重安全事故的关键环节。因而,云数据隐私权的保障需要兼顾隐匿和羞耻感等精神利益与数字化状态的财产利益。

4. 云数据隐私维权困难

万物上云的时代中,关联高新科技的云数据隐私侵权主体更为多样、侵权手段更加隐蔽、侵权规模更大且损害后果更加严重,相关证据难以获取,无形之中加大了维权难度。

首先,一般的民事侵权中侵权人与受害人实力相近,在法律上和事实上都具有平等性。但在云数据隐私侵权这一新型的权益侵害现象中主体之间存在明显的不平等性。侵权人在经济规模和技术实力等方面占据着优势地位,受害人则多为欠缺抵抗能力的普通居民,加大了侵权风险与维权难度。

其次,传统社会中从各种途径发掘个人隐私的成本很高,加上披露普通人的私密信息一般不会获得广泛而持续的关注,难以衍生出巨大的经济利益。各大媒体和公众都将窥探他人私密的关注点聚焦具有较大影响力的各类公众人物。云生态环境中数据隐私的挖掘成本极低且能够在精准营销和精准防控中发挥重要作用,导致每一个居民的隐私都处于危险状态。

再次,隐私侵权按照作用方式不同,可以简单区分为直接侵权和间接侵权。传统隐私

---

① Pavesich v. New England Lift Ins. Co.
② 爱德华·布斯坦. 王梓棋译. 作为人格尊严表现形式的隐私权——对 Prosser 教授《论隐私权》一文的回应. 转引自张民安主编. 隐私权的性质和功能:民商法学家(14 卷). 广州:中山大学出版社,2018:29-68.

侵权中大多数为侵权人的行为直接作用于受害人的直接侵权,其中绝大部分随着行为实施而成立,行为停止而终止。但在云数据隐私侵权中,侵权人的行为往往作用于机构型云用户,然后再通过其搭建在云上的服务系统侵害受害人的数据隐私,增加了侵权认定的复杂性和获得救济的难度。

最后,云生态环境中存储的隐私数据具有无形性、全面性和可重复适用性,甚至包括了大量不可逆转和改变的个人生物识别数据。一旦泄露,即便追回也没有意义,导致侵权损害呈现出明显的广泛性与不可预期性。例如,自开展人类基因组研究以来,我国不少企业为了一己私利,违规将大量基因资源和检测数据输送境外,已经成为全球最大的生物数据输出国,威胁我国的生物数字主权和个人生物识别数据的隐私安全[①]。又如,随着活体检测技术不断提升和3D结构光应用愈加普遍,越来越多的人脸识别数据被上传到云系统之中。这一归属特定个人的具有唯一性的生物数据的泄露(尤其是与家庭住址、兴趣爱好、医疗健康等数据标签关联挖掘)将给数据主体带来巨大风险,即便事后进行救济也于事无补。

三、云参与主体的心理误区

云服务中个人数据上传、存储、计算、传递、销毁的全生命周期中面临着通过云系统的用户接口挖掘并利用软硬件漏洞和多用户环境直接或间接侵入内部的外来威胁,亦面临着云服务提供者或机构型云用户的员工故意违规或意外操作失误等导致的隐私数据损毁或泄露风险。尤其是云上存储的大量数据若是需要参与运算的话,常常必须进行解密。这意味着海量隐私数据在一定时间内以明文方式存储在云系统之中,潜藏着巨大风险。具有较强技术性、明显跨境性与直接利益性的云数据隐私侵权的生成与泛滥离不开云服务提供者、机构型云用户、恶意侵入者的逐利心理、侥幸心理以及匮乏社会责任意识等内驱张力的负面影响。此外,数据主体的隐私保护和维权意识较弱也是侵权现象增多的一大要因。

1. 云参与主体的逐利心理与侥幸心理

云生态系统是以商业服务模式为主导的新兴事物。绝大多数云技术提供者、云平台设计者、云服务运营者、云系统维护者等是以追求利润最大化为核心目标的营利性组织。大量云企业的利润来源于利用收集到的隐私数据生成可变现目标广告,导致云数据隐私成为部分企业的生命线,迫使其采用单向密钥为工作人员和公权部门的非法获取创造条件。企业的逐利本性使其往往通过用户协议撇清或免除己方责任,"成功的云服务协议确立了合理的合同责任分配机制"[②]。这些协议既包括了云服务提供者与机构型云用户之间或与个人型云用户之间的服务协议,也包括了机构型云用户或个人型云用户与数据主体之间的服务协议。绝大多数云生态系统的多用户特征使得相关服务协议主要表现为云

---

① 沈湫莎. 国际基因数据库中30%数据来自中国,全国人大代表李林呼吁,生物数据利用别再"出口转内销"[N]. 科技日报,2019-03-15.

② Tanya Forsheit. Contracting for Cloud Computing Services:Privacy and Data Security Considerations[N]. Privacy & Security Law Report,2010-05-17.

服务提供者单方拟定的格式合同(少量大型商业云服务合同或政府云服务合同的某些具体条款基于供需双方商议或需方特殊定制),用户难以修改条款内容。很多云服务提供者还依据是否付费提供两种格式合同。免费或象征性收费的云服务仅包括初级的主要针对个人用户的电邮和文件存储以及微量内容托管。虽然没有固定的合同期限和周期付费要求,却也会规定云服务提供者有权随时终止合同关系。收费的云服务合同通常包括合同期限、付费周期和违约责任条款等,对于云数据隐私侵权的约束性较强。

很多企业试图掌握云上隐私数据最大程度的使用权,如规定云用户主动的数据上云行为等于默示赋予云服务提供者在全球范围内使用该数据并进行必要链接的权利。但是,这些企业对于保障云数据安全的具体措施、涉及云数据隐私泄露与损毁的责任承担等进行模糊规定或刻意回避,甚至参与或默许数据存储与流动中的泄露与损毁侵害,严重威胁云数据隐私的保密性、准确性与完整性。例如,"多宝箱"(Dropbox)的《服务协议》中规定,"在下列情形下本公司享有披露云用户数据信息的权利:遵循公权机构执行法律或司法判决的要求,保护某人免于身体伤害或死亡威胁,阻止本公司内部或云用户的欺诈或滥用,维护本公司财产权益等"①。很多对于高技术含量的云服务一知半解的云用户点击同意了此类协议,即便少数具备相应知识的用户也为了节省开支且存在观望监管规范是否严格执行的情绪,仍然会明示同意。

腾讯云曾发生的重大数据丢失事件正是揭示云服务提供者负面心理的典型案件。2018年7月,前沿数控公司向腾讯云提交了根据本公司产品线发展状况以及丢失数据给其技术平台造成损失的价值评估等索赔1101.6万元的预估文件。8月7日,腾讯云公开表示承认此事并致歉,同时强调概率极其微小的磁盘静默错误导致的单副本数据错误和运维人员在数据迁移过程中为了加速完成数据搬迁而违规关闭数据校验以及为了降低数据仓库使用率而违规对源仓库进行数据回收等数次不规范操作,导致了云服务器中三副本的安全机制失去效用,最终损害了云用户数据的完整性②。对此,腾讯云依据《腾讯云服务协议》中"违约方应对其违约行为给相对方造成的直接经济损失予以赔偿。乙方的赔偿责任总额不超过违约服务对应的服务费总额",提出了合计136469元的"赔偿+补偿"方案。其中,腾讯云给出赔偿总额仅为3569元,即受害企业自2017年12月开户至今产生的实际服务费。

腾讯云与前沿数控公司分别提出的赔偿金额有着巨大差距,而依照我国重点强调补偿性的民商事合同原则、云数据隐私安全风险可能给受害人带来严重的精神损害和物质损失以及数据价值本身存在巨大差异,不适宜采用按照服务费计算赔偿金额的方案,而是应当基于科学的数据价值评估认定实际损失。但是,业界当前对于数据价值的认定又缺乏统一规范的系统性标准。目前,很多云数据隐私丢失事件是人为故意或过失操作失误的负面后果(腾讯云此次事件侧面证明了一个极其普通的底层程序员就有能力完全摧毁云企业的核心业务)。事实上是通过技术手段(如将系统设置成必须经过数据校验才能进

---

① Dropbox Terms of Service. http://www.dropbox.com/terms.
② 业界惯例是数据搬迁流程默认开启数据校验,开启之后可以有效发现并规避源端数据异常,从而保障搬迁数据正确性。而数据搬迁完成之后,源仓库数据应保留24小时,用于搬迁异常情况下的数据恢复。

行搬迁)可以避免的人为风险,且腾讯云在安全事件发生后并未第一时间弹出用户提示,导致受害企业花费了大量人力和物力进行故障排查。

云服务提供者和机构型云用户的利润导向、对于政策法规软性执行或违法违规行为不被发现的侥幸心理,不仅致使其有可能从事侵害云数据隐私的行为,亦导致其为了商业利益考虑隐瞒甚至配合恶意第三人侵害云数据隐私的行为。例如,通过收集用户数据并将其销售给应用程序开发者和广告商谋取巨额收益的脸书公司与包括苹果、三星、微软、亚马逊等在内的150家以上的企业签订了数据共享协议,使得这些企业能够获取脸书数亿用户的部分隐私数据。其中,英国政治咨询企业剑桥分析公司(Cambridge Analytica Co.)通过与脸书公司的合作,在未经数据主体允许的情况下获得了数千万活跃用户的隐私数据,进而依据数据主体的日常喜好、行为特征、个性特点等建立用户画像,运用大数据挖掘方法分析这些选民的投票倾向,借助脸书投放系统定投广告以协助特朗普参选美国总统和影响英国脱欧的公民投票结果。

2. 云服务提供者与机构型云用户缺乏社会责任意识

主要国家和地区现行的法律法规不足以应对云上隐私数据采集、存储、处理和流转中的巨大风险。国际组织、各国政府、专家学者和企业巨头各自搭建的云生态伦理框架与审查机制,也未能有效威慑和制止侵害云数据隐私的不当行为。此外,持续创新的技术修复工具没有从根本上填补某些云服务中的数据安全漏洞。

回顾历史,现代企业的设立初衷是推动整个社会的持续转变。虽然舆论在这一事物形成和发展初期曾主张企业以迎合市场为要务,其核心责任是高效使用资源并按照消费者愿意支付的价格提供社会所需的产品和服务,却依然强调了健康的商业环境中企业需要保持"合宜的同情心"①。直至20世纪80—90年代,随着生态环境急剧恶化和劳工阶层权利意识大幅提升,由众多行业协会出台的企业社会责任守则甚至发展为强调企业可持续价值创造的《全球契约》和《联合国全球协约》等。我国自20世纪90年代中期开始关注企业对于经济、环境和社会绩效的三重底线,《公司法》明确要求企业承担社会责任。

一般而言,企业社会责任体现在人权保障、环境保护和反腐责任等诸多方面,要求企业有效保证组建工会的自由、消除强制劳动和废除童工、避免用工歧视和其他侵害人权的行为,主动承担环保责任,并积极采取措施抵制任何形式的腐败行为。

全球云生态场景中的泛化竞争是深层次融合了经济、政治和文化等诸多元素博弈的加速社会发展链式突破的重要动能,亦面临着数据红利与隐私保障的矛盾、可期利益与失控风险的冲突,亟待寻求实现个人自由与经济发展之间动态平衡的负责任的数据存储与使用模式。企业社会责任渗透云上隐私数据处置领域有利于增强企业品牌效应、强化用户黏性、降低业务风险和其他不良后果。例如,谷歌公司因在2017年和2018年的全球科技公司社会责任指数排名中蝉联冠军,获得了更多消费者的信任与顶尖技术人才加盟,而因忽视社会责任而连续两年位列倒数第一的百度公司和倒数第三的腾讯公司已经在声誉和利益上受到巨大冲击,铺天盖地的负面评价使得这两家企业的全球发展战略面临着严

---

① 亚当·斯密.道德情操论[M].何丽君,译.北京:北京出版社,2008:5.

峻的信任危机①。

3. 云数据主体维权意识薄弱

云数据主体的隐私数据保护和维权意识薄弱也是侵权现象不断增多的重要原因。2018年,企鹅智库发表了题为《中国网民个人隐私状况调查报告》的研究成果,揭示了中国居民数据隐私保护的认知状况、所持态度和行为习惯。结果发现,虽然有接近40%的受访者担心个人数据泄露,但也有10%左右完全不关注数据隐私安全问题。受访者日常最不愿意填写的是银行卡号、身份证号码和详细的家庭地址,但对于一些无法直接精准定位本人的数据收集和使用抱持较大的宽容度。一些知名的大型互联网企业和政府官方网站获得较多受访者的信任,比例分别为64.3%和81.4%。众多个人用户认为,通过淘宝和京东等电商平台记录购物习惯、百度和谷歌等搜索引擎掌握搜索记录、微信和QQ等社交工具提炼词频数据等生成的精准文章推荐(71%)和商品推荐(55%)不构成对数据隐私的侵害。但是,仅有19%的受访者认可储蓄贷款数据的收集和使用行为。调查显示,对于用户协议,大约40%的受访者直接勾选点击同意,另40%粗略浏览了协议内容,仅有16.1%的受访者仔细阅读了协议条款②。

究其原因,虽然有部分用户不甚在意隐私权益之故,却也是由于目前所见的大量条文仍然冗长复杂、包罗万象,并非普通用户可以直观理解,且阅读长文耗时耗力。即便从云服务提供者手中获得隐私数据使用状况说明,还需要高透明度的专家解读。对于绝大多数个人用户意义不大,导致仅有5%的用户阅读了文本字数过多且术语难以理解的具体条款。

第四节 云数据隐私侵权的责任与救济

一、云数据隐私侵权责任论

1. 概念

长期以来,学术界对"侵权责任"的定义一直无法达成一致意见,如"侵权责任是指赔偿义务人对自己的加害行为或者准侵权行为造成的损害等后果依法所应当承担的各种民法责任形式之总和"③,"侵权责任是由违约行为以外的侵害他人权利或法益的不法行为引发的民事责任"④。《侵权责任法》甚至回避了"侵权责任"的定义问题。

一般认为,侵权责任制度是实现各方利益动态平衡的重要工具,目的在于将个人承受

---

① The Ranking Digital Rights 2018 Corporate Accountability Index,2018-08-31. https://rankingdigitalrights.org/index2018/;The 2017 Ranking Digital Rights Corporate Accountability Index. https://rankingdigitalrights.org/index2017/.

② 藏文婷. 中国网民有多在意隐私? 我们来用数据说话[OL]. https://www.cbnweek.com/articles/normal/22019.

③ 张新宝. 侵权责任法原理[M]. 北京:中国人民大学出版社,2005:19.

④ 郭明瑞. 关于侵权责任的几个问题[J]. 法学杂志,2006,6:22-25.

的损失转移到被认为是造成这一损失或应对这一损失负有责任的人身上[①]，"是通过最小预期赔偿金及注意成本来促进经济效率而设计"[②]。具体到云数据隐私侵权责任，可以界定为由侵害云数据隐私权的不法行为引发的民事责任。

2. 类型

从云技术提供者、云系统设计者、云服务经营者、云系统维护者、机构型云用户和恶意侵入者等实施的云数据隐私侵权行为出发，参考传统侵权责任的分类方法和思路，可以对云数据隐私侵权责任做出如下类型划分。

(1) 直接侵权责任和间接侵权责任

《法国民法典》最早提出了将侵权责任划分为直接侵权责任与间接侵权责任的两分法。其中，有关个人应当承担"其负责的他人的行为或在其管理之下的物件所致的损害"的赔偿责任是针对间接侵权责任最早的立法描述。广义的间接侵权责任包含两层意思：一是指帮助侵权责任，即责任人故意引诱、教唆他人实施侵权行为，或者在知晓他人意欲实施或正在实施侵权行为时提供实质性帮助[③]。我国《侵权责任法》没有明确使用"间接侵权责任"，但在第9条第1款规定，"教唆、帮助他人实施侵权行为的，应当与行为人承担连带责任"。二是指替代侵权责任，即责任人由于监护关系、代理关系、雇佣关系等特殊社会关系，依法对他人的侵权行为承担相应责任。

云数据隐私侵权中云服务提供者及其他恶意侵入者的直接侵权责任是指其直接负责自己的侵权行为。同时，云服务提供者对云上其他主体的数据隐私侵权行为造成损害结果的控制力远远超出传统商业服务平台提供者，其提供的服务客观上辅助了侵权人的加害行为。云服务提供者除了为己方是直接侵权人侵害云数据隐私的侵权行为承担责任外，还应当在己方创造了第三方侵权的条件时承担间接的帮助侵权责任。

英美法系国家的替代侵权责任制度源于责任人对他人侵权行为的控制能力及其从侵权行为中直接获得的经济利益。法治的宗旨是阻止任何人从不法行为中获利，若不要求社会主体对第三人利用其控制的资源侵害他人权利并带来直接经济利益的活动承担责任，这些主体不仅不会加强安全监管的力度，反而会基于私利考虑，设法掩盖自身已知晓的事实并放任第三人的侵权活动。但是，这一点在云服务内容完全嵌入虚拟云平台，但经营者对用户数据的掌控有限的云生态系统中表现并不突出。事实上，云服务提供者仅为用户提供基础计算资源和系统架设空间，并不掌握对方已经加密的隐私内容。因而，提供者仅仅应当承担基于特定的雇佣关系或代理关系等而产生的工作人员或第三方的云数据隐私侵权替代责任。

(2) 单独侵权责任和共同侵权责任

依据云数据隐私侵权主体数量的不同，侵权责任可以划分为单独侵权责任和共同侵权责任。单独侵权责任是由单一的侵权主体独立承担侵权责任，一般适用于云服务提供

[①] 理查德·欧文. 侵权法基础[M]. 布特沃斯出版社,1976:23. 转引自陶广峰. 论侵权行为法[J]. 甘肃政法学院学报,1997,2:19-23.

[②] 威廉·兰德斯,理查德·波斯纳. 侵权法的经济结构[M]. 王强,杨媛,译. 北京:北京大学出版社,2005:312.

[③] 王迁. 视频分享网站著作权侵权问题研究[J]. 法商研究,2008,4:42-53.

者或其他恶意侵入者独立实施侵权引发的责任。共同侵权责任则存在多个云服务提供者共同侵害数据隐私权、云服务提供者与其他恶意侵入者共同侵害数据隐私权等情形。

云服务提供者单独承担云上数据隐私侵权责任较为普遍，法律关系简单，多为直接侵权责任。共同侵权责任则复杂得多，涉及数个侵权人之间的责任分配问题，存在连带责任、按份责任、补充责任等多种情况。云服务提供者与其他侵权人不管是对损失本身还是损失扩大部分承担连带责任，皆是已经构成共同过错后承担的连带责任。受害人有权向云服务提供者或其他恶意侵入者中任何一个或数个请求赔偿全部损失。若数个云服务提供者之间或与其他侵权人没有共同过错，仅因为行为巧合而发生共同的损害后果，则根据过失大小或原因按比例各自承担相应赔偿责任。此外，由于受害的数据主体处于弱势，在遭遇严重的侵权损害的情况下，可以考虑让获得一定经济利益的云服务提供者承担补充责任。此时，承担了补充责任的云服务提供者还可以向第一顺序的责任人请求追偿。

3. 责任认定与承担中的问题

当前，云数据隐私侵权责任认定与承担中暴露出很多问题。

(1) 责任认定困难

依据亚里士多德的矫正正义论，侵权责任法的基本功能是由法官收回并将侵权人所获利益用于弥补受害人所受损害，使得双方恢复到侵权行为发生之前，借此实现公正。侵权人为侵权行为所做的一切努力不仅均会化为虚无，还平白耗费了大量的时间、金钱与精力，在某种程度上会起到惩戒作用。问题在于，云服务提供者及其他恶意侵入者的侵权行为与传统侵权截然不同，具有很强的隐蔽性与巨额利润。受害人不仅难以查证，甚至很难发觉，导致云数据隐私侵权责任的认定处于艰难困局之中。

(2) 损失难以计算

"侵权损害赔偿的特征是为了尽可能地恢复已被损害所破坏的平衡并使被侵权人重新回到致害行为没有发生时原本应当处于的地位上"[①]。填补损害是侵权责任法公平与正义的集中体现。损害是指受害人的人身或财产遭到的各种不利益，可以表现为固有财产利益的积极损害和可得利益的消极损害、非财产损害和介于两者之间的边际类型损害。云服务提供者以及其他恶意侵入者向受害人支付的赔偿金必须足以填补其因云数据隐私侵权所受的损害。然而，云环境中数据主体被侵害的隐私权益的财产对价难以准确计算。特别是我国轻精神损害的传统仍然在起作用，而云上数据主体遭到的隐私侵害又常常以持续性的历时形式展现（如云上个人唯一且不可变的生物特征数据的泄露带来的间接损害有可能在多年以后才会陆续暴露）。这一切导致云数据主体的损害不能获得实质、完整而迅速的填补。

(3) 侵权代价过低

云数据隐私侵权的责任认定困难与损失难以计算导致侵权人的违法收益远远超出成本。云数据主体的维权难度较大且损害赔偿的数额常常不如人意，往往不愿费时费力地进行诉讼。西方有一句谚语，"每个人衣橱里都有一具骷髅"。很多人费尽心机去隐藏的秘密并不一定违法，或许只是不道德或不宜为他人知晓。云服务提供者全力推动的曝光

---

① 张民安，邓鹤. 民法债权[M]. 北京：高等教育出版社，2012：169.

行为带给他人的可能是悲剧性的后果。"网络无隐私"已经成为广大居民无奈的共识。这与现代社会维护个人自由和人格尊严的基本法治理念背道而驰。自由不是指个人任意妄为,而是彼此尊重在不违法前提下自由生活的权利,即不窥探他人私隐、不侵犯他人权利,在自己的"一亩三分地"内辛勤耕耘。正如富尔克所言,正义和自由互为表里,一旦分割,两者都会失去。云数据隐私侵权代价过低会加剧侵权现象的泛滥,进而遮掩正义和自由的光芒,影响法治的权威性。

二、归责原则

"归责"是指"决定何人,对于某种法律现象,在法律价值判断上应负担其责任"①,反映了基本的损害分配情况。归责原则是确定侵权人承担的侵权损害赔偿责任的核心准则,体现了法律的价值判断。即应当以行为人的过错还是以已经发生的损害结果为标准而使侵权人承担责任。归责原则主导着云数据隐私侵权案件中如何确定侵权赔偿责任范围、举证责任的承担和减免责任的条件等。

1. 云数据隐私侵权不宜适用公平责任

侵权责任制度从消极层面肯定了个人损失自行承担的自然法则。通过促使社会个体在做出某种行为前经由侵权责任预期推断自己的行为后果,尤其是可能承担的侵权责任并据此明确计算出行为的成本和效益,进而控制和调整自身行为,实现整个社会在保证自身最大限度的活动自由内不侵害他人权利。对于受害人而言,侵权责任是一种救济方式;而对于侵权人而言,侵权责任实质上是种制裁。严格来说,建立在双方均无义务的基础上的公平责任是以衡平手段确定当事人双方各自要承担的损失负担,通过国家机器再分配社会资源的强者对弱者的补助,并非当事人因侵权行为而承担的侵权责任,构成要件包括双方当事人均无过错、损害事实、因果关系(或受益关系),没有免责情况。云数据隐私侵权责任归责原则不宜包含公平责任原则。

2. 云数据隐私侵权不宜适用严格责任

凯尔森在《法与国家的一般理论》中将侵权责任分为过错责任与绝对责任。法律秩序由于一个人的行为对另一个人的结果而对这一行为附加制裁的责任就是绝对责任。云服务的高技术性与强复杂性使得数据主体难以了解光怪陆离的云平台下的物理链路与比特代码,云产品和云服务提供者以及其他恶意侵入者掌控着整个云环境。基于控制力越强、法律义务越高的立法原则,云服务提供者理应承担一定责任。但是,云系统中提供者赋予的仅是计算资源和程序运作环境,并不掌握数据主体的隐私数据。对于数据内容的监管困难导致不宜要求云服务提供者(尤其是公益性提供者)承担云数据隐私侵权的严格责任。

3. 云数据隐私侵权适用过错推定责任

史尚宽在《债法总论》中表示,侵权行为的中心问题是行为的违法性。"侵权行为"一词最早见于《法国民法典》(第4编第2章)。侵权行为是单方实施的事实行为,是侵害或

---

① 王利明. 侵权行为法归责原则研究[M]. 北京:中国政法大学出版社,1992:17.

损害他人合法民事权益的行为,主要是由于过错而实施的民事违法行为,是依法应当承担民事责任的行为。过错责任原则是指以当事人是否有过错来评判是否应当承担侵权行为的后果和责任的准则。构成要件包括侵权人过错、损害事实和因果关系,免责事由有正当防卫、紧急避险、不可抗力、受害人过错、第三人过错、受害人同意等,营建了行为人只要尽到注意义务就可以放手进行改革创新的环境。

《侵权责任法》第3条规定了"被侵权人有权请求侵权人承担侵权责任",即在侵权法律关系发生后,被侵权人享有请求侵权人承担侵权责任的权利,但对自己的主张有责任提出证据证明。基于民事立法均衡各方需要的价值导向,云服务具有较强的复杂性、即时性和不可预测性,受害人往往无法证明云数据隐私侵权事件中的过错存在。云环境的数字化和虚拟化等特点导致难以直接考察侵权人的主观心理状态,双方在技术、知识和经济实力上也存在巨大悬殊。为了改变争议双方不平衡的能力状态,有必要在遵循传统商品销售侵权责任惯常的过错归责原则的同时,在实际发生损害时调整过错责任的适用方式。云上数据收集和处理行为危险性较高,使得受害人的人身自由和财产安全面临着巨大威胁。侵权人和受害人的相关知识不对等,一般数据主体不可能了解二进制算法与系统规则,难以发现云隐私数据收集、存储、使用、分享和删除中的过错,有必要采用过错推定方式。过错推定作为过错责任的特殊适用形式,其价值判断标准和责任构成要件与过错责任原则一致,但举证责任、调整范围和适用法律均有不同。魏振瀛教授认为"过错推定是指为了保护相对人或受害人的合法权益,法律规定行为人只有在证明自己没有过错的情况下,才可以不承担责任。"[①]过错推定的构成要件包括违法行为、损害事实、因果关系和过错。当受害人证明个人隐私数据遭受客观存在的损害事实之后就推定侵权人行为有过错并承担侵权责任,除非侵权人证明隐私数据收集和使用符合法律规定且已经采取必要措施保护数据安全。这一做法有利于推动云数据控制者和处理者强化安全意识、提升安保技术,促进个人隐私保障与经济社会发展之间的动态平衡。

三、云数据隐私侵权救济论

1. 云数据隐私侵权救济的基本方案

随着数字经济长足发展,众多企业积极参与云市场竞争。云环境中数据收集、存储、共享、使用和删除中充斥着侵害隐私数据完整性、可用性与保密性的诸多风险,严重打击云参与主体的信心。调查显示,接近半数云用户认为数据安全没有保障[②]。

全球化的重要支撑是国家稳定、社会安全、经济发展与个人自由。风险社会中有限度地让渡隐私数据可以更好地保护个人安全、促进经济社会发展,但云数据隐私权是维持人格尊严和个人自由的重要因素,不能以网络安全和发展为由肆意侵害。事实上,云数据隐私侵权现象不仅会拖慢云技术和云产业的发展速度,也会阻碍基于云计算的物联网、大数据挖掘和人工智能行业的急速跃迁。

---

① 魏振瀛. 民法[M]. 北京:北京大学出版社,2005:681.
② 中国信息通信研究院. 中国公有云市场发展调查报告[R]. 2018.

权利是当事人获得请求权基础的最可靠证明[①],"没有救济的权利即非权利。"根据不同的价值位阶和重要程度给予云上数据主体及其他参与者不同程度的保护和救济,通过控制他人行为来为隐私权益享有者构建利益空间是一个复杂的系统工程[②]。

虽然不少云巨头企业投入了不少人力和物力以保护云数据隐私,如腾讯云、阿里云和京东云等均构建了严格的内部管理制度、自动化的工具运维平台和加密机制以隔离办公内网和云数据生产环境,使得配备双因素认证的每个工作账号仅能依据细颗粒度的权限划分获得相应任务所需的最小权限,但基于云计算的大数据挖掘技术持续迭代使得零散的数据留痕也有可能泄露关键性个人信息,越来越难以真正有效地实现隐私数据脱敏。

云上社交网络中已经匿名处理的隐私数据在复杂算法引领的关联挖掘中依然有可能指向特定的自然人,揭示其性格特点、价值取向及其他隐私信息。云环境中海量资源租用特征和计算资源外包状态导致多租户缺少可控的数据存储和执行环境,放大了集中化计算模式导致的巨大安全威胁。具体表现为数据加密和隔离、数据销毁和迁移以及外部恶意程序攻击等技术风险,身份验证、访问控制、密钥管理、数据备份等管理风险;强制披露、审查支持、云服务被迫终止等法律风险。例如,《2018 年企业 CIO 最关注的云数据管理问题》调查报告显示,企业上云时面临的首要问题是数据安全与合规处理,主要痛点是数据安全,尤其是个人隐私数据的安全问题[③]。

虽然我国的云服务提供者已经做出了技术中立可控的表态,声称以建立持续、可靠、稳定的云生态系统为目标。很多云平台还将安全能力级别审查交由第三方机构处理,如百度云由中国信息安全测评中心进行安全级别认定。但是,实际操作中云隐私数据从生成到销毁的整个生命周期均面临着难以及时、充分、便捷地获得救济的风险。

云上数据生成阶段,云服务提供者严格认证和审查租户身份时存在账号和口令等因工作人员窃取或外来恶意攻击导致的泄露风险。云上数据存储阶段,多租户的云服务器上无法物理隔离不同用户,而与访问控制权相结合的逻辑隔离又难以避免非法用户违规访问隐私数据。云上数据使用阶段,云服务提供者区分不同用户权限的访问控制策略不合理和加密系统安全技术不到位等都会引发隐私数据泄露风险。云上数据传输和变换阶段,隐私数据加密或密钥管理不当、网络设备异常、外部黑客攻击等会带来隐私数据违规获取的风险。云上数据归档和删除阶段,数据备份异常带来的隐私数据遗失风险、隐私数据不完全删除带来的残留数据泄露风险等。加之多租户的云平台中不同租户对于隐私数据的完整性、保密性、安全性等要求各异,云服务提供者难以在保障访问效率和降低成本的同时,切实达到多用户对于隐私数据流的安全需求。但是,受害人无从知晓或至少难以掌握对方侵权的证据,众多传统法律在互联网环境中无法发挥效用,而制定网络空间的劣法要比良法容易得多[④]。关涉云数据隐私问题的立法、执法、司法和行业自律规则的局限性导致数据主体难以通过合法合规的途径维护自身合法权益,安全、便捷、高效地获得充分救济。

---

① 方新军. 一项权利如何成为可能?——以隐私权的演进为中心[J]. 法学评论,2017,6:109-116.
② 叶金强.《民法总则》"民事权利章"的得与失[J]. 中外法学,2017,3:645-655.
③ 2018 企业 CIO 最关注的九大云数据管理问题[OL]. http://cloud.idcquan.com/yjs/141892.shtml.
④ Chris Reed. Making Laws for Cyberspace[M]. Oxford University Press,2012.

2. 云数据隐私侵权损害赔偿的计算法则

侵权责任制度的主要功能是将权利恢复到未受损害时的状态。云数据隐私侵权损害赔偿的合理计算是司法实践的重心和难点。

侵权行为法理论将损害划分为直接损害和间接损害。具体划分方法有基于是否直接引发损害的因果关系或基于是否直接损害标的等两种方式[①]。前一分类方式在确定云数据隐私侵权损害赔偿范围与额度时缺少实际意义,无论是否为加害行为直接引起的损失,侵权人都必须承担损害赔偿义务。后者强调了间接损害的连带性,在确定云数据隐私侵权损害赔偿范围与标准时具有一定意义。云数据隐私侵权主体对侵权行为造成的一切损害都负有赔偿义务(不论直接还是间接)。

云数据隐私侵权的直接损害赔偿多为积极损害赔偿,是指对受害人由于受损害而产生的财产减损或价值减少的赔偿,认定与计算均相对简单。依据侵权责任法的一般原则,不同于间接损害的侵权责任必须由法律明文规定,云数据隐私侵权主体对直接损害均承担直接损失赔偿责任。间接损失赔偿多为消极损害赔偿,是指对受害人除现实的财产减损或价值减少外的可预期利益丧失等的赔偿。间接损失具有从属性(没有直接损害便无间接损害)、现实性(客观存在)与不确定性(个案差异明显),需要通过自由裁量确定其损失赔偿范围与数额计算标准。

云数据隐私侵权损失赔偿的计算不仅要考虑受害人的感情价值,还需要顾及其他主观因素。侵权损害的构成要素包括某类损害共同存在、不因受害人的不同而有差别的客观因素(普通因素)以及因受害人不同而存在差异的主观因素(特别因素)。包括德国、美国等在内的很多国家和地区的立法均肯定了可预期利益的损害赔偿制度,必须是当事人已经预见或能够预见的可期待且能够得到的利益。云数据隐私侵权行为给受害人可得利益带来的损失表现为其内涵的经济价值的减少。只要有充分证据证明,侵权主体就必须承担责任。

---

① 曾世雄.损害赔偿法原理[M].北京:中国政法大学出版社,2001:137.

第四章 云数据隐私权保护的比较法考察

全球经济一体化浪潮中物联网、大数据和人工智能集结上云的现象推动了互联共享的数据价值嵌入社会各个层面,主要国家和地区的海量个人数据大多存储在云基础设施和平台之上。事实上,大数据分析与人工智能计算往往必须在云上完成。云隐私数据的总体量值与覆盖场域以几何乘数迅速增长,相应的侵权现象层出不穷且社会危害性不断增大,严重威胁了自然人的人格尊严与个人自由,迫使各国纷纷加强云数据隐私权的法律保护、联合监管和综合调整,积极寻求经济社会发展与个人权益保障之间的动态平衡。各国目前颁布的涉及网络的政策法规中调整个人数据、个人信息、隐私数据等主要在云上存储、使用和流转,相关措施保障的核心对象正是云数据隐私权。

目前,全球云数据隐私权保护的思路主要包括:一是以欧盟为代表的严格主义,依赖国家立法确立云数据隐私权保护的一般原则体系、细化保障性条款内容、建立相应的行政监管和司法救济机制;二是以美国为代表的宽松主义,以行业自律为主,强调促进基于云的产品和服务的高速发展,督促云参与主体完善安保技术,弱化政策法规限制,仅仅针对特定的具体事项进行规制、监督和救济;三是亚太多国发展中的宽严相济,既强调通过政策法律手段保护云数据隐私权,又关注云产业及其关联的大数据和人工智能发展需要的海量数据资源的及时获取与高效处理。还有一些国家和地区尚未将云数据隐私权列入法律保护的范围,相关活动依赖企业自我管理和风险防范以及终端用户自行配备的隐私保护工具。此外,随着世界范围内云数据隐私侵权事件越来越多,产生的负面影响也越来越大,关注人格尊严与个人自由的欧盟模式受到青睐和仿行,甚至连美国加州地区也部分采纳了欧盟做法。但是,欧盟亦意识到过于严格的云数据隐私权保护机制对于经济发展和技术进步的消极作用,开始尝试颁布一系列微调措施。

第一节 欧盟——严格主义

一、发展历程

以《圣经》为代表的崇尚个人精神和他爱理念的宗教价值观、黑暗中世纪和两次世界大战对人格尊严和个人自由的彻底践踏使得欧盟这一区域性政经一体化组织一直将数据隐私权视为内在于主体、关系到个人身心健康的不可转让的基本人权,内在价值远远高于其他权益。欧洲大陆"为人权宁肯牺牲技术进步"的历史传统在一定程度上导致严格保护云数据隐私权的基本立场。不过,欧盟也通过《欧盟2020战略》提出了数字化单一市场概念,试图整合诸多成员国的碎片化规则,打破内部数字市场壁垒,实现区域内个人数据自由流动和数字经济繁荣。

《欧洲人权公约》第 8 条第 1 款规定,"人人有权要求尊重其私人和家庭生活以及通信自由。"20 年后,《德国黑森州资料保护法》(全球最早的个人数据保护法)颁布,并于 7 年后发展为统一保障个人数据自决权的联邦立法。

1973 年,瑞典颁布了世界上第一部国家级个人数据保护法。随后 10 年间,全球 13 个制定了个人数据保护法的国家中就有 8 个来自欧洲。随着互联网链接欧洲地区的数据情势愈演愈烈,各国的隐私数据保护政策法规不一致(如英国和瑞典等少数成员国主张个人数据跨境自由流动,但绝大多数国家推崇个人数据本地化的严格监管模式),在客观上使得隐私数据保护处于动荡风险之中。

1981 年,欧洲理事会制定《针对私密数据自动化处理的个人保护公约》,具体阐明了私密数据保护的基本原则、跨境数据流动规则和缔约国之间的相互协助。此时立法目的是在保障个人数据安全的前提下消除域内各国国内立法冲突导致的隐私数据流动障碍。例如,第 12 条第 2 款要求缔约国不能仅以隐私保护为由限制跨境数据流动;第 3 款虽然对某些类型数据的国内立法做出例外规定,但同时要求在其他缔约国提供"相同程度保护"的条件下仍然必须确保跨境数据自由流动。

20 世纪 90 年代,Ebay、亚马逊等日后的巨头企业刚刚成立,数据价值尚未得到广泛关注,反而是限制隐私数据自由流动的法律法规影响了网络经济的飞速发展,欧盟随之提出了促进域内各国之间隐私数据跨境流动,但禁止向不具备充分保护水平的国家转移数据的主张。

1990 年,德国率先修订《联邦个人资料保护法》,确立了直接收集和目的明确原则、允许数据主体知晓和更正原则、安全保护和依法删除原则、数据主体自由抉择和限制利用原则,建立了包括数据保护人、数据保护委员、特殊公权部门的内部监管机构等在内的管控机构。

1995 年,欧盟出台《欧盟数据保护指令》(以下简称《指令》),强调"各成员国不得以个人权利和自由(特别是隐私权)保护为由限制或者禁止成员国之间个人数据的自由流动",却也围绕位于任何地理位置的个人隐私数据被收集、记录、存储、修改、使用、流转或销毁等问题设立了安全基准和监管框架[①],规定了收集限制、数据质量、目的表述、使用限制、安全防范、公开透明、权利分享和责任义务等八项原则,严格禁止隐私数据转移到欧盟以外的地理区域,除非第三国政府能够提供充分的数据保护,同时规定了一系列例外情况。主要包括:数据主体明确同意(清楚、自主、知情)隐私数据跨境转移;数据主体和数据控制者之间履行合作必须进行转移;为了重大公共利益或提出、履行、维护某一法律主张;为了数据主体的关键利益而必须进行的转移;公共登记机构的数据转移。但同时指出,这些法定例外应当严格适用,一般是在隐私数据对数据主体的影响较小或是存在优先权利才行。又如,"数据主体和数据控制者之间为了履行合同而必须做出的转移"对于"必须"的解释限定极为严格。若是跨国企业为了统一调配员工安排、发放工资福利等建立全球人力资源中心,虽然可以显著降低成本并提高效率,却不足以适用该项例外。又及,《指令》还规定了通过"适当保障措施"达到和一般规则一致的充分保护的隐私数据跨境流动的

---

① Electronic Privacy Information Center. EU Data Protection Directive.

情形。基于企业与用户之间的保障措施可以以合同条款形式出现,欧盟委员会制定了具有法律效力的"标准合同条款"(Stand and Contractual Clauses, SCGs),使用标准合同文本的点对点隐私数据跨境转移被认定为提供了"适当保障措施",可以合法进行,却并不适合频繁发生的复杂跨境数据流动,亦不适用于跨国企业内部数据流动。此外,《指令》要求各成员国指定一个以上公共机构作为拥有相关监督权、调查权、干预权和诉讼权的独立监管机构。

此后很长一段时间内,《指令》一直是全球隐私数据保护和跨境流动监管规则制定的参考标杆,却在执行过程中问题重重。充分保护的认定复杂缓慢,覆盖的国家和地区极其有限。例如,欧盟自2005年开始对新西兰的隐私数据保护水平进行认定,2013年才予以认可。又如,20多年来欧盟合计认定了包括新西兰、瑞士、阿根廷、以色列、安道尔公国、乌拉圭等在内的寥寥10个左右。其中,对于加拿大仅仅部分认定了适用《个人信息保护与电子档案法》的商业组织具有适当的保护水平。

1997年,欧盟出台了《通信隐私保护指令》,专门解决通信运营商和服务提供商对于用户通信隐私的保障问题。2002年,欧盟的《隐私和通信指令》要求企业营建安全传输环境并及时提醒用户漏洞风险,要求创新数字技术在处理隐私数据中维持可靠的保密性,进行完备的匿名数据处理和及时删除无用数据。2006年,欧盟制定了试图"协调各成员国通信数据保留问题规定"[1]的《数据保留指令》。2007年,欧盟颁行的《非合同之债法律适用条例》(《罗马条例Ⅱ》)是全球侵权之债国际私法合作的巅峰之作,却由于主要成员国之间对于隐私权和言论自由权等精神性人格权益保护的认知差异而将"因触犯个人隐私、与人格权有关的权利而产生的非合同之债"(第2条第7项)排除在外。

2012年,欧盟曾经正式通过《数据保护指令(95)》改革提案,试图在严格保护隐私数据和大力促进地区经济发展之间寻找到更好的平衡点,解决过于严格的保护机制对于欧盟数字经济发展的负面影响。尤其是将数据控制者和处理者采取"适当的保护措施"列为第二种允许数据跨境流动的条件并扩大认定充分保护的范畴。令人遗憾的是,迅速发酵的斯诺登事件使得这一意图放松隐私数据监管的尝试很快破产。

2013年,斯诺登事件使得美国政府情报部门直接全面监控谷歌、微软、脸书等巨头企业持有的消费者隐私数据的行径暴露在全球视野之下。不仅导致美欧之间使用长达15年的安全港数据传输协议无效,也促使欧盟改变了之前改革《数据保护指令》的基本立场。从意图在实质上放松隐私数据监管转变为加强数据隐私权保护(如将数据可携带权、被遗忘权、限制数据处理权以及反对数字画像和数据自动处理的权利等写入法律)。

2014年,欧盟法院(CJEU)在一项里程碑式的裁决中将谷歌搜索引擎等认定为"数据控制器",肯定了个人享有在搜索结果与自己不相关或数据过期的情况下要求删除的权利,即创造了在线"被遗忘的权利",进一步加强了对数据隐私权的保护[2]。

2016年,欧盟在多番博弈之后,正式公布了《通用数据保护条例》(GDPR)。2018年,

---

[1] The Register. Data Retention Directive Receives Rubber Stamp. 2006-02-24.
[2] Transparency Report:Search Removals Under European Privacy Law, Google, https://www.google.com/transparencyreport/removals/europeprivacy/ .

又出台了《电子隐私条例》(ePrivacy Regulation),旨在保护欧盟居民在文本交互、语音通信和视频聊天中的数据隐私权,具体规定了各种在线社交工具和网络游戏的隐私数据收集和处理必须获得个人用户的明确许可。但是,欧盟发布的《电子证据条例(草案)》旨在提升执法人员从其他国家和地区获取电子证据的速度和力度,已经获得司法部长批准、正在等待欧盟议会表决。其中,《欧洲数据生成令》允许成员国的公权部门直接从服务提供者处取得电子邮件、其他文本和视频数据。

二、GDPR 的内容特征和实效观察

1. GDPR 的内容特征

欧盟的《通用数据保护条例》(GDPR)颁布之初,负责数据统一市场的欧盟委员会副主席安德鲁斯·安西普(Andrus Ansip)指出,GDPR 将通过可靠的个人数据保护通用标准建立强有力的信任关系,"去除障碍,释放机遇"。但他的另一段话更有利于揭示 GDPR 出台的深层动因,"今天达成的协议为欧洲发展创新数据服务奠定了基础……让我们再进一步,在欧盟范围内建立一个开放、繁荣的数据经济。"[1]

GDPR 明确规定其自 2018 年 5 月起在所有成员国范围内直接具有法律约束力(之前两年缓冲期),不再需要进行转化。这说明欧盟作为区域性政经组织的凝聚力在上升,而各成员国的实力逐步衰微。同时,在形式上通过设立数据保护投诉的一站式监管机构等简化企业合规流程。如若考虑到全球数字经济发展态势和欧盟地区当前的互联网经济发展状况,GDPR 规定的高额合规处罚的潜在对象是谷歌、脸书和阿里等外来巨头企业。

(1)扩张数据主体权利

GDPR 进一步充实了数据主体的知情权体系,明确数据主体有权要求数据控制者以易于获取和理解的方式及时提供数据处理情况和正在处理的个人数据副本;增加了数据主体的数据可携权、被遗忘权、限制处理权和免受自动化决策权;调整了数据主体的查阅权、反对权、更正权和删除权的内容,大幅提升数据控制者(为着己方目的且以自行决策的方式使用个人数据的社会主体)和数据处理者(作为代表数据控制者的服务提供者处理个人数据的社会主体)的保护义务,严格规范位于欧盟境内或数据主体为欧盟居民的数据处理行为(包括向数据主体提供服务或监督位于欧盟境内的行为人的一切活动),积极加强相关监管力度,加重违规控制个人数据的法律责任。当然,GDPR 也基于成员国维护国家安全、公共安全、他人合法利益等需要,在提供了符合基本人权本质的适当保护措施的前提下,对数据隐私权进行了一定的限制。

(2)强化数据问责机制

GDPR 在引入一站式监管机制以降低数据控制和处理机构的合规负担的同时,要求他们依照规定建立完善的内部问责机制。要求数据处理应当符合法律规范并有明确的活

---

[1] CNBC Interview with Andrus Ansip, European Commission Vice-President for the Digital Single Market. https://www.cnbc.com/2018/05/25/cnbc-interview-with-andrus-ansip-european-commission-vice-president-for-the-digital-single-market.html.

动记录和采取匿名处理方式,在数据收集和处理过程中应当进行隐私权保护的影响评估,在发生安全事件后应当在 72 小时内主动报告给监管机构并及时通知数据主体相关风险①。GDPR 创设了数据保护专员制度,要求数据控制者和数据处理者必须指定一名具有专业素养和充分独立性的数据保护专员,在数据收集、存储、挖掘和利用的全过程中负责监督、建议并与监管机构协作。

(3)完善数据保护监管机制

GDPR 大刀阔斧地改革了欧盟的数据保护监管机制,设立了由各成员国数据保护监管机构负责人和欧盟数据保护专员共同组建的欧盟数据保护委员会(European Data Protection Board,EDPB),专门负责发布欧盟层面的个人数据保护指南、意见和建议以及有约束力的决定,协调各成员国之间的监管冲突,力争实现欧盟领域内的一站化统一监管,即由具体案件中特定执法对象主要营业地的成员国监管机构履行主要监管职能。

(4)扩张域外适用效力

GDPR 不仅要求欧盟委员会充分认定接收国的数据隐私权保护体系,还超越了一般的以属地管辖为主、属人管辖为辅的原则,从更为抽象的意义上将所有涉及欧盟地区的数据主体的个人数据处理行为一并纳入管辖范围。第 3 条第 1 款规定,如果数据控制者或数据处理者在欧盟境内设立了机构,那么不仅是被设立的机构,甚至连设立机构的域外企业实施的任何关涉欧盟境内数据主体的处理行为都要受到条例约束,而不论处理行为是否发生在欧盟境内。这是对 2014 年西班牙居民控告谷歌的被遗忘权案件的肯定和延展,即个人数据处理行为并不限于实体机构自身实施,而是只要在实体机构的活动背景下实施即可。即便设立机构并未真正从事数据处理行为,只要设立机构的行为与数据控制者之间有财务增长上的联系即可被认为存在"无可摆脱的联系"。这意味着 GDPR 适用于在欧盟内拥有客户的任意企业。全球任何企业只要设有德文、法文等欧盟官方语言的界面或支持以欧元为货币结算单位,即便在欧盟境内连办事处都没有,也属于 GDPR 管辖。

(5)发展数据跨境流动机制

GDPR 在包括云服务提供在内的全球众多互联网企业最关心的个人数据跨境流动领域,欧盟从《数据保护指令》《欧美安全港协议》《欧盟议会和欧盟理事会关于共同体机构和组织处理个人数据和促进这些数据自由流动的个人数据保护》《欧美隐私护盾协议》(及其两个附件)到《通用数据保护条例》,总体体现了愈加严格的限制跨区域个人数据流动的宗旨。《通用数据保护条例》要求数据控制者和处理者落实个人数据保护措施的有效承诺,明确禁止《数据保护指令》中允许部分成员国针对个人数据跨境流动增加事前备案或许可的管理方法,强调成员国不得对已经符合跨境条件的个人数据流动进行补充限制,但将"约束性企业规则"(BCRs)正式确定为法定有效的数据跨境标准。两者的区别主要表现如表 4-1 所示。

---

① 匿名处理方法多样化,例如,删除或者略去数据中有关主体身份的细节,以数字代码来取代数据主体的名字或其他直接身份数据,以诸如按照年龄、数据提交年份或者所在地等方式进行数据收集和归类处理,利用其他工具对数据进行干扰性保护处理等。

表 4-1 《数据保护指令》(95/46/EL)和《通用数据保护条例》(GDPR)的区别

	实施方式不同	适用范围不同	适用原则不同	违法处罚不同
《数据保护指令》	各成员国转化为国内法适用	属地原则(仅规制欧盟内设有机构或通过欧盟境内设备进行欧盟居民数据流动)	笼统的充分保护规定(相关审查缓慢复杂)、简单的标准合同条款和约束性企业规则等例外	一般性处罚
《通用数据保护条例》	2018年5月后直接适用成员国	属地原则加属人原则(只要数据控制者收集处理的是欧盟居民的数据,同时需要在欧盟境内指派特定代表负责数据合规事项)	扩大了充分保护的适用范围,拓展了标准合同条款的样式,简化了约束性企业规则认证的基本条件	惩罚性重裁

此外,欧盟司法事务专员维拉·尤罗瓦(Vera Jourova)表示,由于目前跨境调取证据的效率过低,欧盟正在酝酿立法允许那些侦查犯罪的最低刑罚在3年以上徒刑的执法机构有权向在欧盟境内设有办事处、面向欧盟提供任何商品或服务、抑或监控欧盟数据主体行为的众多企业直接调取其存储在欧盟境外任何国家的个人数据。这一法律调整思路一经落地,将使得其他国家和地区的数据主权和隐私数据安全处于极度危险状态,引起了社会各界的关注和忧虑。

GDPR要求数据控制者保证产品和服务从设计到运营中涉及的隐私权益严格遵循数据最小化原则,开展规模化数据处理对于个人数据保护的影响评估,强调大数据计算分析结果只能是约束数字主体行为的辅助工具,模糊规定了在绝大多数情形下个人有权选择从数字画像和数据自动处理中退出。同时,要求数据控制者与数据处理者之间、不同的数据处理者之间依据详细的数据处理协议明晰双方的权责范围。当数据处理者超越许可范围进行数据处理时,将被认定为数据控制者并承担相应责任。此外,将数据主体的有效同意限定为清晰、实时、动态、肯定的积极表达,数据控制者还应当告知数据主体收回同意的权利。

2. GDPR的实效观察

GDPR的实施倒逼众多企业以个人用户为中心强化数据生命周期管理,提升社会数据权利认识和数据安保意识,掀起多国均衡隐私数据保护与数字经济发展的立法高潮,却也逐步显示出一系列严重问题。这部"史上最严的隐私数据保护条例"在落地过程中暴露出合规企业较少且合规质量差距较大、释明附件与实施细则出台缓慢、监管审查不到位、加大网络安全工作难度、巩固大企业市场优势、可能阻碍全球新兴产业发展等弊端。

(1)企业关注度高,合规参差不齐

全球开展欧盟业务的企业中98%更新了数据隐私战略,却只有不足3成自评合规。众多企业采用隐性的"同意或退出"的强迫选择方式要求个人用户广泛而明确地进行授权[1]。为此,很多隐私权益倡导组织已经将针对谷歌、脸书、WhatsApp和Instagram的投诉分别提交到法国、德国、比利时和奥地利等成员国的监管机构。2018年7—12月,多家国际知名机构的调查显示,虽然从事欧盟业务的企业几乎都更新了数据隐私策略,却只有75%进行了数据流审计、50%制定了发生违规行为时通知数据监管机构和相关权利人的

---

[1] Alison Denisco Rayome. Only 29% of EU Organizations are GDPR Compliant. https://www.techrepublic.com/article/only-29-of-eu-organizations-are-gdpr-compliant/.

程序。自评合规 GDPR 的受访企业维持在 30% 左右①。整个市场呈现出大企业积极开展合规实践、中小企业观望情绪浓厚的状态。美国的谷歌、苹果、微软和我国的百度、阿里、腾讯等科技巨头积极制定 GDPR 合规方案，提升技术实力与管理水平，甚至发布《GDPR 遵循指南》等行业规范建议文本并搭建帮助小微企业查看合规程度的自检平台。中小企业却大多处于"三不"状态，即不理解条文、不愿意合规或不可能合规的状态。德勤调查显示，1000 个受访的中小企业里 54% 对于 GDPR 规则极度困惑，且绝大多数保持观望态度②。究其原因，GDPR 的合规要求多、耗时长、成本高、收益低等严重打击企业主动遵循与积极参与的能动性。首先，GDPR 对几乎所有数据处理环节建立了严格规则，合规要求冗长复杂。其次，GDPR 条款表述过于模糊，近期出台的多个附件也未能清晰解读，导致合规的专业性与不确定性过强。再次，欧盟数据监管机构开展的漫长违规调查主要针对业界巨头，GDPR 的算法解释和人工审查要求、数据删除权、数据最小化与目的限定等可能阻滞新兴技术的开发与应用，导致小微科创企业缺乏合规动力。

（2）提升中小企业门槛，巩固科技巨头地位

GDPR 合规的不确定性与天文数字的最高处罚标准致使很多企业要求内部安全团队提供详细复杂的"数据保护影响评估表"，并在响应突发性安全事件前进行合规审查。GDPR 极致保护个人数据的鲜明立场迫使大量域名注册机构清除 Whois 数据，导致安全团队看不到恶意域名关联的账户名、电话号码、邮箱地址等，无法即时发现、即时封堵同一黑客注册的成千上万个恶意域名，加大了制止网络钓鱼、软件勒索及其他攻击的难度。中小企业往往无力聘用足够的安全人员并提升安保技术，导致消费群体向大企业汇聚，背离了 GDPR 营建公平竞争环境的立法初衷。长期以来，众多互联网企业主要依赖广告营收。数据追踪越成功，个性化定位越精准，广告效益越突出。调查显示，GDPR 实施后的欧盟数据追踪市场里，中小企业失去了大量客户（普遍损失在 30% 以上），具有强合规力和产业引导力的业界巨头谷歌却增加了 0.933% 的市场份额③。这意味着 GDPR 导致"行为定向广告"市场更加集中，促使具有资本和技术优势的大企业更好地把控市场。

（3）执法需求强烈，监管审查不足

GDPR 生效当日，谷歌、脸书等就被指控强迫用户共享个人数据；生效一个月内，法国、爱尔兰、荷兰的数据监管机构收到数百个用户投诉，英国的投诉数量甚至超过 1000 个；生效至今，欧盟收到的违规投诉已达 144376 件④。对此，各地监管机构的审查处理不到位。英国直至 10 月才由信息专员办公室发布了第一份执行通知，要求违规企业在 30 天内整改合规；德国于 11 月才依据 GDPR 开出第一份罚单，且是违规企业主动汇报数

---

① Anirban Ghoshal. Nearly 75% of Firms not GDPR Compliant: Data Protection Strategy Needed: Garter[OL]. https://www.techcircle.in/2018/08/31/nearly-75-of-firms-not-gdpr-compliant-data-protection-strategy-needed-gartner.

② Deloitte. A New Era for Privacy: GDPR Six Months on[OL]. https://www2.deloitte.com/content/dam/Deloitte/uk/Documents/risk/deloitte-uk-risk-gdpr-six-months-on.pdf.

③ GDPR Has Cut Ad Tracks in Europe but Helped Google[OL]. https://techcrunch.com/2018/10/09/gdpr-has-cut-ad-trackers-in-europe-but-helped-google-study-suggests/https://techcrunch.com/2018/10/09/gdpr-has-cut-ad-trackers-in-europe-but-helped-google-study-suggests/.

④ Number of Queries and Complaints to Data Protection Authorities[OL]. https://ec.europa.eu/commission/sites/beta-political/files/infographic-gdpr_in_numbers_1.pdf.

泄露并积极配合以避免安全事故进一步恶化的案件①。GDPR是面向未来的原则性法律监管框架,大量模糊规定亟待附件指南逐一澄清,各成员国忙于补充出台适宜本国的实施细则,在一定程度上拖慢了违规事件的审查进度。同时,欧盟长期遵循个案审慎处理的传统,往往花费漫长时间调查证据结构复杂、违规影响恶劣的案件。

(4) 短期内可能阻碍新兴产业发展,尚未推动欧盟经济增长

GDPR的实施在短期内可能会阻碍云计算、区块链、人工智能等新兴产业发展。首先,GDPR对云服务经营者施加与数据控制者同等的义务和责任过度加重了企业负担。其次,海量数据是人工智能产业发展不可或缺的原材料,GDPR的数据最小化、数据目的限制、数据处理可解释性等阻碍了规模化数据获取和使用。最后,区块链技术具有分布式、去中心化、不可逆和不可篡改等特征。GDPR的中心化规范范式、公链数据存储位置不定、更改权和被遗忘权等可能阻碍区块链产业发展。

GDPR的一大重要立法目的是营建健康有序的发展环境,推动欧盟数字经济增长。伊利诺伊理工学院以数千家公司为对象的调查表明,该法案导致很多担心法律风险的海外企业宣布停止欧洲服务,造成中小企业陷入融资困境,降低欧洲市场活跃度,交易数量和私募资金数量明显下降(分别减少了17%和40%)②,在短期内削弱了欧盟数字经济的竞争力。"有统计表明,GDPR开始推行时,欧盟科技企业筹集到的风险投资大幅减少,每笔交易的平均融资规模比GDPR推行前的12个月减少了33%。也有民意调查显示,GDPR实施后,消费者表示对互联网企业的信任程度降低。这说明GDPR对企业信心和客户与企业的互相关系都产生了一定的负面影响。"③但是,从长远来看,由于GDPR绝大比例的合规成本由海外企业承担,加上巨大的全球辐射效应,将为欧盟争取更多的成长空间。此外,GDPR实施时间较短,打通欧盟内部数据自由流动、促进数字经济增长的作用尚需一段时日才能显现。

3. GDPR的示范效应

GDPR实施短短半年就已经辐射到众多国家和地区,掀起了不区分公私机构、不细分具体领域、统一赋权数据主体和统一处理标准的个人数据保护立法热潮。即便全球数字经济最强势的美国也紧随颁布了《加州消费者隐私法案》(CCPA),仓促规范隐私数据的商业化使用,意图进一步促进个人数据自由流动。

(1) GDPR产生巨大的旗帜效应

GDPR掀起了全球个人数据保护的立法热潮,展示出数据隐私权的法律保护已经成为全球共识。GDPR合规是企业参与庞大的欧盟消费市场必须遵循的要求,加之数据产业价值飙升与近期规模化数据泄露事件的危害升级,个人对于数据安全的强烈诉求势不可挡,政府、企业和社会组织亟待积极保护隐私数据。同时,国际数字经济发展严重不平衡使得后发国家纷纷严格规范跨境数据产品和服务供应。GDPR极致保护个人数据权的

---

① Tomas Foltyn. German Chat Site Faces Fine uner GDPR after Data Breach[OL]. https://www.welivesecurity.com/2018/11/27/german-chat-site-faces-fine-gdpr/.

② Jian Jia, Ginger Zhe Jin, Liad Wagman. The Short-Run Effects of GDPR on Technology Venture Investment[OL]. https://papers.ssrn.com/sol3/papers.cfm?abstract_id=3278912.

③ GDPR一年半:成就、争议与启示[N]. 经济观察报,2019-11-14.

宗旨表达、背后数亿富有消费者的欧洲市场以及能够形成数据、资金、货物和服务自由流动新型壁垒的合规标准,使其产生了巨大的全球辐射效应。各国纷纷加强个人数据保护的立法尝试。巴西、印度等积极采用不区分公共部门和私营机构、不细分具体领域、授予数据主体统一数据权益和处理标准的立法模式,呈现出减少政府干预、增强公民对个人数据的控制力、强化数据流动监管的全球趋势。

(2) GDPR 使得美国紧随出台 CCPA

占据全球 IT 产业绝对领先优势的美国,数字经济长足发展依赖海量数据支撑,国内公众却又表达出强烈的个人数据保护诉求。SAS 研究显示,83%的美国受访者认为应当享有禁止企业共享或出售个人数据的权利,73%希望有权了解数据使用方法①。事实上,面对数据泄露规模日益扩大、数据滥用问题持续升级、国家层面的数据安全面临着全新挑战的现状,美国国会参众两院、科技行业及其他社会组织大多赞同制定新的联邦隐私立法和设置统一数据保护机构。此外,欧洲议会限时美国实现两者数据传输隐私盾协议内容合规也迫使美国紧随 GDPR 的脚步发布了《加州消费者隐私法案》(CCPA)。这一法案既强调了对消费者数据隐私的全面保护,也在实施方式和具体规定上更多地体现了原则上允许和规范数据商业化使用,促进数据跨境自由流动的立场,而不是 GDPR 严格保护基本人权,原则上禁止个人数据使用,促进欧盟内数据流动的统一监管模式。例如,GDPR 要求数据处理必须有合法理由,大部分情形需要"事前同意",且个人可以对任何数据处理活动撤回同意或行使反对权。CCPA 没有列出合法理由,大部分情形下仍然是"退出同意",且个人仅能针对"数据出售"行为行使退出权,放宽了企业使用数据的条件和范围。又如,GDPR 的规制范围包括了从个人到跨国企业的所有实体。CCPA 仅适用于加州境内运营的年收入 2500 万美元以上的提供数据服务的营利性机构,为经济实力有限的小微科创企业、公益性研发应用团队等留下了发展空间。再如,GDPR 主张个人可以要求访问被处理的所有个人数据,机构仅在能证明访问要求明显过量的情况下才能拒绝访问要求。CCPA 对于消费者提出个人数据访问请求的时间(12 个月内被收集的个人数据)和频次(机构可以拒绝消费者一年之内的第三次访问请求)进行了合理限制,减轻了企业过重的数据访问协助负担。最后,GDPR 规定的最高罚款为企业全球年度收入的 4%或 2000 万欧元(两者取其高)。CCPA 则规定每次违法罚款 2500 美元,每次故意违法罚款 7500 美元,避免了过高的惩罚数额引发科技企业和风投资本恐慌性逃离美国市场。

(3) GDPR 初步实现助力国际政经博弈的初衷

早在 1996 年,欧盟就试图通过《关于数据库的法律保护的指令》为发展数据产业铺平道路,却由于条文模糊和成员国之间的法律冲突而未能发挥效用。20 年后,欧盟数字经济明显落后于中美两国。2015 年,欧盟再次确立"数字一体化市场战略"并推进制定 GD-PR。这一法案以协调欧盟内部分散的数据隐私规范、加强成员国之间数据法律的统一性、促进个人数据在欧盟内自由流动为目标;重申欧洲大陆推崇个人自由和尊严的传统,保障大数据背景下欧盟居民的基本人权,重振公众对于数据保护的信心和信任;意图成为

---

① The California Data Privacy Wave is Coming-Are You Ready? https://blogs.sas.com/content/datamanagement/2018/12/11/california-data-privacy-wave-ready/.

全球个人数据保护的立法标杆,夺取数据国际博弈的主导话语权。虽然 GDPR 在积极保护个人权利的同时,对技术创新和应用推广产生了巨大的负面影响,可能抑制新兴产业发展,阻碍小微企业成长。但是,欧盟在数据经济产业创新领域相对落后,绝大多数受到 GDPR 合规重创的云计算、区块链、人工智能类科创公司是海外企业。GDPR 实施前后,整个行业为数据保护合规投入了大量资源。但是,欧盟数字生产和消费的市场结构不平衡,排名全球前 20 位的互联网企业中没有一家欧盟企业,这意味着欧盟外企业承担了绝大部分的 GDPR 合规成本。

三、合规建议

欧盟重点关注数据隐私权保障而非互联网经济发展的立法定位加大了云服务提供者的合规难度。事实上,只要是在欧盟境内设立分支机构或者开展欧盟业务的云服务提供者就必须遵循欧盟个人数据保护相关法律规范(即使涉及欧盟数据主体的处理活动发生在欧盟境外)。

各成员国的细化立法进一步加剧了云服务提供者的合规风险。早在 2010 年,德国就在《云计算提供者的安全建议》(Security Recommendations Cloud Computing Providers)中要求,云计算安全结构的建立和完善首要必须关注个人数据安全与隐私保障。2016 年 4 月 5 日,法国部长级会议指出中央政府和地方政府的数据应当在法国境内存储,不得使用非主权云(即外国云供应商)进行数据处理。《80-538 号阻碍性法律》(French Blocking statute, Law No. 80-538)指出,在未经法院同意的情况下,司法程序中涉及的数据不能流向境外。德国不仅总体上要求在本国境内存储数据[1],各地区还有自己的强制性规定,如勃兰登堡要求居民数据仅能存储在位于本地区的云服务器上[2]。2017 年 7 月 1 日,德国开始实施要求通信数据本地化存储的全新规定[3]。为了执法和安全目的控制产生和访问通信数据的相关信息(如何人、何时、何地、何方式)可能包括公民的通话记录、电话号码、住址信息、网络协议地址以及交易信息等[4]。目前,德国《商法典》要求企业本地化存储会计数据和文件;税法则要求纳税公司和个人必须在德国境内留存账务记录。

云生态系统的构建和维护需要投入海量人力和物力资源。虽然绝大多数云服务提供者都是跨国科技巨头,属于欧盟违规审查的焦点群体,但其不仅需要为欧盟业务合规花费过高成本,还必须应对相关法律规范域外辐射效应下众多国家和地区予以仿行而急速增加的隐私数据处理的透明度需求,间接拖慢了全球数字经济发展速度,为欧盟数字一体化市场战略的平稳推进争取了时间和空间。

---

[1] Monika Kuschewsky. Data Localization Requirements Through the Backdoor? Germany's "Federal Cloud" and New Criteria for the Use of Cloud Services by the German Federal Administration. https://www.insideprivacy.com/cloud-computing/germanys-criteria-for-federal-use-of-cloud-services/.

[2] Robert Bond, Jose Manuel Cabello, Daniel Fernan, Moritz Godel, Alexander Joshi. Facilitating cross Border Data Flow in the Digital Single Market. https://www.ec.europa.eu/newsroom/document.cfm?doc_id=41185.

[3] Lothar Determann, Michaela Weigl. Data Residency Requirements Creeping Into German Law. http://www.bna.com/data-residency-requirements-n57982069680/.

[4] Law for the Introduction of a Storage Obligation and a Maximum Storage Period for Traffic Data. http://www.bundesgerichtshof.de/DE/Bibliothek/Ges Mat/WP18/V/Verkehrsdaten.html.

具体到个案之中的单一云服务提供者，面对内容复杂零散、表述晦涩混乱的欧盟个人数据安全与隐私保障的法律规范，有必要依据欧洲云计算领导者联盟——欧洲云服务供应商联盟（Cloud Infrastructure Services Providers in Europe）提供的符合规定要求的隐私数据保护的行为准则来搭建己方的个人数据保护合规架构。通过云数据隐私保护设计，将满足数据安全与隐私保护相关要求的准则写入云功能设计过程；通过云服务发布前的数据隐私保护技术测试和第三方隐私认证，提升整个系统预防、监测和抵御外来攻击的能力；加强《通用数据保护条例》等欧盟个人数据保护相关政策法规的内部培训，避免工作人员故意或过失侵害云数据隐私权。

第二节　美国——宽松主义

一、发展历程

美国崇尚自由贸易的传统之下"法无禁止即可为"的理念贯彻在数据隐私权保护机制建设的整个过程之中，加之其在全球数字经济中的绝对优势，坚持认为限制个人数据使用将严重阻碍产业发展，反对将个人数据权上升到基本人权的高度。

1974年，美国出台泛化保障公民隐私权益的《隐私法》，明确了公权部门收集和使用个人数据的具体边界。1978年，美国的《金融隐私权法》规范了联邦政府查询个人银行账户记录的行为[1]。1984年，美国的《有线通信隐私法》规定，国会严格限制披露有线电视订阅用户个人数据的行为[2]。1986年，美国基于平衡文明社会中最显著、最典型的劳作首创精神特征与个人隐私保护需求之间的关系，颁布了《电子通信隐私法》，强调互联网通信中的个人隐私应当受到法律保护，禁止公权部门在缺乏合法授权的情况下监察个人电子通信，强调第三方机构或个人不得在没有合法授权的情况下从运营者等处截取个人数据[3]。1988年，美国颁布《联邦视频隐私保护法》，建立了租购录像者的隐私保护机制[4]。1994年，美国的《驾驶员隐私保护法》中限制了州交通部门使用和披露个人车辆记录。1995年，美国的《格雷姆·里奇·比利雷法》规定金融机构必须为客户提供数据收集、存储、使用和流转的隐私声明，必须实施个人数据安全规划和风险管理。1996年，美国的《健康信息和可移植性责任法》强调保障医疗健康服务提供者、保险公司及其他相关组织机构处理的个人健康数据的完整性和机密性。1998年，美国的《儿童线上隐私保护法》要求网络服务提供者向用户提供清晰明确的隐私政策，只有在获得13岁以下儿童的父母之一的事前明示同意且保障其更正权的情况下，才能收集儿童的个人数据。2000年，美国颁布的《正当信息通则》中规定，禁止创建和使用秘密存储个人数据记录的系统，应当赋予数据主体查找和更改己方数据资源的机会，且采取可靠的预防措施避免个人数据毁损或滥用。

随着互联网经济形态日益复杂多样、发展速度和规模日新月异，美国相关行业自律组

---

[1] Right to Financial Privacy Act. 12 U.S.C. 3401(2000).
[2] Cable Communications Privacy Act. 47 U.S.C. 551 (2000).
[3] Electronic Communications Privacy Act. 18 U.S.C. 2701 (2000).
[4] Video Privacy Protection Act. 18 U.S.C. 2710 (2000).

织和科研院所发布了《数据隐私和互联网创新调查报告》《关于网络收集可识别性个人信息的指引》《网络环境下消费者数据隐私保护》《网络经济中的商业数据隐私和创新:一个动态的政策框架》。基于互联网用户合理的隐私期待,重申了数据透明、数据安全、数据准确、数据问责和情境一致等数据收集、使用和问责原则,提出了网络隐私保护认证计划,鼓励相关企业在清晰的隐私政策中具体描述个人数据收集和使用的方式以帮助数据主体做出明确的自主选择。近几年,美国通过《电子通信隐私法》保护电子通信过程中个人数据化文本、声讯和形象等的安全性和完整性,禁止公权部门、企业单位和其他组织机构未经授权进行拦截、访问、存储和传输此类数据;通过统一的《数据泄露通知规定》和各州细则,要求公权部门加强对个人数据泄露的监管,使得数据主体的知情权得到充分保障,引导相关企业和其他组织机构采取适当方式主动披露隐私数据风险、维护数据安全,避免数据控制者和数据使用者利用强势地位悄然侵害数据隐私权;通过《存储通信法案》约束那些控制着存储于美国境内的通信数据内容的组织机构遵循外国政府基于自己的法律程序提出的数据请求,主张应当通过国际司法协助;通过《金融隐私权法案》限制银行雇员披露金融记录和公权部门获得个人金融记录的方式;通过《出口管理条例》和《国内税收服务指导出版物 1075——联邦、州和地方税收信息安全指南》要求公权部门将收集和处理的联邦税收数据置于美国境内,重点限制技术数据和其他关键领域数据出境[①]。此外,美国还通过《服务贸易总协定》(GATS)的电信服务附件、《亚太隐私数据跨境体系》(CBPRs)、《跨太平洋伙伴关系协定》(TPP)、《服务贸易协定》(TiSA)以及在"棱镜门"事件之后启用的《信息自由法案》等分散保护广大用户的数据隐私权。

此外,美国国家标准化技术委员会通过发布的《公有云计算中的安全和隐私指南》(Guidelines on Security and Privacy in Public Cloud Computing),大体介绍了公有云计算环境中的安全和隐私挑战,分析了云计算带来的正负效应;通过《云计算定义》(The NIST Definition of Cloud Computing),给出了云计算的参考定义;通过《云计算和推荐》(Cloud Computing Synopsis and Recommendations),向信息技术决策人员提供增加云系统可靠性、保障云数据隐私权的工作建议;通过《云计算标准路线图》(Cloud Computing Standards Road-map)、《美国政府云计算技术系列路线图》(US Government Cloud Computing Technology Road-map Vol Ⅰ,Ⅱ,Ⅲ)和《云计算参考架构》(Cloud Computing Reference Architecture)等规范海量数据上云的流程和方式,区分云计算中各种标准化事项的优先等级,助力安全实现云隐私数据的收集、存储、使用和分享等。

二、CLOUD ACT 和 CCPA

1. 云法案(CLOUD ACT)

美国通过《澄清境外数据的合法使用法案》(Clarify Lawful Overseas Use of Data

---

① Internal Revenue Service, Publication 1075: Tax Information Security Guidelines for Federal, State and Local Agencies. https://www.irs.gov/pub/irs-pdf/p1075.pdf.

Act)(以下简称《云法案》),进一步扩大本国执法部门的域外数据访问权限[①]。这部在全球引发了大规模讨论的《云法案》并未详细规定数字证据跨境调取的具体流程和细节内容,却至少提供了一个在以云计算为代表的数字技术高速发展的时代改进陈旧的司法协助机制的宏观蓝图。但是,其中一些扩张公权的规定对云数据隐私权造成威胁。

《云法案》前所未见地放宽了美国出于执法目的跨境访问数据,"云服务提供者拥有、控制或监管的无论是否存储在境内的通信、记录或其他信息,均应当按照本章规定进行保存、备份或披露。"法案指出,当云服务提供者有理由认为目标对象不是美国人且不在美国居住或是披露内容的法律义务将给提供者带来违反"适格外国政府"立法的实质风险时,有权要求"撤销或更正法律流程"。允许执法机构回应且仅在确认对象不是美国人且不在美国居住、认为披露义务将会导致云服务提供者违反"适格外国政府"的立法、基于个案的具体情况遵循公平正义的原则应当撤销或修改该法律流程等情况下才会撤销或修正。这意味着美国执法机构在面对执法所需数据恰好存储在境外时,有权不通过传统的双边司法协助途径,而是凭借简单的法院传票就可以要求相关企业从国外调取云隐私数据,严重威胁了其他国家和地区的数据安全和数据隐私,迫使云服务提供者违反别国法律。

另外,《云法案》也授权美国与符合条件的国家签订双边数据共享协议(Bilateral data-sharing agreements),主旨在于双方都同意仅凭各自法院的数据搜查令就可以获取存储在境外的数据。虽然该法案也规定了对于美国公权部门的一系列限制,但是否属于免除境外数据提供责任的情况由美国法院判定,客观上加强了其他国家和地区对于数据主权和安全的渴求,不仅采取对等措施(欧盟表示也将立法允许执法跨境直接调取数据),更是推进了全球各地的数据本地化风潮。

2. 加州消费者隐私法案(CCPA)

《加州消费者隐私法案》(CCPA)被全球公认为迄今为止美国最全面且最严厉的个人隐私保护法案,为消费者创建了个人数据访问权、删除权、知情权等一系列数据隐私权益。具体而言,消费者有权要求收集个人数据的企业向己方披露收集的数据类别和具体内容,消费者有权要求企业删除其收集的任何个人数据,消费者有权知道其个人数据被出售或披露给哪些第三方。由于云系统是信息时代中数据分析和沟通的基础平台,收集和处理个人数据的企业即便不是云技术提供者、云平台设计者、云服务提供者、云系统维护者,也大多数属于机构型云用户。因之,CCPA 中消费者的数据隐私权一般是指云上数据隐私权。

虽然 CCPA 已经是美国州层面最严格的隐私立法,在形式上也与欧盟的 GDPR 具有很大的相似性。但是,CCPA 在实质上还是更为倾向寻求促进产业发展、实现技术创新与维护数据主体基本权益的动态平衡,而非首要关注数据隐私保护。

首先,不同于 GDPR 机制下任何规模的实体都要遵循高标准合规要求,CCPA 对仅提供数据服务的企业、非营利机构、没有达到适用门槛的中小企业进行了合理排除,又将集和数据、去标识化数据以及联邦法已经覆盖的医疗、征信、驾驶、金融、政务等公开数据排

[①] Cass Sunstein. Informational Regulation and Informational Standing:Akins and Beyond[J]. University of Pennsylvania Law Review,1999 (147):613.

除在外。

其次，不同于GDPR将全部的数据处理活动都纳入调整范围，CCPA仅重点关注数据收集、买卖和共享行为，保持了美国和欧盟之间在个人数据权法律保护上的最大差异，延续了"选择-退出"的模式。依据GDPR的规定，绝大多数商业化场景下企业收集和处理消费者个人数据之前必须获得消费者的同意（即"选择-进入"模式）；而依据CCPA的规定，企业可以采取"选择-退出"模式处理16周岁以上消费者的个人数据，即除非消费者拒绝或退出，企业可以自行处理个人数据。

再次，GDPR要求企业一视同仁地对待行使数据隐私权的所有消费者，CCPA虽然也规定企业不得歧视行使本法规定的隐私权的消费者，却表示在服务差异与消费者提供的个人数据价值直接相关的情况下，企业享有灵活提供不同费用和不同品质的产品或服务的权利。

最后，GDPR规定了极度高昂的惩罚性赔偿金，CCPA在企业违反数据隐私保护规定时面临的给付消费者的赔偿金非常低廉。

三、合规建议

云服务提供者应当清醒地认识到，虽然美国在隐私数据收集、存储、使用和流转中以行业自律和组织机构内部规范为主，却也在宏观框架和某些特定领域出台了强制性调整规范。一方面，美国重点奉行"非约束性自我规制路径"（Non-binding Self-regulatory Approach），强调以云市场自律为主导、配合政府灵活执法保障，采用将云数据隐私权的保护条款散布在各领域之中的松散立法模式，适用长臂管辖原则（法院与非其管辖地的受害人存在某种最低限度关联、而侵权人也与法院具有同样关联的情况下，法院就对被告具有管辖权）扩大执法部门对境外云上隐私数据的权限。例如，《联邦政府云计算战略》（*Federal Cloud Computing Strategy*）强调加强域内外数据控制并制定旨在确定云数据存储位置的相关规则。另一方面，美国也逐步加强对于医疗教育、金融服务、未成年人权益等重点领域的云数据隐私保护力度，提出相应的备案制或许可制管理模式。目前已有多部联邦和州法令对云数据隐私保护进行了规定和管控，要求云服务提供者向数据主体公开涉及隐私数据的安全漏洞[1]。

云服务提供者应当严格遵循美国联邦和所在州政府的云数据隐私权保护法规政策和合同条款。例如，相关企业应当严格执行美国国防部《有关为本部门工作的云计算服务提供者必须在美国境内存储数据的规定》[2]。云服务提供者应当避免不适当地改变或销毁隐私数据，在数据收集、使用和公开中尊重数据主体隐私并与收集和使用的目的一致，保持隐私数据的正确性与完整性；应当遵循以适当方式保护数据机密、教育自己及大众如何保护数据隐私、排除重要的公益考量，并不应超出已获授权的使用范围使用隐私数据；应

---

[1] American Institute of CPAs. State Privacy Regulations.

[2] Defense Federal Acquisition Regulation Supplement: Network Penetration Reporting and Contracting for Cloud Services (DFARS Case 2013-D018) (Washington, DC: Defense Acquisition Regulations Systems, Department of Defense). https://www.federalregister.gov/documents/2015/08/26/2015-20870/defense-federal-acquisition-regulation-supplement-network-penetration-reporting-and-contracting-for.

当在收集数据时向数据主体告知收集目的、适用范围以及保持隐私数据机密性、完整性和正确性的方法;应当保障数据主体更正和补救的权利。

第三节 亚太地区——宽严相济

"数据是当代全球经济的命脉。"①云计算、大数据、物联网和人工智能等促使数据价值持续飙升,也给数据隐私、数据安全和数据主权等带来巨大风险。亚太地区众多国家在反思和借鉴云数据隐私权法律保护的欧盟模式和美国模式的基础上,纷纷进行了具有本国特色、试图掌握国际规则话语权的实践尝试。对此,国内著述已经涉及英国、加拿大、澳大利亚等发达国家的相关涉法活动②,但尚未提及越南、菲律宾、马来西亚等颇具特色的周边国家的涉法实践。本节将重点介绍此类典型国家和地区的云数据隐私权法律保护现状并针对云服务提供者和机构型云用户的合规问题给出有益建议。

一、越南

越南早在2008年就出台了《网络服务和网络电子信息管理、提供和使用法令》(2008/97号法令)(The Management,Provision,Use of Internet Services and Electronic Information on the Internet,No. 97/2008/ND-CP)和《反垃圾邮件法令》(2008/90号法令)(Against Spam,Decree No. 90/2008/ND-CP)③,初步在包括网络社交媒体、移动通信服务、网络游戏等互联网产品和服务领域建立了基本的数据隐私权保护制度,但缺乏健全的监管机制和惩处体系,且调整范围局限在境内拥有实体的企业(如由越南信息通信部负责起草的《反垃圾邮件法令》第18条第1款a项规定"提供者应当通过越南境内服务器上存放的网站发送电邮广告"、第2款b项规定"电邮广告服务和技术信息提供者的注册材料中必须包括前款规定的全部信息"),加之受制于世界贸易组织和"欧盟—越南自由贸易协定"(EVFTA)中越南对于跨境电信无限制市场准入的承诺以及TPP协议第14条第13款"任何一方均不得以使用和定位计算机作为在本地区开展业务的条件"的规定,不足以约束谷歌和脸书等外国科技公司对于越南居民数据隐私的侵害行为。

2013年,越南用《网络服务和在线信息的管理、提供与使用法令》(2013/72号法令)(The Management,Provision and Use of Internet Services and Online Information,Decree No. 72/2013/ND-CP)④取代了"2008/97号法令",要求境内注册登记的所有国内和外资参与企业的社交媒体数据、移动通信数据、网络游戏数据等特定数据资源应当在境内服务器(开始出现云服务器)上收集、存储和处理,加强了网络服务、在线信息和在线游戏

---

① Nigel Cory. Cross-Border Data Flows:Where are the Barriers,and What do They Cost[J]? Information Technology & Innovation Foundation,2017(5):1-42.

② 以澳大利亚的云数据隐私保护为例,先后出台了《云计算管理规范》《云计算架构标准》《公有云数据安全评估标准》等。

③ Decree No. 90/2008/ND-CP. Against Spam. https://luatminhkhue. vn/en/decree/decree-no-90-2008-nd-cp-dated-august-13--2008-of-the-government-against-spam. aspx.

④ Decree No. 72/2013/ND-CP. The Management,Provision and Use of Internet Services and Online Information. https://www. vnnic. vn/sites/default/files/vanban/Decree%20No72-2013-ND-CP. pdf.

中数据隐私的保护力度,却没有禁止数据副本经数据主体同意或不违反法律规定的情况下流往海外,还缺乏具有强大威慑力的惩罚机制。

2014年,越南信息通信部发布《在线游戏服务的管理、提供和使用的通函》(2014/24号信通部通函)(The Management, Provision, and Use of Online Gaming Services, Circular No. 24/2014/TT-BTTTT)[1],规定了各地信通局应当履行法定职责对游戏服务提供者当地的办公室和服务系统进行检查并采取措施阻止违法行为,要求在线视频游戏服务企业在注册时必须提供服务设备及其位置的完整图表,加大了针对企业的云数据隐私违法违规的监督和审查力度。

2015年,越南出台了由公安部主要起草且国防部和信息通信部等参与的《网络信息安全法》(2015/86号法律)(Law on Security of Information over Network, No. 86/2015/QH13)[2]及其相关法令和通函。该法第3条的"条款解释"中第1项指出,信息安全之意在于避免未经授权的访问、使用、披露、修改或销毁网络信息,确保数据完整性、安全性、机密性与可用性等。第7条罗列了一些关涉企业的禁止行为,如垃圾邮件和恶意软件,收集、使用、传播或非法交易他人信息,利用信息系统漏洞收集和使用个人信息等。第10条规定了发送信息的管理制度,尤其是"未经收件人同意或法律允许,任何组织和个人不得将商业信息发往对方邮箱"。第11条要求互联网服务提供者采取措施防范、管理、检测和制止恶意软件传播,并按照国家管理部门要求予以处理。第12~15条要求互联网服务提供者及时通知国家管理部门,配合信息安全事件应急响应并长期确保信息安全。该法在"保护个人信息"专章(第16~20条)中要求处理个人信息的机构、组织和个人必须依法行为,详细公布数据处理计划和相应保护措施;规定了收集个人信息需要向数据主体详细说明收集范围、方法和用途等并取得同意,任何超出同意范围的处理活动都必须重新获得数据主体同意;除了取得数据主体同意或响应数据主体要求、响应国家执法机构要求而为之外,不得与第三方分享己方收集和控制的个人信息;数据主体可以随时要求数据处理者更新、修改或删除存档的个人信息,亦可随时停止向第三方提供。第18条第3款规定,处理个人信息的组织和个人必须销毁已经完成使用目的或存储时限到期的个人信息并通知数据主体。第19条要求信息处理者必须遵守信息安全标准和技术规范,在发生信息安全事件时,应当及时采取补救措施。此外,第41条简要罗列了互联网信息安全产品和服务,如电子签名认证服务、数据恢复服务、防攻击产品等。第42条有关从事互联网信息安全产品和服务的适格企业规定中,要求"越南境内合法设立和经营"且法定代表人等主要人员须为永久居住在越南的越南公民。

2016年,越南细化了《网络信息安全法》中"信息系统保护"专章内容,颁布《信息系统安全等级划分法令》(2016/85)(The security of Information System by Classification, De-

---

[1] Circular No. 24/2014/TT-BTTTT. The Management, Provision, and Use of Online Gaming Services. http://hethongphapluatvietnam.net/circular-no-24-2014-tt-btttt-dated-december-29-2014-providing-for-the-management-provision-and-use-of-online-gaming-services.html.

[2] Law No. 86/2015/QH13. Law on Network Information Security. http://english.mic.gov.cn/Pages/VanBan/13715/Law-No.-86_2015_QH13.html.

cree No. 85/2016/ND-CP)①,规定了信息系统安全分级原则、标准、权限、程序和形式,明确了信息系统安全方案的内容,区分了信息系统运营商责任和国家管理当局责任,并给出了诸多示范表格。

2017年,越南信息通信部又发布了《2016/85号法令中信息系统安全等级划分指导方针通函》(2017/3号通函)(Guidelines for the Government's Decree No. 85/2016/ND-CP on the Security of Information System by Classification, Circular No. 03/TT-BTTTT)②,详细分类信息系统及相关责任范围。不仅开宗明义地将应当归属国防部和公安部的防务信息系统安全问题排除在本法管辖之外,还给出了信息系统安全的一般要求,并通过5个附件细化了每一级别的具体要求。主要分为技术要求和管理要求两大类,包括了服务器安全性、应用程序安全性、数据安全性、内部信息安全策略和组织与工作人员要求等。专章规定了信息安全评估的内容、形式、监管单位及其定期和不定期检查的具体要求以及企业的强制报告制度等。同年,越南修订了《信通部职能、职责、权力和组织结构法令》(Defining the Functions, Tasks, Powers and Organizational Structure of Ministry of Information and Communications, Decree No. 17/2017/ND-CP),细化了主要负责监管互联网企业日常运营的信息通信部的职权职责。

随着全球范围内云平台上大数据挖掘和人工智能应用的长足发展,隐私数据的经济价值和社会价值迅速攀升,越南政府基于提升数据响应速度、创造更多就业机会、提高相关技术、避免跨境避税(配合越南金融管理局跨境支付须经本国渠道的规定)、保护居民隐私和国家安全等多重考虑,一再强调海外科技巨头的数据安全风险,进而修订《网络信息安全法》。新法规定,所有域外互联网相关服务提供商应当将用户数据存储在位于越南境内的数据中心,主张企业不仅遵循执法部门调取数据的要求,还应当提供技术援助以解锁数据,要求企业保存关于数据泄露和反政府内容的记录。

云服务提供者面对越南拥有的6400万网络社交媒体用户和发展迅猛的电子商务市场以及日趋严格的云数据隐私权法律保护机制③,有必要遵循禁止性条款,避免违法获取、存储与处理个人数据资源。例如,通过在越南自建或与当地企业合作建设云数据中心,将越南用户的海量数据存储于境内的云服务器,配合越南执法部门合法的用户数据调取需求,避免母国执法部门调取个人数据要求下的合规难题。2016年,苹果公司为了满足在越南设立的首家子公司的产品、数据和技术的发展需要,投资10亿美元在越南建设了聚焦亚洲市场的数据中心和研发中心。2017年,脸书公司同意与越南信息通信部构建独立渠道,优先处理该部门和其他监管部门提出的删除违反越南法律法规的内容的请求。而双方合作打击的非法信息甚至不要求源于越南境内或可以在越南境内访问。

---

① Decree No. 85/2016/ND-CP. The security of Information System by Classification. http://hethongphapluatvietnam. com/decree-no-85-2016-nd-cp-dated-july-01-2016-on-the-security-of-information-systems-by-classification. html.

② Circular No. 03/TT-BTTTT. Guidelines for the Government's Decree No. 85/2016/ND-CP on the Security of Information System by Classification. https://vanbanphapluat. co/circular-03-2017-tt-bttt-guidelines-85-2016-nd-cp-the-security-information-system-classification.

③ Phan Le. Vienam's New Internet Law will make the Economy Lag[OL]. http://www. eastasiaforum. org/2018/02 /22/vietnams-new-internet-law-will-make-the-economy-lag/#more-111179.

二、菲律宾

2012年,菲律宾颁布了《数据隐私法》(10173号法案)(Data Privacy Act,DPA,Republic Act No. 10173/2012)①。该法第2条将立法目的解释为,在确保数据自由流动以推进改革和发展的同时,通过本法保护隐私和通信等基本人权;第3条要求设立具体负责细化规则和监管执行的国家机构;第6条规定了该法适用于菲律宾境内外处理涉及本国公民或居民的种族、年龄、肤色、宗教、哲学或政治倾向、健康、教育、性取向、社保号码或受到刑事或民事指控等敏感数据和其他个人数据的所有行为;第11条规定了个人数据控制者和处理者应当遵循的透明度原则、比例原则和合法目的原则等一般性数据隐私保护原则;第21条规定了个人数据控制者应当对其控制或保管的个人数据负责,包括已经传输给境内第三方处理或基于跨境安排和合作传输给境外第三方处理的个人数据。

但是,该法长期没有真正落地,直到2016年才成立了依附于国家信息通信部的隐私委员会。这一机构是国际数据保护和隐私委员会的正式成员,被《亚太经合组织跨境隐私执法约定》(APEC Cross Border Privacy Enforcement Arrangement,CPEA)确定为菲律宾隐私执行机构②,积极履行数据隐私保护责任,在全国范围内努力达成加入《亚太经合组织跨境隐私规则》(Cross-border Privacy Rules,CBPR)的共识。2016年11月30日,新成立的国家隐私委员会颁布了《〈数据隐私法〉实施细则和条例》(Implementing Rules and Regulations of the Data Privacy Act,2016)③(以下简称《实施细则》),进一步细化《数据隐私法》的适用范围,提出了更为实际的执行框架;明确国家隐私委员会的具体权责、数据隐私原则、个人信息合法处理要求和安全措施、敏感个人信息处理和安全保障要求、数据主体权利、数据泄露和外包协议、问责制和处罚规定等。第2条规定,立法目的是进一步落实《数据隐私法》、已被普遍采纳的国际原则和个人数据保护标准;第44条规定,除了法律授权的数据传输之外,数据处理者必须严格按照控制者的书面说明处理个人数据;第50条指出,数据控制者在将个人隐私数据传输给第三方处理时,需要指定专人负责并向数据主体公布其身份和联络方式;第51条规定,违法行为人在承担民事或刑事责任的同时,亦需要承担国家隐私委员会规定的罚款等责任。

不同于《数据隐私法》的泛化条款,《实施细则》中规定了一些加重云服务提供者合规负担的实际操作要求。①国家隐私委员会可以主动审查或在数据主体投诉后审查云隐私数据共享协议。这意味着国家隐私委员会可以在所有情况下审查全部的隐私数据共享,加大了云服务提供者的合规负担。②云服务提供者的内部组织运作和结构规则中要求在适当的情况下任命隐私专员、保存处理记录、实施物理安全措施和技术安全措施、对安全漏洞进行持续监控等。模糊不清的"适当情况"的解释权归于国家隐私委员会在考虑隐私数据性质、处理风险、组织规模等因素之下进行,具有很强的不确定性,增加了云服务提供

---

① Republic Act 10173. Data Privacy Act. https://privacy.gov.ph/data-privacy-act.
② 菲律宾国家隐私委员会是继其他8个APEC经济体(澳大利亚、加拿大、中国香港、日本、韩国、新西兰、美国、墨西哥)之外的第11个隐私执行机构。
③ Implementing Rules and Regulations of the Data Privacy Act. https://privacy.gov.ph/implementing-rules-and-regulations-of-republic-act-no-10173-known-as-the-data-privacy-act-of-2012/.

者的合规风险。③规定了宽泛的云数据隐私报告制度。不仅要求有250名或以上员工和虽然员工数量未达标但处理可能对数据主体的权利产生影响的云数据控制者和处理者必须提交年度安全报告,还必须具体记录所有安全事件。即无论是否遭到损失,云服务提供者应当记录所有影响隐私数据有效性、完整性和可靠性的安全事件。对于现实发生的违法事件,云数据控制者有义务在72小时内向国家隐私委员会报告。

一方面,《实施细则》选择了缓步落地推行的方式,给云服务提供者的合规操作留下了较为宽裕的窗口期,体现了菲律宾对于云数据隐私权保护的宽松立场。例如,国家隐私委员会细则公报出台时对于现有的控制者和处理者完成登记要求的截止时间是2017年9月9日,而那些没有特殊原因却未主动登记的提供者由国家隐私委员会进行合规检查。另一方面,《实施细则》的实际执行较为严格。例如,国家隐私委员会要求2017年度的安全事件报告必须在2018年1月3日到3月31日提交给官方邮箱reports@privacy.gov.ph,否则将予以重罚,加重了云服务提供者日常合规的经济投入与工作总量①。

同时,《实施细则》中某些可能由于立法部门较为犹豫的立场和尝试性态度而存在的模糊规定使得云服务提供者在隐私数据处理中面临着较大风险。例如,《实施细则》规定《数据隐私法》不适用于菲律宾组织和个人在外国管辖范围内收集隐私数据(此时需要遵守该司法管辖区的法律法规),但适用于在菲律宾境内进行数据处理。这意味着云服务提供者跨境进行隐私数据流动的实际运作过程中存在着"外国管辖范围内与隐私数据收集有关的义务何时开始?"、"菲律宾法律规定的与境内隐私数据处理有关的义务何时开始?"以及"两套法律体系之间的矛盾冲突如何应对?"等问题。

同年,菲律宾国家隐私委员会颁布《个人数据泄露的管理通函》(2016/03号通函)(Personal Data Breach Management, Circular No. 03, 2016)②(以下简称《通函》)。《通函》第1条规定其适用范围是在菲律宾境内外的政府部门或私营实体里处理菲律宾人的个人数据的自然人或法人。第2条指出这些规定提供了个人数据泄露的管理框架、通知程序与其他要求。第4条要求数据控制者或处理者应当为了管理包括隐私数据泄露在内的安全事件制定实施政策和程序。创建数据泄露响应小组,确保在发生安全意外事件或隐私数据泄露时及时采取行动;实施有组织的、物理的和技术的安全措施和数据隐私政策以阻止或最小化隐私数据泄露的发生并确保及时发现安全意外事件;实施旨在遏止安全意外或隐私数据泄露并回复信息和通信系统完整性的应急响应程序;在发生隐私数据泄露时减轻数据主体可能造成的伤害和不良后果。遵循2012年的《数据隐私法》和2016年的《实施细则》以及国家隐私委员会发布的与隐私数据泄露相关的所有通函。第7条要求安全措施应当直接确保隐私数据可用性、完整性和机密性。依据《通函》规定,云服务提供者在发生隐私数据泄露事件后应当及时依据第16~23条规定的方式、程序和内容,向国家隐私委员会报告并通知数据主体,自主进行并配合公权部门开展应急补救和调查活动。

---

① NPC Sets March Deadline for Submission of 2017 Annual Security Incident Report of Personal Information Controllers. https://privacy.gov.ph/npc-sets-march-deadline-submission-2017-annual-security-incident-report-personal-information-controllers/.

② Circular No. 03. Personal Data Breach Management. https://privacy.gov.ph/memorandum-circulars/npc-circular-16-03-personal-data-breach-management/.

菲律宾国家隐私委员会在发布的《国家隐私委员会程序规则》(Rules of Procedure of the National Privacy Commission)①(以下简称《规则》)中重申了委员会是具体负责落实《数据隐私法》及其相关各项法律法规的组织机构。第1条规定，国家隐私委员会是执行《数据隐私法》的独立机构，也负责监督和确保国家遵循云数据隐私保护的国际标准，在维护数据自由流动的同时保障数据隐私权。国家隐私委员会执行准裁判功能，负责接收投诉和开展机构调查；有权强制政府机构或其他实体遵循其指令或采取行动，进行适当处罚。第30条规定，国家隐私委员会做出的决定是终局的。当事方在收到决定副本后15天内可以向委员会申请重新考虑。动议期间，决定暂停执行。关于委员会决定的上诉应当按照法律法规提交给适格法院。云服务提供者为了有效避免违法违规，不仅需要熟练掌握国家隐私委员会的程序规则，还有必要了解《规则》附录里针对数据主体遭遇云数据泄露或其他关涉隐私数据保护的问题时向国家隐私委员会投诉的指南。

菲律宾通过《政府机构的个人数据安全通函》(2016/01号通函)(Security of Personal Data in Government Agencies, Circular No. 1/16/2016)②(以下简称《安全通函》)和《涉及政府机构的数据共享协议》(2016/02号通函)(Data Sharing Agreements involving Government Agencies, Circular No. 2/16/2016)③(以下简称《共享协议》)等，规定了政府部门保存、控制和使用个人数据的具体规则，尤其明确了政企之间共享个人数据时发生安全意外事件的责任认定与具体承担。

《安全通函》第2条规定，本通函适用于政府部门保存和控制、为了执行公共职能或提供公共服务的宗旨而被分享或传输给第三方的个人数据；适用于私营实体保存和控制并被共享或传输给政府机构的个人数据。其中，数据处理者存储的个人数据仅依据控制者的指示共享或传输。私营实体之间或基于科研目的共享数据的协议应当按照《〈数据隐私法〉实施细则和条例》或国家隐私保护委员会的其他规定处理，不属于本通函调整。第10条明确规定了个人数据跨境流动的责任制度。数据共享协议各方应当为处于己方控制和保管之下的任何个人数据承担责任，包括已经外包或转包给第三方处理者的个人数据。第17条规定，除数据共享协议另有规定外，根据协议传输到第三方的所有个人数据在协议终止之后应当返还、销毁或永久搁置。第24条规定，政府部门通过邮件传输个人数据时必须确保数据已经加密或者使用安全的可保密数据(包括附件数据)的电邮设施。第25条要求政府部门应当采取访问控制，防止工作人员将个人数据打印或复印到没有安全保障的文字处理程序或电子表格之中。第26条要求政府部门使用U盘、磁盘或光盘等便携式媒体存储或传输个人数据时必须确保数据已被加密，若是使用笔记本电脑存储个人数据则必须全盘加密。第27条要求尽量不要使用光盘等可移动物理介质传输数据。第28条规定传真技术不得用于传输含有个人数据的文件。

---

① Rules of Procedure of the National Privacy Commission. https://privacy.gov.ph/memorandum-circulars/npc-circular-16-04-rules-of-procedure/.

② Circluar No. 1/16/2016, Security of Personal Data in Government Agencies. https://privacy.gov.ph/memorandum-circulars/npc-circular-16-01-security-of-personal-data-in-government-agencies/.

③ Circluar No. 2/16/2016, Data Sharing Agreements Involving Government Agencies. https://privacy.gov.ph/memorandum-circulars/npc-circular-16-02-data-sharing-agreements-involving-government-agencies/.

《共享协议》第 4 条规定,除了依法无须数据主体同意的情形之外,数据控制者直接或通过处理者从数据主体处收集个人数据时,应当在收集和处理数据之前取得数据主体同意;数据控制者可以要求国家隐私委员会提供判断特定个人数据共享是否需要数据主体同意的建议。在个人数据被收集或共享之前,应当充分通知数据主体数据共享的本质和范围以及处理方式等。第 6 条规定了书面签订的数据共享协议必备内容和禁止事项。第 13 条规定了数据控制者和处理者应当主动审查或根据数据主体的申诉审查所有数据共享协议及其履行情况。

随后,菲律宾又颁布了《数据处理系统注册和有关自动决策通知的通函》(2017/1 号通函)(Registration of Data Processing Systems and Notifications Regarding Automated Decision-Making, Circular No. 01/2017)①,对于境内任何政府部门和私营实体处理隐私数据的活动进行系统性规制,具体给出了数据控制者和处理者注册申请的认证文件要求和注册平台提交的核心信息。主要包括控制者或处理者的组织机构负责人和高级隐私专员的名称和联系方式,政府部门或私营实体的目标和任务,所有关于数据治理、数据隐私和数据安全的组织政策和概述了数据隐私和数据安全保障措施的其他文件,数据控制者和处理者的相关工作人员合法进行处理的证明,数据处理系统的简要说明(如系统名称、处理目标、是否外包或转包、数据主体类别及其隐私数据类别、数据披露的接收者、隐私数据是否传输到菲律宾之外等)。

由此可见,菲律宾是云数据安全与云数据隐私权法律保护机制较为健全的东南亚国家。国家隐私委员会主席雷蒙德·里贝罗(Raymund Libero)曾强调"数据隐私是全球运动",重点关注任命数据保护专员、处理隐私影响评估、制定隐私管理计划、执行隐私和数据保护策略、实施违法报告程序等重要任务,在云隐私数据泄露、隐私数据违规共享、隐私数据违法跨境流动等恶性事件中的审查和处理权限较大。

例如,当委员会发现选举委员会违反了 2012 年《数据隐私法》第 11、20、21、22 和 26 条关于云隐私数据安全的规定而导致 2016 年选民资料泄露时,不仅建议对选举委员会主席安德烈斯·鲍蒂斯塔(Andres Bautista)提出刑事指控(《数据隐私法》第 26 条规定,因为疏忽而导致敏感数据泄露的惩处是 3~6 年有期徒刑和 1 万~8 万美金的罚款),还要求选举委员会任命数据保护专员、进行权威的隐私影响评估并在 3 个月内执行隐私管理计划和管理程序。

又如,2016 年,优步公司在全球爆发的大规模用户数据泄露事件后立即报告了菲律宾国家隐私委员会。委员会不仅传唤该公司进一步解释其菲律宾子公司为了保护当地司乘双方的数据隐私和数据安全做出的加强物理设备安全和技术安全的措施,还积极调查其采取的确保此类事件不再发生的具体处理措施及其应用程序是否到位②。由于菲律宾国家隐私委员会要求云数据隐私控制和处理机构只要有可能发生云数据隐私风险事件就

---

① Circular No. 01/2017. Registration of Data Processing Systems and Notifications Regarding Automated Decision-Making. https://privacy.gov.ph/npc-circular-17-01-registration-data-processing-notifications-regarding-automated-decision-making/.

② Latest Statement of Privacy Commissioner Raymund Enriquez Liboro on the Uber Personal Data Breach. https://privacy.gov.ph/latest-statement-privacy-commissioner-raymund-enriquez-liboro-uber-personal-data-breach.

必须上报,近两年收到了众多公司的云隐私数据安全意外事件报告。

云服务提供者涉及隐私数据的运营活动中最突出的合规要求就是在发生或可能发生安全意外事件时及时报告国家隐私委员会并完整齐备符合菲律宾法律法规要求的各项证明材料,同时及时采取补救措施,才能妥善应对委员会严格的企业报告调查机制。例如,2017年10月20日,国家隐私委员会收到了COL金融集团潜在的数据泄露报告。企业不仅在报告中描述了10月17日下午发现系统可能泄露了一些个人用户的隐私数据,还告知委员会已经采取紧急措施处理安全意外事件,并附加细节报告以展示临时组建的应急团队的所作所为。报告指出,企业对于网站的自行扫描结果较为理想,也雇用了第三方团队履行独立的安全系统检查职责,还在72小时内分别通知委员会和受影响的数据主体。即便如此,国家隐私委员会还是要求该企业在五天内提交完整翔实的事件报告,并开展了很长时间的调查工作[1]。

菲律宾严格限制了包括云计算市场在内的互联网关涉行业的基础设施和用户需求,加大了境内隐私数据采集、存储和处理的成本耗费,使得隐私数据使用、共享和流转过程极为繁琐,导致几乎没有科技巨头企业在菲律宾设置云数据中心。虽然菲律宾几乎未曾强制数据本地存储(包括政府控制和处理的个人隐私数据也可以在合规情况下传输到境外第三方进行存储和处理),但云数据共享协议的合规成本过高,云数据跨境的法定安全措施(如取得数据主体同意、签订数据共享和法律责任延续协议)过于复杂,参与的组织和个人较少。云服务提供者合规菲律宾的云数据隐私权法律保护机制,除了理解并遵循前述法律法规之外,还需要较好地完善两项助力企业合规的法定制度:一是云数据隐私影响评估制度,二是云数据保护专员制度。

云数据隐私影响评估对于云服务提供者来说是能够提供其严格遵循《数据隐私法》及其《实施细则和条例》以及其他相关制度的有力证明,也代表为了确保数据主体的权利得到充分保护而严格管理己方数据控制和处理的积极态度。在发生云数据泄露等安全意外事件或数据主体针对云服务提供者向国家隐私委员会申诉或向法院起诉之时,提供者的数据隐私影响评估是判断云上隐私数据处理是否尽到了全部法定义务的关键证据。事实上,委员会认为云服务提供者的数据控制和处理活动对于数据主体的权利有明显风险时可能会直接要求提供云数据隐私影响评估报告副本。[2]

云服务提供者依法应当任命至少一名数据保护专员(Data Protection Officer,DPO),负责确保控制和处理行为遵循菲律宾的云数据隐私法律法规。具体而言,数据保护专员负责收集控制者和处理者对于云数据安全保障、自检程序以及其他法定义务的遵循情况,提供符合法律要求的建议、监督控制者和处理者对于云隐私数据泄露和安全意外的管理并培养数据隐私保护意识,与数据主体、国家隐私委员会和其他关涉数据隐私或安全事项的机构联系。法定的数据保护专员任命要求包括:全职受雇人员或者数据控制和

---

[1] Statement of the Privacy Commissioner Raymund Enriquez Liboro on the possible personal data breach sustained by COL Financial Group, Inc. https://privacy.gov.ph/statement-privacy-commissioner-raymund-enriquez-liboro-possible-personal-data-breach-sustained-col-financial-group-inc/.

[2] NPC Advisory No. 2017-03. Guidelines of Privacy Impact Assessments. https://privacy.gov.ph/wp-content/files/attachments/nwsltr/NPC_AdvisoryNo.2017-03.pdf.

处理企业员工兼任、签有2年以上稳定的劳务合同、了解相关的隐私或数据保护的规定和实践、了解隐私数据控制者或处理者的活动。同时，要求数据控制者和处理者的网络地址、隐私通知、隐私政策、隐私手册等中必须包括数据保护专员的电话、电邮和邮政地址等，但不包括专员名字。不过，若数据主体或国家隐私委员会要求，必须提供高级数据专员的名字。高级数据专员设置对云服务提供者的合规意义较大，大型企业可以设置数名专员，避免云上隐私数据存储、处理和境内外流动时出现违规状况。

三、马来西亚

马来西亚自1998年起开始进行综合性的隐私数据保护立法，直至2010年才制定了《个人数据保护法》（Personal Data Protection Act 2010, PDPA, Act 709）[①]这部东南亚地区最早投入实施的隐私数据采集、存储、传输与处理的保护性规范创新设置了专门的数据保护部门和数据保护专员，而创建新机构（2011年创建）和任命专员（2013年将保护部总干事阿布·哈桑·伊斯梅尔（Abu Hassan Ismail）任命为专员[②]）需要一定的时间缓冲，拖延至2013年11月15日才与一系列相关规定一并正式实施并给予数据使用者3个月的合规自查自纠窗口期。其中，数据保护专员看似权责重大，实际上不具备独立性，必须服从通信与多媒体部管理。部长甚至可以在阐明理由的情况下解任专员。

该法在129条中建立了独具特色的个人数据出境流动白名单机制。第1款规定，数据使用者不应当将数据主体的个人数据传输到马来西亚之外，除非接收地属于个人数据保护专员建议并经通信和多媒体部部长同意的地区。第2款规定，通信和多媒体部部长确立白名单的标准：(a)数据接收地现行法律与本法实质相似或目的相同；(b)数据接收地有关个人数据处理的保护水平至少与本法相同。第3款规定，即便不符合前述要求（即不在白名单内），数据使用者符合下列情况，也可以将个人数据传输出境：(a)数据主体同意传输；(b)履行数据主体与数据使用者之间合同必须传输个人数据；(c)履行数据使用者应数据主体要求或为了数据主体利益而与第三方签订的合同必须传输个人数据；(d)为了确立、行使或维护法律权利以及获得法律建议或者法律程序等而传输数据；(e)数据使用者有合理的理由相信传输是为了避免或减轻针对数据主体的不利行为、数据传输之前不可能获得数据主体的书面同意但推测数据主体必定同意传输；(f)数据使用者已经采取合理的预防措施并履行注意义务以确保在马来西亚境内禁止处理的数据在境外也不会被处理；(g)为了保护数据主体的实质利益（关乎生死和安全的利益）必需的数据传输；(h)为了保护通信与多媒体部部长确认的公共利益必需的数据传输。第4款规定，委员会有合理的理由相信列入白名单的接收地执行的法律不再与本法实质相同或目的有别的情况下，应当建议通信与多媒体部部长在白名单中划除该地区且数据使用者应当停止向该地区传输个人数据。第5款规定，违反本条第1款的数据使用者会被处以最高30万林吉特的罚款或两年有期徒刑，甚至可以并罚。第6款对于针对数据主体的不利行为进行了界定，即

[①] Personal Data Protection Act 2010, PDPA, ACT 709. http://www.pdp.gov.my/images/LAWS_OF_MALAYSIA_PDPA.pdf.

[②] 2017年1月23日，Khalidah Binti Mohd Darus 被任命为新的个人数据保护专员。

包括任何负面影响数据主体权利、利益、权益、责任的行为。

虽然这一白名单机制较为严格,但马来西亚着力发展大数据、云计算、物联网,积极加强与全球重要贸易伙伴之间的数据自由流动,实际操作中更在意控制隐私数据跨境流动的可预期成本,保护数据隐私的执法与司法较为宽松。直到2017年,马来西亚才在新发布的《个人数据保护规则(个人数据出境)》(Personal Data Protection (Transfer of Personal Data to Places Outside Malaysia) Order 2017)[①]中采用公共咨询文件形式开始展示个人数据自由出境的建议性白名单。能够列入这份机动文件的国家和地区应当具有独立的综合性数据保护法或一系列数据保护法律法规构建的综合体系,抑或加入了双边或多边规制协议,又或者是与马来西亚建立了相应的共同监管机制,且会依照马来西亚数据出境法律法规的标准灵活增减。目前包括了欧盟成员国、英国、美国、加拿大、瑞士、新西兰、阿根廷、乌拉圭、安道尔、以色列、澳大利亚、日本、韩国、中国、新加坡、菲律宾等。

2013年,马来西亚颁布的《〈个人数据保护法〉补充条例》(Personal Data Protection Regulations 2013, Act 335)[②](以下简称《条例》)在第3~12条中细化了个人数据保护的披露原则、安全原则、访问原则、数据保留原则、数据整体性原则、通知和选择原则等。《条例》强调了数据保护专员有权具体解释《个人数据保护法》中"采取所有合理的预防措施并履行了应尽义务"(但迄今为止马来西亚的数据保护专员尚未对此做出解释);要求个人数据系统应当在合理的时间内向数据保护专员或其他调查员开放调查,主张数据使用者妥善保存和提供数据主体同意其处理个人数据的记录、己方依法书面通知数据主体的记录、己方向第三方披露个人数据的记录、己方安全政策、己方遵循存储标准和数据完整标准的记录以及其他专员或调查员认为重要的相关数据。

2015年,马来西亚颁布《个人数据保护标准》(Personal Data Protection Standard 2015)[③],强调数据使用者应当采取措施保护个人数据免于滥用、免于未经授权的访问、免于被披露或被损毁等;规定除非数据使用者组织的最高管理层授权员工书面同意,不允许通过可移动存储设备和云计算服务进行数据传输(此类传输必须记录且遵循马来西亚个人数据保护原则和其他国家的个人数据保护法律规范),要求数据控制者通过合同约束第三方处理个人数据,避免数据损失、滥用、修改以及未经授权的访问和披露。云服务提供者在隐私数据收集和处理过程中至少要满足如下关涉隐私数据安全的要求:所有参与个人数据处理的员工必须登记;在员工辞职、终止合同或在工作岗位变动时立即取消该员工访问个人数据的权力;控制员工基于访问、收集和处理个人数据之目的进入数据系统的通路;给用户提供账户和密码以便访问个人数据;当访问个人数据的员工不再有权处理数据时立即停用其账户和密码;定期保存个人数据存储记录并且确保在专员直接要求时可以立即提交;完善计算机系统的安全措施以避免恶意软件攻击。

---

① Personal Data Protection (Transfer of Personal Data to Places outside Malaysia) Order 2017, Public Consultation Paper No. 1/2017. http://www.pdp.gov.my/images/pdf_folder/PUBLIC_CONSULTATION_PAPER_1-2017_.pdf.

② Personal Data Protection Regulations 2013, Act 335. http://www.federalgazette.agc.gov.my/outputp/pua_20131114_P.U.%20(A)%20335%20-%20PERSONAL_DATA_PROTECTION_REGULATIONS_2013.pdf.

③ Personal Data Protection Standard 2015. http://www.pdp.gov.my/images/flippingbook/standardPDP2015/0001e.jpg.

2016年3月15日,马来西亚正式实施《个人数据保护条例(复合犯罪)》,允许数据保护专员依法认定具体罪行的加重情节。即如果专员认定某种行为属于加重情形,在公诉开始之前,就可以处以最高为罪行最大处罚额50%的处罚。此外,马来西亚个人数据保护委员会的执行工作只能通过公诉方式进行(需要获得公诉人同意)。如果是偶发的违法行为,个人数据保护专员甚至不能给予执行通知。

由于马来西亚个人数据保护的法律规定过于宽泛,相关违法违规的惩罚力度不够(最高2~3年有期徒刑并罚款20万~30万林吉特)和查证执行等难度较大(往往要求数据保护专员在调查确认数据使用者仍在持续从事违法行为的情况下还应当首先向其发送纠正通知),限制了本领域的案件数量。直至2017年5月,马来西亚才有了第一例数据隐私维权案件。案情是境内一家没有登记证的教育机构非法处理离职雇员的个人数据。

总体而言,马来西亚关涉个人数据收集、存储、处理、流动、分享的法律体系具有一系列显著特征。

首先,主要调整商业交易涉及的个人数据。《个人数据保护法》第2条规定的调整范围是"商业交易中涉及的一切个人数据";第4条将"商业交易"广泛界定为"任何具有商业性质的交易活动"且"包括商品、服务、投资、金融、银行和保险等供应和交换相关的一切事宜",并未如日本和澳大利亚等国一样排除小微交易。但是,第3条第1款规定,"不适用于联邦(直辖区)和州政府";第45条将个人和家庭事务,教堂、教育机构和其他非营利性组织的活动,以及政府事务等排除在外。即政府从事的商业活动不属于调整范围。同时,《个人数据保护法》在数据使用者有理由相信是为了公共利益(尤其是自由表达)刊发新闻、出版文学艺术作品的需要而处理数据时,予以免责。对于关涉数据主体生死或安全的事项,基于统计或研究需要使用去真数据以及司法协助需要处理数据,亦予免责。

其次,涵盖商业活动中近乎全部用户数据。《个人数据保护法》第4条将"个人数据"界定为商业交易中数据使用者掌握的能够直接或间接辨识个人身份且属于根据目的性指示而由各种自动化工具整体或部分处理的、被记录以用于各种设备整体或部分处理的或者关于数据主体相关充填系统的直接或间接数据。既包括了几乎所有自动识别或手动收集的个人数据,又包括了商业活动中全部敏感数据和关于数据主体的全部观点表达。法律解释中既具体明确了敏感数据是指"个人健康数据、生理或精神状况数据、政治观点、宗教信仰或其他相似领域的观点表达",又依据《征信机构法案》(Credit Reporting Agencies Act,2010)将征信商务涉及的个人数据排除在调整范围之外。

再次,责任主体仅为数据使用者。《个人数据保护法》第4条规定责任及于"数据使用者",排除了不为己方目的处理数据的主体(如数据外包)。数据使用者指独立或联合处理个人数据、控制或授权他人处理数据的主体,不包括独立代表数据使用者(没有任何己方目的)处理数据的第三方。

最后,数据使用者注册登记制。马来西亚要求某些特定领域的数据使用者必须向数据保护专员申请登记,缴纳登记费和专员要求的全部文件。专员在收到申请之后、做出决定之前,可以要求申请者提供证明材料;且必须给被拒者发送包括了拒绝理由的书面通知。已登记的数据使用者至少在登记期满前90日要续展登记,专员可能会根据使用者履行情况决定是否继续予以登记。例如,《个人数据保护规定2013—数据使用者登记》第3

条第2款规定,如果数据使用者分属两类或多类应当申请登记的类别,必须分别登记。通过登记的,最短有效期是1年。

因而,云服务提供者一方面需要深刻理解马来西亚数据隐私保护法律体系,严格遵循相关法律规范的基本要求;另一方面应当认识到马来西亚对于云上隐私数据挖掘和流转的法律监管力度较为有限。虽然当前的违法成本较低,但企业的生命线在于品牌声誉,需要主动约束己方的不良行为,积极参与行业规范建设。

四、印度

虽然印度多年前就规定了隐私数据泄露的最高罚金为5亿卢比、刑期最高3年,但多年以来实践中较为漠视隐私保护。未经同意或违反合约披露用户信息必须导致不当得利时,才会赔偿;对于敏感数据,未采取合理的安全措施和程序,也必须导致不当得失时,才会赔偿。且这里合理的安全措施和程序可以双方协商一致,只有在未曾协商一致时才使用政府的基本隐私规则[1]。不仅《隐私法(草案)》没有明显的强制性保障规范,且多年来实施的Aadhaar制度(支持制度)虽然号称使用了最高级别公钥技术加密(PKI-2048和AES-256),实质上却背离隐私保障宗旨。

2009年起,印度就开始施行的Aadhaar制度是拥有12位编码、能够通过指纹和视网膜扫描确认身份的人口身份计量数据库。截至2016年,约有12亿印度人(89.6%的人口)拥有该数字身份信息,包括所有18岁以上人口(2015年人口统计)[2]。《所得税法》(Income Tax Act)要求Addhaar号码与公民永久账户号码相关联。2016年,印度议会通过立法授权联邦机构出于安全考虑,获取Aadhaar的数据权力;信息技术部依据IT Act 3000 S43A和Aadhaar Act 2016出台了身份信息收集指南[3],内容上比较概括,不够明晰。2017年,印度最高法院在"Viswam v Union of India"一案的判决中指出,隐私权是宪法保障的基本权利,个人依据宪法有权在没有Aadhaar的情况下申请获得永久银行账户。但仅在判决后1周,穆迪的经济部已经出台新规则,要求现有银行账户持有者在2017年12月31日前提交Aadhaar的细节给银行,不然将"终止操作"[4]。印度的IT-BPM行业曾为打入欧洲市场做出过巨大努力,希望欧盟能够放松对数据跨境的限制。但欧盟基于《指令》第25条列出的评估第三国数据保护充分性的标准,认定印度不是适格国家。

然而,基于宪法认可隐私和Aadhaar的判决效果之下,印度的云数据隐私也得到了一定发展。信息技术部已经任命了专家小组研究本国的数据保护框架并提出《数据保护法

---

[1] Vinod Joseph, Deeya Ray. Inida: Personal Data Protection Bill 2018-offences and Penalties. http://www.mondaq.com/india/x/861424/data+protection/Personal+Data+Protection+Bill+2018+Offences+And+Penalties.

[2] UIDAI. State/UT wise ranking based on Aadhaar saturation. https://uidai.gov.in/images/state_wise_aadhaar_saturation_as_on_22052017.pdf.

[3] Ministry of Electronics and Information Technology. General Guidelines for Securing Identity Information and Sensitive Personal Data or Information in Compliance to Aadhaar Act,2016 and Information Technology Act. http://dgrpunjab.gov.in/Home/Download/5325.

[4] Bureau. Aadhaar made mandatory for new bank accounts, transactions above 50,000. The Hindu-BusinessLine. http://www.thehindubusinessline.com/economy/aadhaar made mandatory for opening bankaccountstransactions of rs 50000 and above/article9728579.ece.

(草案)》。在隐私数据跨境流动的监管问题上,印度一直倾向数据本地化,严格限制敏感数据的境外传输。2011年,印度通信与技术部在修改《信息技术(合理的安全实践与程序和敏感个人数据或信息)规则》时就加入了限制包括个人信息在内的数据流动的规定,除非是"必需的"或数据主体同意流往境外,否则不允许个人数据出境。由于并未及时确定"必需"的范围,实践中以数据主体同意为主要标准。2012年,印度制定了《国家数据分享与访问政策》(National Data Sharing and Accessibility Policy),强调政府数据(政府机构拥有或收集使用公共基金的数据)必须存储在本地数据中心①。2014年2月,印度国家安全委员会(National Security Council)提出了要求所有邮件提供者在处理印度使用者之间的通信相关数据必须使用本地服务器的主张②。同年,印度制定了《公司会计规则》(Companies Accounts Rules),要求以电子格式存储在印度境外的公司账册信息必须在印度境内的服务器上存储一个副本。但这一规定并没有被严格执行。主要是与日增长的全球账务处理系统被实践推崇,包括印度公司③。2015年,印度出台了《国家电信机对机路图》(National Telecom Machine-to-Machine),要求所有相关的高速公路和为用户提供服务的应用服务器必须位于印度境内。印度政府也要求政府合同的数据服务提供者必须数据本地化,如电子和信息技术部发布指南要求寻求政府合作机会的云服务提供者必须在印度境内存储所有数据。2018年8月,印度政府任命的专家组发布了《关于推动云数据存储本地化的报告》,针对印度不少企业使用的各大互联网巨头云服务器位于境外、导致公权部门在调查相关案件时难以接触到云上数据的问题,提出将涉及印度企业或其他实体的云数据以及在印度境内生成的各类数据存储在印度境内的建议④。

就此,云服务提供者目前实现合规的方式是不任意存储用户信息、不碰触Aadhaar相关数据和其他事项的细节,甚至可以充分利用这一特殊制度降低己方压力。例如,微软于2017年2月推出了专为印度市场定制的"Skype Life",只要输入政府发放的唯一身份识别,就可以比照政府数据库的相关数据。

五、印度尼西亚

2012年,印度尼西亚制定了规范电子系统和交易活动的"82号规范",要求公共服务的电子系统操作者采取各种措施保障数据安全⑤。2014年,印尼政府出台《数据中心技术指南》,要求基于数据技术服务的公司(主要为谷歌和脸书等网络公司)完善数据收集、使

---

① India's Department of Science and Technology, National Data Sharing and Accessibility Policy. http://www.dst.gov.in/sites/default/files/nsdi_gazette_0.pdf.

② Thomas K. Thomas. National Security Council Proposes 3-Pronged Plan to Protect Internet Users, The Hindu Business Line [OL]. http://www.thehindubusinessline.com/info-tech/national-securitycouncil-proposes-3pronged-plan-to-protectinternet-users/article5685794.ece.

③ Stephen Mathias, Naqeeb Ahmed Kazia. Collection, Storage and Transfer of Data in India, Lexology. http://www.lexology.com/library/detail.aspx?g=00e56cb6-b0ea-46b7-ab1b-1d52de3646d0; India Companies (Accounts) Rules 2014. Government of India Ministry of Corporate Affairs, New Dehli. http://perry4law.org/clii/wp-content/uploads/2014/03/Companies-Accounts-Rules-2014.pdf.

④ 杨舒怡. 印度政府力推"云数据"本地化[N]. 北京日报,2018-08-06.

⑤ Information Technology Industry Council (ITI), ITI Forced Localization Strategy Briefs. https://www.itic.org/public-policy/ITIForced Localization Strategy Briefs.pdf.

用和流转的管理机制①。2016年,印尼出台《个人数据保护法》,对于个人数据的采集、存储、分析、使用和传递进行了系统化规制②。同年,印尼中央银行制定了要求电子货币运营者本地存储数据的规定③。2017年,印尼立法讨论会议上新版本的《个人数据保护法(草案)》问世④。范围覆盖了印尼公民和在印尼的外国人,内容覆盖了私人事务和公共事项,包括了个人数据违法确认、个人数据传输境外应当基于数据主体同意、提供同等保护或基于国际协议或合同要求以及委员会认定的其他例外等;规定了执行法律的独立委员会享有调查个人数据侵权行为、处理当事人之间的关系、强加高额(约合至少7.5万美元)行政处罚的权力。此外,印尼还有一个最小化国际标准的"数据隐私权保护法会议"持续服务于夯实法律法规⑤。对此,云服务提供者有必要深入了解并严格遵循印尼保护数据隐私的法律规范,提升应对外来攻击的技术能力,加强针对内部工作人员的合规培训。

六、韩国

2011年9月,韩国正式实施《个人数据保护法》,要求个人数据收集者应当依据必要性要求明确数据处理目标和范围、安全管理个人数据、公开透明地处理个人数据、保障数据主体的知情权、匿名处理数据和在数据控制者和处理者内部设立数据隐私专员,设立个人数据保护委员会和个人数据影响评价制度。

近几年,韩国相继修订了《网络法》和《个人数据保护法》,执行更为严格的数据保护机制。例如,《个人数据保护法》第2条将"个人数据"定义为"任何能够辨识活着的自然人的数据,如姓名、社保号码和照片等",不仅包括直接辨识特定个人身份的数据,还包括容易(很难判断"是否容易",缺乏可操作性)与其他数据联系辨识特殊个人的数据。在云领域,韩国制定了《促进云计算和保护使用者法》(*Act on Promotion of Cloud Computing and Protection of Uses*),出台了云计算服务的个人数据保护标准,明确要求服务于公共机构的云平台必须本地化。虽然其中的标准是建议性指南方案⑥,但教育机构、公立银行和公立医院等一般都会要求外包的数据处理者严格遵循。

在个人数据出境领域,韩国迄今尚无专门针对重要个人数据出境的政策法规,相关规则散见于国家产品、技术出口管理条例以及国家行业立法和指导性建议之中。实际运作过程中,韩国通过数据本地化要求迫使个人数据出境前取得数据主体同意并被告知有关

---

① Matthias Bauer. The Costs of Data Localisation: Friendly Fire on Economic Recovery. European Centre for International Political Economy. http://www.ecipe.org/media/publication_pdfs/OCC32014__1.pdf.
② Eli Sugarman. How Emerging Markets' Internet Policies Are Undermining Their Economic Recovery, Forbes. https://www.forbes.com/sites/elisugarman/2014/02/12/how-emerging-markets-internet-policies-are-undermining-their-economic-recovery/#7446a9237932.
③ Matthias Bauer, Martina Ferracane, Erik Marel. Tracing the Economic Impact of Regulations on the Free Flow of Data and Data Localization. Centre for International Governance Innovation and Chatham House. https://www.cigionline.org/sites/default/files/gcig_no30web_2.pdf.
④ Rancangan Undang Tentang Perlindungan Data Pribadi (2017 Indonesian draft Bill, in Bahasa-select '.docx'). http://www.peraturan.go.id/rancangan undang undang tentang perlindungan data pribadi.html.
⑤ Andin Aditya Rahman. Indonesia enacts Personal Data Regulation. Privacy Laws & Business International Report, 2017(145):1.
⑥ https://itif.org/publications/2017/05/01/cross-border-data-flows-where-are-barriers-and-what-do-they-cost.

接收数据者身份、接收目的、数据保留期限以及出境的个人数据的具体内容①。例如,《专业信贷金融业务监管条例》(Regulation on Supervision of Credit-Specialized Financial Business)最初禁止电商企业在境外存储韩国客户的信用卡号码,后将之修改为允许特定的外国电商企业(在五个以上国家存储数据者)的境外存储行为。又如,韩国制定《空间坐标数据确定与管理法案》(Act on the Establishment,Management,ETC Of Spatial Data),基于安全理由禁止地图数据存储境外②。同年,韩国积极与欧盟和欧洲委员会互动,在一再更新了数据保护自我评估报告的情况下,于 2017 年获得欧盟部分认可,变成欧洲法律顾问委员会的观察员,出席每年的全体会议。此外,《美-韩自由贸易协定》的个人数据跨境流动规则要求韩国努力避免对个人数据跨境施加或维持不必要的障碍。

云服务提供者面对韩国不断扩大数据隐私范围(尤其是特殊保障的敏感数据范围)、扩大数据主体权利、强化隐私数据保护义务、限制个人数据跨境传输的现实状况,有必要约束己方及工作人员的行为,了解并掌握韩国云数据隐私保护政策法规的最新进展,并积极进行基础设施、技术水平、操作流程和员工培训等方面的持续整改。

七、日本

自 20 世纪 80 年代起,日本就在行政部门、民间部门、金融领域、电气通信行业等颁布了一系列个人数据保护的法律规定、政策指南和行业标准,并于 2005 年出台了《个人信息保护法》,但具体内容较为简单、保守、缺乏实际操作性,展现出日本在隐私数据保护上实质较为宽松。直至 2017 年,日本修订《个人信息保护法》,确立了个人数据保护的基本原则和方针,体现出趋向严格的立场和思路。范围包括为了在日本境内提供服务而收集的个人数据,即便该数据的处理发生在境外。明确规定了对于敏感数据(如指纹数据、人脸识别数据、声带振动和 DNA 碳基序列等从个人身体信息转换的代码)的处理必须经过本人明示同意(在没有数据主体同意的情况下,提供者禁止获取诸如种族、宗教、性取向、政治观点、医疗健康情况等敏感数据),规定了提供者的公开披露义务和数据主体的删除权,要求匿名处理数据(在个人数据被匿名化转移到第三方时必须根据规定创建匿名数据并确保原始的匿名化数据不能被重新创建)、保存处理记录(企业接收第三方数据时需要确认个人数据的获取方式并在一定时间内保留个人数据被接收的记录),限制了数据跨境传输的第三方,起到了震慑潜在违法违规的云服务提供者的作用。

八、俄罗斯

俄罗斯多年来一直受到频繁的网络攻击与数据泄露事件的困扰,"棱镜门事件"进一步加剧其数据主权意识和对国家安全的忧虑。2015 年 9 月,俄罗斯制定《个人数据法》(联邦法 242-FZ 号),具体规定了数据运营者记录、采集、存储、修改、更新和检索公民个人数据的行为准则,尤其是要求数据处理者在进行相关活动之前应当将物理性数据中心(主

---

① Anupam Chandler, Uyen Le. Breaking the Web:Data Localization vs. the Global Internet. Emory Law Journal, 2014. 40. https://papers.ssrn.com/sol3/papers.cfm? abstract_id=2407858.

② Act on the Establishment,Management,etc. of Spatial Data (Korea:Gov. Body:Ministry of Land, Infrastructure and Transport. 2014--06-03). http://elaw.klri.re.kr/eng_service/lawView.do? hseq=32771&lang=ENG.

要为云数据中心）所在位置通告给数据保护机构①。2016年，俄罗斯制定了更加宽泛的电信数据采集和处理要求，严令企业至少存储使用者的声音、文本、图片和视频等通信数据内容6个月②。《关于信息、信息技术和信息保护法》强调了企业有义务在俄罗斯境内存储数据并提供给国家侦查机关和安全机关。诸如《俄罗斯联邦大众传媒法》《俄罗斯联邦安全局法》《俄罗斯联邦外国投资法》《就"进一步明确互联网个人数据处理规范"对俄罗斯联邦系列法律的修正案》等法律规范皆体现了俄罗斯要求公民将个人数据、相关数据和物理性数据中心置于俄罗斯境内，企业承担告知和协助有关部门执法的主张。

云服务提供者既应当认识到俄罗斯有关云数据隐私权保护的法律规定愈加严格的态势，尤其是实施着全世界最广泛的隐私数据本地化战略，已经威胁关闭和惩罚了领英等本地化存储个人数据不力的企业③；也应当留意到俄罗斯虽然纸面规范极其严格，但执行相对缓和，呈现出明显的弹性执法态势。

九、澳大利亚

1982年，澳大利亚出台了《信息自由法》；1988年又颁布了《隐私法》，并经过了数次修订，具体规定了隐私数据收集、存储、分析和使用中必须遵循的原则，同样适用于云服务领域。结合澳大利亚的《档案法》《个人控制的电子健康记录法》等法律规范和《APP准则》《隐私法律和实践（ALRC报告108）》《政府信息外包、离岸存储和处理ICT安排政策与风险管理指南》等重要文件，云服务中除经营活动必要情况外，不得收集和使用隐私数据；相关企业必须建立严格的内部章程（尤其是程序规范），确保采集、处理和披露的隐私数据完整、准确且已经及时告知数据主体；保障数据的安全性、匿名性、可靠性、透明性等；确保关系到国计民生的不可逆转的敏感数据不会被传输到境外其他地方。例如，《个人控制的电子健康记录法》中明令可识别个人身份的健康数据必须无条件地存储在澳大利亚境内④。

十、新加坡

新加坡的《个人数据保护法》明确了企业的数据管理义务，强调数据处理的合法性和数据安全性，要求数据控制者和数据使用者委任一名隐私专员，专门负责遵守数据保护法律规范；规定了默认同意和选择性退出制度，要求组织机构在必要的情况下，尽可能准确和完整地对每个访问请求在30天内做出响应。如果不能满足这个要求，必须在30天内

---

① Duane Morris. Russia's Personal Data Localization Law Goes Into Effect. http://www.duanemorris.com/alerts/russia_personal_data_localization_law_goes_into_effect_1015.html? utm_source=Mondaq&utm_medium=syndication&utm_campaign=View-Original.

② Ksenia Koroleva. Yarovaya' Law-New Data Retention Obligations for Telecom Providers and Arrangers in Russia, Latham and Watkins Global Privacy and Security Compliance Law Blog. http://www.globalprivacyblog.com/privacy/yarovaya-law-new-data-retention-obligations-for-telecom-providers-and-arrangers-in-russia/.

③ Alexander Winning. Linked In Not Willing to Comply With Russian Data Law: Watchdog, Reuters. http://www.reuters.com/article/us-linkedin-russia-watchdog-id USKBN16E1IQ.

④ Personally Controlled Electronic Health Records Act 2012, No. 63. https://www.legislation.gov.au/Details/C2012A00063.

以书面形式通知申请者己方将对请求做出响应的时间；专门设立"新加坡个人数据保护委员会"作为政府保护机构，对本法实施进行日常监督；规定了个人数据跨境转移的条件，要求跨境数据传输接收方应有不低于本法保护标准的数据保护水平，亦要求境外收集的个人数据被传输至新加坡境内的相关处理活动也适用本法。即云服务提供者若在新加坡境内从事数据处理活动，即使该企业仅是境外企业的数据媒介，虽然数据收集行为发生在境外，仍然需要遵守该法。若是云用户来自新加坡，作为跨境数据传输接收方的云服务提供者应当具有不低于该法保护标准的数据保护水平。阿里云、腾讯云、华为云等企业若想充分利用新加坡优质的基础设施和人才储备，需要严格遵循新加坡以《个人数据保护法》为代表的相关法律法规。

十一、加拿大

加拿大主要从数据收集、处理和使用等方面构建个人数据保护体系。《隐私保护法》不仅为了保障公民隐私权而限制隐私数据的收集、使用和披露，还赋予公民获得公权部门持有的本人数据并予以更正的权利。《个人数据保护和电子文件法》严格规范从事隐私数据采集、使用和披露活动的商业机构的运作，提出了承担保密义务、确定采集和使用隐私数据的目的、安全存储、有限使用、当事人知情、接受申诉并核实等原则。云服务提供者唯有详细了解和掌握此类知识，才能更好地寻求企业发展与居民人权之间的平衡点。

十二、中国港澳台地区

1988年，中国香港地区颁布《数据保护的指导原则》，明确隐私数据收集的基本原则和具体要求。1992年出台的《计算机犯罪法》和1996年出台的《个人数据隐私条例》，明确了隐私数据采集、存储、处理和流转中应当遵循的基本原则。主要包括隐私数据收集目的应当直接符合使用者职权或其他合法缘由，必须在获得数据主体同意的情况下合法获取，应当确保隐私数据的准确性并在向第三方披露时符合法律规定，仅在完成目的所需的合理时间内可以保留个人数据，非经数据主体同意，不得用于额外目的，保证个人数据不受非法查阅和使用，保障数据主体的知情权和更正权。1995年，中国台湾地区出台《电脑处理个人数据保护实施细则》。2010年正式通过了《个人数据保护法》（2012年发布实施细则），明确了限制收集原则、内容完整原则、目的特定原则、限制使用原则、个人参与原则、处理流程公开原则、安全保护原则、复合责任原则等。1998年，中国澳门地区的《民法典》第79条和第81条明确规定了个人数据保护机制。2005年出台的《个人数据保护法》规定了限制收集原则、目的特定原则、数据品质原则、有限保留原则等。

中国港澳台地区云数据隐私保护的相关规定相对大陆地区而言，颁行较早且较为严格，内容上展示出效仿欧盟的特点，加大了云服务提供者的合规成本（甚至导致中小规模的云服务提供者无力参与竞争），提升了云数据有效处理的难度，不利于降低成本和缩短运作周期。云服务提供者应当详细了解相对复杂的规则体系，严格遵循隐私数据收集和处理的流程规定，避免承担高额的赔偿费用。

第四节　国际法律文件与标准——逐渐协调

互联网的高速发展打破了国与国之间的疆域限制,加快了全球经济一体化的进程。麦肯锡全球研究所(MGI)的报告显示,全球商品流通、外商直接投资、人力资源和数据资源跨境流动等促进经济的结构性增长。20世纪全球经济互联的标志是实物产品和资金要素的广泛流动,21世纪则越来越被数据流动占据。过去十年里,数据流动在全球GDP增长中贡献了10.1%[①]。面对在线社交、在线消费、在线教育、在线娱乐等迅速国际化的态势,考虑到云服务提供者在各地分别搭建数据中心的资源耗费与极不利于数据互通和分析应用的弊端,国际社会开始尝试协调各国云数据隐私权保护的分歧与冲突。虽然迄今尚未形成一体化的云数据隐私权法律保护机制,但已经在一些关涉国家安全、经济发展和基本人权的问题上达成原则性共识,部分区域性调整规范还展现出大力推动本地区数字经济高速发展与居民基本权益有效保障的强大效用。例如,东盟经济共同体(ASEAN Economic Community)发展电子商务的目标之一就是在20年内建立包括区域性数据保护和隐私原则的统一全面的个人数据保护框架。

一、全球性法律文件与标准

1. 联合国

联合国早在《公民权利和政治权利国际公约》第17条中就规定,"任何人的私生活、家庭、住宅和通信不得加以任意或非法干涉"。该普遍性全球组织颁布的《关于自动数据档案中个人数据的指南》中明确了个人数据处理的原则体系。主要包括:个人数据收集和处理的合法合理原则,个人数据的准确性、适当性与及时性原则,个人数据收集目的的明确性与合法性原则,个人数据主体的查阅、修改和删除原则,个人数据的非歧视原则,个人数据安全原则,个人数据自由跨境流动原则,等等。由于这一关涉隐私数据收集和处理的原则体系过于抽象,缺乏实际操作性与强制约束力。2016年,联合国人权理事会基于《数字时代的隐私权决议》(28/16号决议)发布了《隐私权特别报告》,重点强调在任何情况下都必须维护个人隐私权,涵盖了对云场景中个人数据隐私权的保护。

2. 世界经合组织

世界经济合作与发展组织(OECD)出台的《隐私权和个人数据跨境流动保护指南》中确立了个人数据保护的底线,规定成员方应当采取合理适当的措施保证个人数据流动并规定了相应的条件,旨在促进全球数据持续流动、推动世界经济增长。《跨国执行隐私权法案的报告》则具体分析了在跨国情形下加强各国关于互联网环境下隐私保护的对话与合作的经验与问题。该组织在出台的《经合组织隐私框架》中为了柔性调和各国之间的冲突与分歧,折中区分了"国内适用原则体系"和"跨国传输原则体系"。前者包括了公开和个人参与原则、限制收集原则、目的明确原则、限制利用原则、数据质量和安全保护原则、

[①] 数据流动障碍在哪里？成本是什么？http://www.sohu.com/a/147677154_353595.

侵权责任原则等。后者基于对个人数据跨境传输在各国发展中的共同利益的认可，指出自动处理系统重塑了国际全新的数据跨境关系，倡导个人数据自由流通，建议各会员国不要以保护隐私权为名限制个人数据跨国传输，禁止发生规避个人数据保护机制的行为。

3. 国际标准化组织

国际标准化组织（ISO）发布了 ISO13335、ISO15408、ISO17799、ISO27001 等多个密切关联个人隐私保护的国际标准。尤其是国际标准化组织和国际电工委员会（IEC）联合出台了《隐私保护框架》《隐私体系架构》《隐私能力评估模型》《隐私影响评估》和《个人可识别信息保护指南》等密切关联云数据隐私权保护的代表性标准体系。

其中，《隐私保护框架》包含了可适用于云数据隐私权保护领域的基本原则：①同意和选择原则。如实告知数据主体享有的数据访问权和处理活动参与权以及同意或拒绝云上隐私数据收集或处理的权利，取得个人可识别数据被允许收集或处理的明示同意并给予数据主体无条件撤回同意的权利。②目的合法和特定原则。在收集个人数据或将之首次用于全新目的之时，应当告知数据主体使用目的，必须保证个人数据使用符合法律规定并限制在数据控制者和使用者收集时限定的目的范围内。③数据最小化原则。对于可识别出特定个人的数据收集和使用应当限制在必需的最小范围内，且目的一经实现就进行物理销毁或彻底删除。④准确与高质原则。应当确保收集和使用的个人数据的完整性和准确性，通过完善的监督机制以敦促高质量收集和处理个人数据。⑤透明原则。数据控制者和使用者在个人数据收集和处理的整个流程中公开相关程序和准则，主动告知数据主体个人数据可能被披露给第三方的类型、理由和具体内容。⑥访问原则。建立确保数据主体能够简单快速地访问和审核个人数据的完整性、保密性和正确性并予以修改、更正或删除的访问机制。⑦安全原则。采取适当措施确保个人数据在全生命周期中处于安全管控之下，免于未经授权的访问、使用、修改和毁损风险。⑧合规原则。通过定期和不定期的内部审核与第三方评估，确保个人数据的收集和处理符合法定隐私安全和数据保护要求。

4. 国际云安全联盟（CSA）

以国际云安全联盟（CSA）为首的全球性组织机构积极开展行业自律规则制定和评估标准建设（如云安全联盟的《云计算中重点关注领域的安全指南》和《云控制矩阵规则》），已经产生了较大的社会影响力，成为云服务提供者处理云上个人数据隐私权保护问题的重要参考。

二、区域性法律文件与标准

1. 亚太经合组织

亚太经合组织（Asia-Pacific Economic Cooperation，APEC）出台《亚太经合组织隐私框架》（APEC Privacy Framework），致力于推进这一地区隐私数据保护与区域内数据自由流动之间的动态平衡，是亚太地区达成的第一份规制跨境数据流动的区域性指导文件。字里行间体现了浓厚的美国色彩，不仅要求成员方采取恰当且合理的措施避免和消除对于数据流动的不必要阻碍，而且规定的九项原则与《隐私权和个人数据跨境流动保护指南》的八项原则基本对应,覆盖了国内外数字法治建设时应当考量的各种事务,有利于统一成员国的数据隐私保护制度,促进亚太地区数字经济长足发展。

亚太经合组织通过《隐私框架》建立的原则体系主要包括:①通知原则。数据控制者和使用者应当向数据主体提供透明且容易访问的有关个人数据被收集的事实、收集目的、向第三方组织和个人披露这些数据的充分理由及其类型、身份和地址等。②选择原则。数据控制者和使用者应当向数据主体提供清晰而便利的访问和操作机制以行使个人数据是否被收集、被使用和被披露的选择权。③限制收集原则。数据控制者和使用者应当将数据收集限制在合法必要的范围之内并及时通知相关数据主体。④合理使用原则。除了数据主体明示同意、提供数据主体所需产品或服务所必须、依据法律明文规定或其他有法律效力的文书或声明授权之外,数据控制者和使用者只能在符合收集目的的范围内使用个人数据。⑤安全保障原则。数据控制者和使用者应当采取适当的安全措施避免丢失、毁损、非法修改或披露个人数据。⑥责任原则。数据控制者和使用者应当对违法违规行为承担相应的法律责任。⑦完整原则。数据控制者和使用者应当保持个人数据的完整性、正确性和实时更新。⑧避免损害原则。数据控制者和使用者应当基于个人正当的隐私期待、完善预防性措施和补救性措施以防止个人数据滥用导致的各种损害。⑨评估和矫正原则。数据控制者和使用者应当保障数据主体能够在合理的时间内以合理的方式更正、完善或删除个人数据。

亚太经合组织的区域性原则体系在很大层面上拓展和深化了世界经合组织有关数据隐私保护的内容。两者既存在大量的共性因素,又存在一定的差别。具体可见表4-2。

表4-2 OECD与APEC原则体系的区别

OECD的八项原则	APEC隐私框架的九项原则
说明目的(Purpose Specification)	通知(Notice)
收集限制(Collection Limitation)	收集限制(Collection Limitation)
使用限制(Use Limitation)	合理使用(uses of Personal Information)
安全保障(Security Safeguards)	安全保障(Security Safeguards)
问责制(Accountability)	问责制(Accountability)
数据质量(Data Quality)	完整性(Integrity of Personal Information)
个人参与(Individual Participation)	选择性(Choice)
开放性(Openness)	避免损害(Preventing Harm)
	评估与矫正(Access and Correction)

实践过程中,亚太经合组织意识到这一较为宽泛和抽象的《隐私框架》难以推广和落地,达不到拟定目的。在营商市场全球化如火如荼和亚太经济高速发展的背景下,亚太经合组织颁布了"规范APEC成员方的个人数据跨境传输活动的自愿的多边数据隐私保护计划"(简称《跨境隐私规则体系》(CBPRs),鼓励基于行业自律的隐私执法机构通过自评和第三方代评的方式分析相关企业对于个人数据的收集、处理、利用和运输状况,推进区域内公权部门与高新企业的数据共享。

亚太经合组织的《跨境隐私规则体系》(CBPRs)具有较强的实操性,逐渐与欧盟在《95

数据保护指令》中开始运作并经《通用数据保护条例》进一步发展的《约束性企业规则》（BCRs）并列为当前两大具有法律效力的国际性企业认证规则。CBPRs 与 BCRs 具有不少极具启发性与参考性的共性特征，亦存在一些显著差异。具体见表 4-3。

表 4-3 CBPRs 与 BCRs 的异同点

相同点	不同点
约束方式是企业自愿加入	CBPRs 适用于亚太地区且隐私政策符合隐私框架原则和具体要求的自愿加入企业——范围大； BCRs 适用于控制和处理欧盟公民数据的跨国企业——范围小
约束对象是企业关涉的个人数据跨境流动行为	CBPRs 的参与方包括隐私执法机构、问责代理机构和企业； BCRs 的参与方是跨国企业和欧洲各国的数据保护机构
约束原则包括合法性、透明度、目的限制、数据安全等	CBPRs 由企业先进行自评，再由认证的问责代理机构进行评估，通过后获得认证； BCRs 则由企业集团制定内部规则，并由处于欧盟境内分支向数据保护机构提出申请，并在获批后内部流动
约束目的是保证企业在数据跨境中按照一定标准保护数据安全	CBPRs 认证的具体标准翔实明确，申请企业容易达到合规； BCRs 没有标准的申请格式，导致改进困难，影响审核效率

2. 二十国集团

二十国集团（G20）成员领导峰会上给出的《二十国集团数字经济发展与合作倡议》强调了信息、知识和思想的自由流动和表达自由对数字经济的重要意义，主张构建安全和可信的数据流动以促进经济增长，提出健全维护互联网全球属性的数据通信技术战略，推动政府间个人数据跨境流动与数据隐私法律保护规范的融通共进。

第五节　域外制度的启示

我国的数字经济发展迅猛，5G、物联网、大数据、人工智能等成为国家发展战略的核心要素，也是我参与国际经济、政治、文化竞争的强力支撑。而这些领域的高速发展必须以基于云计算的数据处理为基石或工具。建立有序获取和使用个人数据的健康机制，无疑是我国数字化和智能化良性发展的关键。反思和借鉴欧盟、美国和亚太多国的制度实践，了解相关国际法律文件和标准的最新进展与瓶颈，既为我国平衡云数据隐私权保护中公益与私益、效率与公平等矛盾冲突的艰难实践提供重要参考，又有利于我国争取相关国际法律政策和标准制定中的话语权，促进经济社会发展，提升国际位次。

一、域外云数据隐私权保护人权考量的启示

虽然我国与欧洲地区的历史和传统不尽相同，当前也处于不同的发展阶段，政治、经济和社会结构存在明显差异，没有必要也不应当照搬欧盟的政策法律。但是，欧盟将数据隐私权认定为基本人权，聚焦隐私数据泄露或滥用对数据主体的人格尊严和个人自由的严重危害，警惕技术迭代下任何公权部门或企业组织掌握个人数据都有出现错误的可能，强调隐私数据的汇聚与使用必须在实现人类福祉的框架中进行，为解决当前数智化发展

中暴露的多元利益冲突,减少技术鸿沟带来的新贫阶层、歧视与不平等,降低人们对于技术威胁的恐惧提供了普适性较高的可行思路,逐渐在全球范围内获得广泛认可和采纳。

我国已经开始建设云数据隐私保护机制。公权部门、云服务提供者、机构型云用户以及其他参与者对于云上个人数据的处理需要合法性基础与合理性脉络。批判性借鉴欧盟针对本领域普适性问题的解决方案,踏踏实实地赋权数据主体,避免涉及自然人的云数据处理活动对于个人基本权益的负面影响,既不会偏移科技造福人类的价值目标,又有利于降低当前广大居民对于个人数据泄露或滥用的强烈担忧,使得他们愿意在云环境中主动释放隐私数据,亦为组织机构开展云隐私数据处理活动提供清晰明确且具有可操作性的合规方案。

具体而言,欧盟基于人权考量的云数据隐私保护机制不回避数据隐私权与公共利益和他人合法权益之间的冲突,既肯定数据主体的信息自决权,亦在其他权利或合法事由位阶更高的情况下,规定了收集和适用隐私数据无须征得数据主体授权同意的多种例外情况。但是,对于这些权利和合法事由进行了严格限制。既从实质上要求相关法律应当是符合基本权利和自由的民主社会应当采用的必要措施,目的在于维护国家安全和防卫、公共安全、经济或财政利益等在内的一般公共利益的其他重要目标、司法独立与司法程序,违反职业道德规范的预防、调查、侦查和起诉,监督、检查或相关的监管职能,对数据主体或其他个人的权利与自由的保护以及民事请求权的执行。又从形式上要求任何立法措施都应当至少包括处理的目的或处理的类别、个人数据或隐私数据的分类、限制的范围、防止滥用或非法适用或传输的保障措施、控制者的具体情况或类型、存储期限和适用的保障措施以及需要考虑性质、范围和处理的目的或分类、对数据主体权利和自由产生的风险、数据主体被告知限制的权利等内容。

欧盟严格的云数据隐私权保护机制要求数据处理透明可释,事先明确处理目的且仅能依据目的所需收集最小数据,数据存储不应超过实现目的的必需时间,开展高风险的云隐私数据处理之前必须进行影响评估以及通过建立和完善数据主体的查询权、更正权、被遗忘权、限制处理权和数据可携权等,保障数据主体能够及时、方便、深入地参与云服务提供者和机构型云用户的数据处理活动。

其中,被遗忘权是在信息技术进一步发展的场景下对于删除权的更新。不同于删除权仅在错误或欠缺法定或约定的处理依据的情况下适用,被遗忘权可以基于合法的处理情形,即只要数据相对于处理目的来说是过时的、无关的、不必要的,数据主体就享有被遗忘的权利。限制处理权是数据主体在对数据准确性存疑需要进一步查证、数据处理没有法定依据但数据主体并不希望删除的情况下,有权限制数据处理者对个人数据的处理,一旦行使则仅在数据主体同意处理或为了公共利益或他人合法权益的情况下才能进一步处理个人数据。免受自动化决策权是对数据主体具有法律影响或其他重大社会影响的基于数据自动化处理的相关决策,数据主体有权拒绝接受其约束。大数据时代的用户画像和自动化数据处理日益增多,但算法复杂、不透明、数据源错误较多。有必要在对数据主体产生重大影响的情形下,赋予数据主体免受其限制的权利。

二、域外云数据跨境流动法律调整模式的启示

早在近半个世纪以前,在不少国家和地区开始制定彼此差异显著的数据规则且国际

社会数据流转持续升温的情况下,世界经济合作与发展组织(OECD)的科技政策委员会(CSTP)下设的计算机应用工作组(CUG)就率先提出了"跨境数据流动"(Cross-border Data Flow)的概念。此后又发布了《隐私权和个人数据跨境流动保护指南》,虽然数十年来出现过联合国定义、欧盟定义、美国定义、域内外学者定义等,但其中第1条第3款对于"个人数据跨境流动"的定义仍是引用率最高的概念界定。广义的跨境数据流动是指以互联网络、物理载体或其他方式由境内向境外提供以及在境外读取境内的政府数据、企业数据、社会团体数据和个人数据等。狭义的跨境数据流动特指个人数据跨境流动,即以互联网络、物理载体或其他方式由境内向境外提供以及在境外读取境内任何与已被识别或可识别的数据主体有关的信息。

综观域外相关法律制度,尚无任何国家和地区完全允许或完全禁止隐私数据跨境自由流动。自1974年瑞典资料调查委员会以英国没有《资料保护法》为由禁止向该国传输个人数据开始,几经起落之后,当前全球隐私数据跨境流动的法律调整明显倾向本地化模式。很多国家和地区采取除非数据接收地能够提供充分的数据保护,禁止个人数据传输到本国以外地理区域的监管制度。例如,俄罗斯的《个人数据法》和《关于信息、信息技术和信息保护法》等要求数据持有者、数据系统运营商、网络运营商等必须使用境内的数据中心处理本国公民的个人数据,且在处理之前应当告知数据保护机构这些中心的具体位置。又如,印度的《公共记录法》禁止除了基于"公共目的"以外的其他事由将公共记录传输到境外地区,还要求信息技术公司的基础设施置于印度境内且存储的个人数据均不得传输出境。但是,这些国家均规定了例外条款。即如果依照法律规定,取得数据主体明示同意,通过合同条款和公司章程等建立了不低于本国的数据保护标准,能够确保数据出境后依然享有和境内相同的安全保障等,就可以豁免数据本地存储的要求。

这一波并不吻合全球经济社会发展需要的数据本地化趋势是数次极端事件和技术突然爆发的结果。例如,欧盟《数据保护指令》(以下简称《指令》)的初衷是促进欧洲地区实现统一的数据跨境流动,解决之前各自为政地开展数据保护导致区域内众多企业无所适从的难题。而《指令》颁布之后,对于个人数据保护的过度强调在一定程度上限制了欧洲数字经济的发展。欧盟最初具备远甚于中国的技术实力和资本条件。即便人口红利相对较低,但在20世纪90年代经济黄金期和21世纪初实体经济一蹶不振而急需数字化出路之时却没有发展出像样的数字经济结构,反而让美国企业完全渗透了欧洲生活的方方面面。回首数年前,2012年欧盟修改《指令》的基本立意是进一步放松包括数据跨境在内的数据处理限制。但是,突发的斯诺登事件改变了这一切。百年传统之下,欧盟非常敏感涉及基本人权的问题。譬如,欧盟一直坚持提供大量不必要的低技能的工种以确保域内居民的就业权,变相导致智能机器缓慢应用。斯诺登事件的后续发酵不仅间接导致使用了长达15年的《欧美安全港协议》失效,也直接导致欧盟修改《指令》的基调转向更严格地保护个人数据权。此外,大数据处理技术和应用领域的急速拓展使得数据价值和数据风险几乎在一夜之间成为全球核心议题,间接致使不少国家和地区限制跨境数据流动以维护数据主权、数据利益、数据隐私与数据安全等。

欧盟的《通用数据保护条例》对于云数据隐私跨境流动的限制几乎接近极限阈值,导致数字经济发展的负面效应不断显现。下一次修改极有可能是向着放松监管的方向转型。这一点在《欧美隐私护盾协议》中已经有所体现。虽然美国明显承担了更多义务,但欧盟并未将充分保护规则套用在美国企业之上,依旧允许了美国政府基于6项理由可以调取跨境数据。

以美国为首的相对宽松的国家和地区采取原则上允许云隐私数据跨境流动的问责监管制度,明确规定了数据控制者在隐私数据跨境过程中一方承担保障安全的管理责任。通过积极完善云数据跨境流动的过程、导向与内容,充分反映出坚定捍卫跨境数据自由流动的立场。云数据跨境流动将人与物全面链接,有利于分享想法、传播知识、促进合作,改善流程并赋予经济体巨大价值,有效且充分的云数据流动有利于推进数据经济繁荣。包括全球移动通信系统协会(GSMA)等在内的国际性商业社群亦积极倡导云数据跨境自由流动。《20国集团数字转型的关键议题》也主张以积极心态看待云数据跨境流动,在高度重视数据保护的基础上加强全球链接,释放数字经济潜力。《数字时代的全球流动:贸易、金融、人力和数据如何连接世界经济(研究报告)》显示,云数据跨境流动使得位于全球数字网络周边的国家获得更多的经济效益,改变了处于贸易网络中心的国家比连接更少的国家获利更多的传统业态。

通过对以美国为首的鼓励云数据跨境流动的国家和地区的立法与实践的观察,可见数据跨境有利于关联分析沉淀数据,构建创新型数字贸易模式,提高周边生产效率和市场效益,驱动经济增长与生产力发展,避免大量有价值的数据被锁定在特定场域(甚至导致该区域成为攻击目标)的蜜罐效应。但同时可见,云数据跨境自由流动会加剧数据隐私和数据安全风险,在一定程度上挑战不同国家和地区的数据管辖权,导致资源控制权外移,增加国内相关企业压力,影响部分行业的就业增长。例如,海量隐私数据从数据保护标准较高的国家和地区向较低区域自由流动既会威胁数据安全本身,亦不利于技术水平较低区域的同类产业成长。此外,随着技术迭代发展,数据安全在很大程度上不再简单取决于存储介质与地点位置,而是存储技术和访问方法。持续展开的技术突破在解决云数据跨境自由流动导致的安全障碍与隐私风险中起到重要作用。例如,可信区块链保障个人数据私密性,避免云数据流动中的泄露风险;多签名私钥避免中介拷贝数据威胁,提供可追溯途径,改变了"复制即拥有"的传统状态。但是,这些有利于保障数据安全、避免隐私风险、大幅减缓云数据跨境自由流动负面效应的高新技术应用却又会提升数据的绝对价值,大幅提高云数据使用者的成本。即便区块链技术当前的诸多难题(比如51%的安全风险、算力限制和电能耗费)逐一得到妥善解决,前所未有的高昂的数据绝对价值也会使得很多国家和地区对数据主权紧抓不放。然而,在全球经济一体化和全人类福祉的价值追求之下,构建旨在加强国际云数据跨境流动,建立可信数字环境的协调一致的普适性国际规则体系,完善云数据隐私权保护问责机制的进程不会停歇。

三、云数据隐私权国际协调保护中大国作用的启示

通过对美国和欧盟之间的国际协议变迁的分析和对云数据隐私权保护的一些国际法律文件和国际标准的观察,可见万物互联的数智化时代中充分发挥一个国家或地区在云数据隐私权国际协调保护中的作用具有可操作性和重要意义。

1. 大国意志在国际协议中发挥重要作用

美国通过自身在国际组织的影响力，逐渐将自己的云数据隐私权法律保护的基调渗透到国际监管机制之中，产生了巨大影响，在一定程度上推进了美国数字经济的国际化发展。虽然美国由于国家权力结构变更和导向变化，从极力促成《跨太平洋伙伴关系协定》（TPP）转变为主动退出，但其中有关个人数据的规定具有明显的美国特色。例如，TPP的"电子商务章"的第9条规定，"各缔约方应当允许商事行为中包括个人数据在内的信息通过电子方式跨境传输"。即主张各成员方允许个人数据跨境流动并禁止实施基础设施本地化要求。当然，该协定也强调了成员方可以为了实现特定的合法公共目标而采取不构成任意或不合理歧视抑或变相限制贸易的措施。《服务贸易协定》（Trade in Services Agreement，TiSA）原则上达成了在个人数据关联到服务贸易的情况下成员方不得阻碍跨境数据流动的协议，体现了美国的主张。《美-韩自由贸易协定》（KORUS）中多处采用"应尽力"的劝导性措辞，没有明确阐释限制隐私数据跨境流动的合法事由，主旨在于不对隐私数据分享施加不必要的阻碍，展现出明显的美国导向。欧盟通过《通用数据保护条例》在对外加强云数据隐私权保护、严格规范云上个人隐私数据处理的同时，强调了区域内数据共享，产生巨大的社会效用；还主导了不少政府间关涉云数据隐私权保护的国际协议，引发较大的辐射效应。

2. 大国之间国际协议产生范本效用

1999年，欧美之间的《国际安全港隐私保护原则》中规定，在美企业和其他组织机构只要加入并遵守包括告知原则、安全原则、选择原则、执行原则、数据完整原则等在内的一系列安全港原则体系，就可以被视为符合欧盟的充分保护标准。虽然这一协议的部分内容源自1988年美国的《儿童在线隐私保护法》，但整体基调和绝大部分内容出于欧盟主导。"棱镜门"事件爆发之后，施雷姆斯针对脸书公司监控欧盟公民个人数据的指控获得欧洲法院的支持。法官指出，美国的"闭嘴原则"意味着该国企业在面对政府机构的数据审查要求时，势必漠视安全港协议中的数据隐私保护条款，也不会向欧盟规制部门提交相关报告，不足以充分保护欧盟居民的数据隐私权。基于欧美双方互通个人数据的迫切而现实的需要，双方又开始颁行《欧美隐私护盾协议》（EU-US Privacy Shield）。同时指出，任何对隐私护盾规范或执行不满的欧盟公民既可以向新设立的免费的专门审查机构申诉，也可以向本国数据保护机构投诉。该协议还规定已经退出名单的企业如果继续存储根据协议获得的个人数据，也必须就相关数据承担协议义务。倘若第三方是名单企业的代理人，除非有明确的免责依据，企业需要为代理人的违规行为承担法律后果。欧盟委员会和美国商务部重点审查美国为了国家安全、公共利益或法律执行进行的数据访问是否达到充分保护水平。如若报告显示未能达到，将暂停协议运行。《隐私护盾协议》要求美国政府做出自我约束的承诺，建立独立于国家安全部门的监察专员专门处理咨询和投诉。此外，2016年12月，欧美之间为了规制预防、调查、侦查和起诉包括恐怖主义在内的刑事犯罪而进行的数据交换和处理而加签了《欧美保护伞协议》。

从"安全港"到"隐私护盾"，可以明显看出两国之间在个人数据流动和数据隐私保护问题上的博弈拉锯。自始以来，美国从未满足欧盟对于个人数据跨境流动的一般要求，但欧洲是美国互联网企业的主要市场之一,谷歌、脸书、微软等又是支撑欧洲经济社会有序运转的重要支撑。加之欧美协议的示范效应使得双方皆不会轻易放弃既定立场。因之,从"安全港"到"隐私护盾"是强调数据安全和个人数据保护背景下的限制个人数据跨境流动理念与促进国际互联互通的个人数据跨境自由流动理念的妥协与融合。

两者的异同点主要如表 4-4 所示。

表 4-4a "安全港"与"隐私护盾"的相同点

	相同点
宗旨相同	便利欧美商业贸易实现数据安全跨境流动
直接动因相同	欧美在个人数据保护的方式、力度和利益等方面存在一定区别和分歧
运作方式相同	企业自愿加入与遵守

表 4-4b "安全港"与"隐私护盾"的不同点

	不同点				
	透明度不同	监管力度不同	权力约束不同	救济措施不同	效力不同
安全港	一般公开	一般监管	无	一般投诉和司法救济	正常生效
隐私护盾	公示入盾承诺、公开隐私政策	定期自评审查,美国联邦相关部门进行调查监督,任命独立于国家安全机构的专门监察员	要求美国政府向欧盟递交书面声明,确保行政机构在维护国家安全、保障公共利益和其他执法活动中,遵循明确的权力范围、保障与监管机制	多重救济(向企业投诉、向本国数据保护机构投诉、求助免费的替代纠纷解决机制、求助隐私保护专家组)	设立了年度联合审查机制(由欧盟委员和美国商务部联合开展),若美国政府和企业未履行隐私护盾承诺,将暂停适用

由此可见,美国持有个人数据跨境自由流动的立场,采取分散立法和分散执行的方式监管,既不可能满足《欧盟数据指令》的充分保护要求,也不可能满足《一般数据规则》的要求。从让步力度来说,自"安全港"到"隐私护盾",美国做出了较大让步。就欧盟而言,看似严格的《隐私护盾协议》相较于《通用数据保护条例》,显得颇为宽和。例如,《隐私护盾协议》并未详细明确地阐释数据主体的权利和数据传输企业的资质,也不足以对抗美国情报机构非法获取数据的行为。同时,欧洲公民仍然难以通过美国国内法院或独立机构寻求数据权利保护。相反,美国公民可以在欧洲寻求权利保护。

双方让步的表面原因是"布鲁塞尔效应"(特指欧盟常常通过单边法律规范变相约束其他国家和地区遵循、进而提升其在国际规则制定中的主导权)和极端事件("棱镜门"事件暴露出安全港协议未能得到合理贯彻,"巴黎恐袭"事件使得欧盟认识到加强政府数据治理权力和能力的重要性)。

双方让步的根本原因是各自的经济社会发展需要。美国作为全球最大的跨境数据输入国,欧洲地区是谷歌、微软、脸书、苹果等巨头企业的重要商业阵地。清晰可行的个人数据跨境流动双边协议会大幅度地降低企业的法律和政治风险。但过度让步既不符合美国数字经济发展需要,亦不利于美国在国际社会维护自身话语权和坚持跨境数据自由流动的立场。欧盟自身数字技术与应用对于美国的依赖性决定了不可能过度限制欧美之间的跨境数据流动。但强化自身的数据主权,规范治理美国企业采集和传输数据流程,保护和繁荣本区域的数字经济,加强欧盟内部构建网络空间命运共同体的凝聚力,是强化和提升自身国际话语权的重要举措。

欧美通过妥协合作打造了特殊的互联互通、互利共赢的数字产业格局,提供了全球个人数据跨境流动规则碎片化形势下不同国家和地区相互认可和执法合作的典型范本,产生一定的溢出效应,可资我国借鉴。

四、域外云数据隐私权保护机制建设中企业作用的启示

云数据隐私权保护主要还是依赖承载云服务的物理设施质量、提供者的技术能力和内外部程序的安全性。作为正处于全球化运营模式之中或者将全球市场作为发展目标的云服务提供者、机构型云用户、其他数据控制者和使用者,云上隐私数据的收集、存储、分析、流转和销毁是日常业务的重要组成。既要全面掌握现行的政府间关涉云数据隐私权法律保护的国际协议和国内立法,遵循相关法律规范、配合公权部门合法的隐私数据调取要求,避免因不了解规则而付出高昂代价;又不能放弃保障数据主体隐私安全的底线,也并不意味着无条件牺牲己方经济利益。云服务提供者应当不予理会公权部门违法违规的隐私数据调取指令。

基于企业与政府之间的微妙关系,在面对公权调整规范的活动时,应当充分发挥强有力的企业联盟的正向效用。有理有据地统一表达既有利于团体利益、亦有利于经济发展和居民基本权益的意见和建议。云服务提供者要积极参与行业规则制定和修改工作,在相关政策法律不健全的情况下,通过高认可度的评估认证提升己方的云数据隐私保护水平、提高品牌声誉,进而在相关规则制定中发表科学合理且切实可行的协调推动云产业发展与个人权益保障的建议和意见。

例如,2018年9月,谷歌公司在美国国会针对科技巨头的"审查保护消费者数据隐私措施"的聆讯之前,发布了基于企业经验总结而勾勒的"巧妙、交互、合宜"的个人数据保护法律框架建议,提出了灵活定义个人数据、负责任地收集和使用个人数据、让数据主体真正实现对个人数据的控制、关注对个人与社区造成损害的风险等基本原则和具体做法,产生了较大影响。

又如,越南《2016网络服务和在线信息的管理、提供与使用法令(2013/72号)修正案(草案)》(*Draft Decree Amending Decree 72/2013-ND-CP on the Management, Provision and Use of Internet Services and Information Content Online*)为例,由Expedia、Facebook、Google、Line、LinkeIn、Paypal、Rakuten、Yahoo!、Twitter等大型国际科技公司组建的亚太互联网联盟(Asia Internet Coalition, AIC)在草案征求意见时,发表了"不适应爆发式增长的信息和通信技术以及越南正在融入全球数据经济的中小企业的发展需要,影响中小企业通过互联网开展全球营销、吸引国内外投资者"的总体看法和若干具体意见,助推草案的搁置处理[①]。例如,该法第2条e款规定,信息网站和社会网络的所属组织和

[①] Letter from Hans W. Vriens, Secretariat, Asia Internet Coal., to Legal Dep't, Vietnam Chamber of Commerce & Indus. Formal Comments on the Draft Decree Amending Decree 72, Asia Internet Coalition. https://www.aicasia.org/wp-content/uploads/2016/11/AIC-Comments-onDecree-Amending-Decree-72-2016_10_17.pdf.

企业应当在越南境内设置至少一个服务器系统,随时检查、存储和提供全部信息。联盟指出,提供在线/数字服务的服务器选择多样化为越南中小企业提供了更为安全和高质量的数据库。全球范围的数据流动使得越南中小企业可以通过与海外服务提供商(如全球电子商务平台)合作开拓市场。但很多海外服务提供商在越南境内并没有服务器。投资在越南境内新设或与越南本地服务器提供商合作,都会增加成本,甚至可能影响商业服务质量。同时建议,除了物理服务器本地化要求之外,确保国内信息安全的方式还有很多(如亚太地区跨境隐私保护规则体系等隐私保护的多国法律框架)。第5条a款规定,游戏的支付管理系统必须位于越南境内并连接当地支付支持服务提供者以确保准确性和充分性,并保证用户能够访问其支付账户的详细信息。然而,按照关于无纸化支付的"2012/101法令"、"2016/80法令"、《支付服务通函》(39/2014号),"支付支持服务"是包括票据托收、票据支付服务、电汇支持服务和电子钱包服务等在内的支付服务中介。正在走向世界的越南中小企业需要使用全球支付支持服务。强制其连接当地支付支持服务将限制其进入全球市场。联盟这些意见最终被越南政府采纳,导致相关条款被搁置或取消。

第五章　云上大数据处理中的隐私侵权问题研究

第一节　大数据简况

一、大数据发展简史

1. 制表机——实现数据处理自动化

1880年,面对数以万计的普查员采集到的至少需要花费7年时间才能分析完毕的海量人口登记册,美国人口普查局的年轻雇员赫尔曼·霍尔瑞斯在约翰·比林斯博士的启发下,决定发明一种能够高效完成复杂统计工作的制表机。1887年,"霍尔瑞斯制表机"问世,直接导致该年度被公认为大数据历史元年。1890年,这种在相同规格的硬纸卡片上设定要普查的诸多项目(如性别、年龄、职业等)并根据调查结果在相应位置打孔后,由能读取卡片信息的制表机自动处理的新设备在美国新一轮人口普查中广泛应用,不仅费用低廉且大幅缩短普查分析时间,开启了数据处理自动化的新纪元。1935年,罗斯福签署《社会保障法》迅速放大全美信息处理需求,简单制表机的效率劣势展露无遗,迫切需要进一步改进处理技术。

2. 电子计算机——开创大规模数据处理模式

1943年,英国为破译纳粹密码而研制了每秒读速5000字符的大型电子运算装置;1946年,世界上第一台现代电子计算机"埃尼阿克"面世,将数据处理引入规模化时代。

3. 秘存计划——达成数据采集自动化与信息存储永久化

20世纪60年代,美国政府不仅采用计算机自动收集处理各类信号,还企图将涉及个人信息的大规模纸质政府记录转换为磁式计算机存放。虽然该项秘存计划由于遭到全国范围的公众抗议而取消,甚至激发了限制联邦政府存储个人信息的《1974隐私法案》,但计算机自动采集与长期保留规模化数据的处理模式登上了历史舞台。

4. 万维网——结合多元信息资源

1989年,互联网之父蒂姆·伯纳斯·李开发出"所见即所得"的超文本浏览器(World Wide Web),通过超文本方式有机结合并传递不同计算机内的图文数据资源,为网络用户提供了高效快捷的资讯共享环境,引领互联网络的使用走下"专业化、精深化"的神坛。众多普通社会主体的积极参与为大规模的数据积聚奠定重要的前提条件。

5. 超级计算机——无限升级可处理数据量

自1976年美国克雷公司推出全球首台运算速度达每秒2.5亿次的大型计算机后,存储容量与运算能力不断接近极限的巨型计算机发展迅猛(如我国的天河二号、美国的泰坦等),长时、高效、可靠的数据存储与处理在充分加速经济转型和科学研究的同时,暴露出超大规模数据集超出存储设备承载能力等重要问题。

6. 数据激增——大数据时代的开端

经过一个多世纪的酝酿,计算机系统具备了自动完成数据采集、永久保留信息内容、自动实现巨量数据处理、"所见即所得"地展示信息资讯的能力。随着数据终端(如台式机、平板电脑、移动电话及各类数码传感器等)大面积拓展、巨量资料逐步多样化(视频流、点击流、在线交易与社交数据等)与数据加工能力日益提升①,公权机关、商业组织和个人用户掌控的元数据②呈现出爆炸性增长之势。大数据环境中高达10倍的用户终端改良速度与20倍的巨量数据储流的软硬件捕获、管理与分析能力③激发了大规模的数据海啸。"2012年和2013年互联网产生的流量,等于人类有史以来到2011年所产生的数据量总和……而且仍在以每两年翻一番的速度增加。"④美国互联网数据流已达720太字节/秒⑤,相当于6亿人同时看不同的高清电影;淘宝网去年"双十一"每分钟产生几十太字节的网络数据;脸书网(Facebook)每日有900多万用户上传250余万张照片、点击"喜欢"按钮超过2.5亿次⑥。《关于促进信息消费扩大内需的若干意见》提出,我国信息消费年均增长20%以上,2015年的目标是总规模超过3.2万亿元、带动相关行业新增产出将超过1.2万亿元⑦。网络应用、可穿戴设备、各类传感器和监测仪等带来的数据爆炸增加整个社会对海量数据处理技术的需求。复杂数据处理中已使用泽字节(ZB,1泽字节相当于存储323兆份列夫·托尔斯泰所著的1250页的《战争与和平》所需容量)为信息单元。不断激增的结构化与非结构化数据推动数据挖掘理论与技术逐步成熟,涉及大数据的算法、模型、模式等研究不断深化,数据仓库、专家系统、知识管理策略等得到广泛关注。

7. "大数据"概念登场与近期演化

1984年,蒂莉在文章中提及巨量数据分析对历史研究的意义。1987年,计算机边缘化论坛中提到"小密码、大数据"⑧。1996年,美通社(PR Newswire)提出网络技术"为了中央处理器集聚和大数据应用"。同年,硅谷图形公司(Silicon Graphics,SGI)首席科学家约翰·马西(John Mashey)做了题为"大数据与下一代基础架构压力"的演讲⑨,指出存储技术的发展速度远快于带宽和文件系统等计算资源,差异性造成瓶颈和不稳定迫使运营

---

① Office of Science and Technology Policy, Executive Office of the President. Obama Administration Unveils "Big Data" Initiative; Announces $ 200 Million in New R&D Investments. http://www.whitehou se.gov/sites/default/files/microsites/ostp/big_data_press_release.pdf.
② Kenneth Cukier. Data, Data Everywhere[N]. The Economist, 2010-02-27.
③ Jordan Robertson. The Health-Care Industry Turns to Big Data[N]. Bloomberg Businessweek, 2012-05-17.
④ 2013中国互联网大会:50亿美元大数据市场已经形成[N]. 楚天金报, 2013-08-15.
⑤ 太字节(TB,百万兆字节),相当于1000部存储容量为1G的电影的总容量.
⑥ Melissa Fach. Stats on Facebook 2012. http://www.searchenginejournal.com/stats-on-facebook-2012-infographic/40301.
⑦ 王炯业. 大数据衍生盈利潜能巨大,各路巨头抢滩[N]. 上海证券报, 2013-08-14
⑧ https://groups.google.com/forum/?fromgroups#!msg/comp.sources.misc/d3EXP4D_VK8/x7WrVBMb5FgJ.
⑨ http://static.usenix.org/event/usenix99/invited_talks/mashey.pdf.

企业积极寻找解决方法。2000年,西雅图第八届世界计量经济学年会上,出现了《宏观经济量度与预测所需的大数据动力因数》一文①。2001年,META集团的分析师Doug Laney将数据领域的复杂性描述为数据容量(Volume)、速度(Velocity)和种类(Variety)三维度的爆炸性增长,"仅仅考虑数据增长并不能完全说明问题,大数据能够帮助公司执行或转换的作用甚至比它本身更加重要",从根本上改善客户关系管理系统。2011年,麦肯锡全球研究院发布《大数据:下一个创新、竞争和生产力的前沿》的研究报告,明确提出"Big Data"概念,并经高德纳公司技术炒作曲线和维克托·舍恩伯格的《大数据时代:生活、工作与思维的大变革》的宣传推广等迅速风靡全球,成为各行各业颠覆性创新的原动力和助推器。

简言之,大数据是一个开辟社会主体逐渐将真实身份、日常生活、企业活动与社会交往等移入虚拟世界之新时代的复合概念。狭义仅指由各类传感器、电子邮件、视频、点击流以及现在与未来所有可以利用的其他数字信号源产生的庞大、复杂、多样化的难以通过主流软件工具在合理时间内处理的信息;广义涵盖通过巨量资料集与人工智能、数据挖掘、机器读取等其他信息技术分支集聚捕获、发布、存储、流转与处理海量信息资源的整个过程。大数据时代是运用新型的数字化管理模式急速集成处理体量巨大且价值密度低的原始数据,实现海量资料高增长并优化储流过程的新时期。随着大数据应用范畴从普通统计拓展到零售业再到制造业直至政治竞争②,具有重要的战略意义。

二、大数据技术的优势

1. 加强虚拟与现实互联

"信息社会的主体活动基本上都会产生数据"③,大数据时代社会主体均主动或被动地成为数据贡献者。原始数据除了最广泛、认可度最高的网页浏览、即时通信工具使用等传递的网络数据外,还包括现实世界中无处不在的传感器对于路过人群的扫描记录与移动通信信号捕捉等嗅探的个人身份、健康状况、个性偏好、信用状况数据等,来自各行各业的客户时间、位置及其他数据。链接云计算、物联网、互联网等信息技术的大数据应用嵌入现实社会正在构建数字化生存环境。遍布全球的传感器网络不间断地廉价采集现实世界的巨量信息,促进实现智能感知与公共资源协调共享的精确化低碳智能城市的建设;激进的民权主义者(如"阿拉伯之春"④)借助大数据平台储流平等化运动相关资讯;关键词研究工具(如谷歌趋势)通过流量统计与热搜词挖掘探勘使用者对于不同事物的关注度。相关分析结果与传统软件技术结合,促进信息化与工业化的深度交融。例如,托比亚斯·普赖斯教授基于"网民搜索意愿能够潜在反映他们的投资决策"⑤设计的依据"金属""股

---

① The November 2000 post-conference working paper. http://www.ssc.upenn.edu/~fdiebold/papers/paper40/temp-wc.PDF.
② Thomas Edsall. Let the Nanotargeting Begin[N]. The New York Times,2012-04-15.
③ Neil Richards,Jonathan King. Three Paradoxes of Big Data[OL]. Stanford Law Review,2013,41;ssrn.com/abstract=2325537.
④ 参见百度百科."阿拉伯之春"是指2010年年底以来在北非和西亚的阿拉伯国家和其他地区的一些国家发生的一系列以"民主"和"经济"等为主题的反政府运动.
⑤ 章磊.谷歌趋势或成股民"摇钱树"[N].新闻晚报,2013-04-26.

票"等关键词的每周搜索热度进行投资选择的虚拟道指系统创造了股市奇迹。

2. 推进广泛的深度协作

巨量数据的开源分布式处理为亿万用户共同完成某项目标任务创造了有利条件,低成本地推进科研创新、商业模式与公权决策的变革等。例如,全球使用者通过向谷歌翻译平台输入双语或多语文本,共同完善机器翻译系统。又如,我国国家统计局与大型互联网企业联合创设"大数据合作平台"①,嫁接政府与市场数据资源。

3. 提高真相发掘效率

海量数据挖掘技术大幅提升探明事实真相的效率。例如,用人单位通过大数据挖掘找出诚实的求职者②。又如,从集聚犯罪行为、时间、地点及其他因素的巨量元数据中解析关联数据的分析系统③弥补了"e化天眼计划"④人工对比庞大数据过度耗费资源的缺陷,显著提高破案率。及时合理惩处有利于安抚受害人及其他群众并威慑潜在犯意,起到有效制止违法犯罪、促进整个社会健康有序运转等重要作用。

4. 增强预测精准度

"大数据的核心就是预测。它是把数学算法运用到海量数据上来预测事情发生的可能性。"⑤总量、速度与形式等三向维度⑥爆炸性增长的元数据与精进的挖掘技术使得分析者有能力根据可视化结果进行高度精准的行为预测,彻底改变传统社会的基本运作模式。例如,美国旅游搜索服务网站(Farecast.com)通过采集海量航线机票售价(总计数十万亿条)并分析票价与提前购买天数的关系预测价格走势,帮助消费者把握最佳购买时机。又如,富士施乐的跟踪品质管理系统⑦通过装置在复印机、办公一体机等硬件设备上的各种传感器收集并分析设备使用记录及错误信息等,随时探测故障预兆。

三、云上大数据处理的价值分析

"这是一个最好的时代。"⑧基于规模宏大、结构复杂、类型众多到无法通过人工操作在合理时间内筛选、处理并整合的海量信息管理技术的大数据集已经从概念炒作转变为具有高实用价值的新型资产。云上巨量数据挖掘提供科技突破的重要支点⑨,开拓社会发展新纪元;网络消费数据集约处理助力企业经营决策,重新洗牌整个商业领域;海量电

---

① 顾阳. 政府与百度阿里等合作启动大数据[N]. 经济日报,2013-11-19.
② Steve Lohr. Big Data, Trying to Build Better Workers[N]. The New York Times,2013-04-20.
③ Yves-Alexandre de Montjoye, Cesar A. Hidalgo, Michel Verleysen, Vincent D. Blondel. Unique in the Crowd: The privacy bounds of human mobility[OL]. http://www.nature.com/srep/2013/130325/srep01376/full/srep01376.htm.
④ 2013年,中国台湾地区调阅了警方与民政系统305具监视器上长达1个月的数据记录,将受害人的车行轨迹、通联记录与图像数据交叉对比,最终发掘出有利破案的重要数据。
⑤ 维克托·迈尔·舍恩伯格,肯尼思·库克耶. 大数据时代:生活、工作与思维的大变革[M]. 周涛,等,译. 杭州:浙江人民出版社,2012.
⑥ 即同一类型的数据量急速、多样化地大量增长。
⑦ 城田真琴. 大数据的冲击:野村综研大数据专家权威解析[M]. 周自恒,译. 北京:人民邮电出版社,2013:11.
⑧ Charles Dickens. A Tale of Two Cities: A Story of the French Revolution[OL]. 2009. http://www.gutenberg.org/files/98/98-h/98-h.htm#link2H_4_0001.
⑨ David Brooks. The Philosophy of Data[N]. The New York Times,2013-02-04.

子医疗记录分析增加疾病预测与药效评估的准确性[1],为人类生命延续与健康保障提供重要支撑;联合犯罪数据对比显著提高破案率[2],打牢构建和谐社会的基础。随着宏观环境不断完善,云上大数据处理在教育科研、医疗卫生、金融保险、交通物流、涉法活动、社会保障、环境保护及各产业领域应用的重要价值逐步引起各界关注。

1. 推动科技进步

具有时间与空间覆盖性的云上大数据处理是第三次浪潮的华彩乐章,带来数据储流高速增长,大幅拓宽数据分析的对象源,使得基于某些特定要求、运用各种方式从海量样本中分析疾病预测、推断经济前景与犯罪趋势的可行性与准确性上升到新高度,达致科学研究从假设推动到数据推动的飞跃[3]。科研人员从海量数据库中挖掘并处理最优信息,实现多项目突破性进展。通过挖掘大批量交流数据掌握全体人员认知状况[4];通过观察价格变化、移民状况及干旱程度等预测食品短缺趋势[5];通过再识别数千万用户数据,揭示涨价是就医率下降的核心原因[6]。医疗机构甚至在排序对比乔布斯所有DNA和肿瘤DNA后按照整个基因数据按需下药治疗癌症,延长其数年生命。

2. 维护社会稳定

从海量"点对点"互动信息中归纳效果规律的云上大数据处理模式精确评估与预测影响社会或群体的事件真相或趋势并通过多元传播媒介向全社会扩散,既有利于提升政府监管能力、增强政府决策的科学性、提高政府服务水平,亦有利于警示潜在违法者并提醒善意相对人,是维护社会稳定、保障公共安全的有益工具,为社会治理体系现代化和保障国家安全提供技术支撑。例如,随着全球定位系统的广泛普及,Google Places、Facebook Places、百度定位服务及各类含定位功能的手机应用程序记录了用户位置与移动轨迹,大幅降低数字化侦查的难度。又如,大数据技术加大司法公开程度,改变司法系统信息不对称的状况。通过抓取、分析、提炼、加工全面公开的裁判文书中体现的案件事实与法律关系等构建云上大数据胜算评估系统;综合运用数字化模型的统计技巧和信息技术完善量刑资讯系统(如韩国的"案件评量数据库"、我国的"量刑建议管理系统"和"刑法常用百种罪名电脑辅助量刑系统"等),努力达致"同等情况,同等对待"的量刑均衡状态;基于编码技术归纳犯罪活动的时间、地点和地区属性,量化犯罪流[7]。

3. 改善公共服务

大数据时代的公共服务进入便捷高效的新阶段。交通管理部门通过匿名收集车载信

---

[1] Emily Singer. Is "Self-tracking" the Secret to Living Better? [OL]. http://www.technologyreview.com/view/424252/is-self-tracking-the-secretto-living-better.
[2] 彭玉磊. 大数据化生活喜忧参半:可预测犯罪可窥视居住[N]. 广州日报,2013-05-26.
[3] Chris Anderson. The End of Theory:The Data Deluge Makes the Scientific Method Obsolete[OL]. http://www.wired.com/science/discoveries/magazine/16-07/pb_theory.
[4] Big Data for Social Good. http://www.hsph.harvard.edu/ess/bigdata.html.
[5] Washington Okori,Joseph Obua. Machine Learning Classification Technique for Famine Prediction[J]. Proceedings of the World Congress on Engineering,2011(2):991.
[6] Aizenman N C. Data Trove may Shed Light on Health-care Uncertainties[N]. The Washington Post,2012-05-21.
[7] Jameson Toole,Nathan Eagle,Joshua Plotkin. Quantifying Behavioral Data Sets of Criminal Activity[OL]. http://ai-d.org/pdfs/Toole.pdf.

息服务装置传递的通信数据(该项服务通过汽车内置传感器以分钟或秒为频率收集车辆速度、行驶里程、方向位置及其他有用信息)分析每辆汽车的车行速度与车流持续时间,在有效评估交通状况[①]的基础上,制定科学的交通法规与道路规划条例。新型智能电网通过先进的传输与控制技术和决策支持体系集成云上互动数据模型,达致电网系统、各类电源与用户终端的多向实时链接,高速读取电力数据、控制智能设备、回收富余电能与稳定临界负荷等[②],有助于实现高效、经济、环境友好与使用安全等服务目标[③]。社会保障部门通过分析诊疗报酬明细表中患者接受医疗机构治疗的具体数据计算医疗浪费成分,借助庞大的云数据分析系统节约各级政府机构的医疗和护理费用。

4. 缓解环境问题

云上大数据处理促进资源最优化,在生态环境改善中发挥了重要作用。例如,紧急救灾服务中心通过自建和共链大型云数据库,捕获与分析海量灾情数据、救助状况与重建信息,大幅提高防救灾害能力(如发现即将到来的洪水、风暴等小概率事件并提供预警信号)并为投资者提供较为精准的意向地区自然和人为灾害数据[④]。

5. 提升经营实效

"人类行为遵循共同的幂律分布"[⑤],作为信息时代最重要生产要素的云上大数据集是获取竞争优势的源泉。大量传感器、后台系统、分析软件与云数据库等的联网运作改变了诸多产业的发展模式,众多经营者认识到云数据存储简单长久且是获取用户深度看法的关键。大数据作为"新型信息处理方式——用来改进分析发现、决策制定以及流程自动化"[⑥],相应采集、存储与应用推进海量数据效用最大化[⑦],使得处理者有可能通过掌握的信息轨迹预测数据主体的行为走向,促进"数据主导决策"之经营理念的全面渗透,通过个性化、精确化与智能化的广告推送、营销选择与效益预判等减少企业运作中的无效成本耗费,进而创立全新的商业模式。第一,促进产业整合。各行各业不仅依托云上大数据分析有效精简生产线、实现生产自动化,亦逐步以跨行业联合服务为全新利润增长点。例如,汽车轮胎制造商通过在轮胎上安装传感器了解运输里程和磨损情况,既简化货运公司的轮胎维护责任,又开辟出新的营利模块。第二,提升商业决策的科学性。大数据时代众多企业开始深入探索消费数据,尝试利用蕴藏信息最大限度地减少客户流失、分析经营风险

---

① Carlo Ratti, Riccardo Maria Pulselli, Sarah Williams, Dennis Frenchman. Mobile Landscapes: Using Location Data from Cell-Phones for Urban Analysis[J]. Environment and Planning B: Planning and Design, 2006(33): 727.

② Information and Privacy Commissioner. Smart Privacy for the Smart Grid: Embedding Privacy into the Design of Electricity Conservation. http://www.ipc.on.ca/images/Resources/pbd-smartpriv-smart grid.pdf.

③ Katie Fehrenbacher. Introducing the Facebook Social Energy App[OL]. http://gigaom.com/cleantech/introducing-t he-facebook-social-energy-app.

④ Samuel Fosso Wamba. 'Big Data' as a Strategic Enabler of Superior Emergency Service Management: Lessons from the New South Wales State Emergency Service[OL]. http://ssrn.com/abstract=2191155.

⑤ 艾伯特·拉斯洛·巴拉巴西. 爆发:大数据时代预见未来的新思维[M]. 马慧,译. 北京:中国人民大学出版社,2012:32.

⑥ http://goo.gl/Bo3GS.

⑦ Omer Tene, Jules Polonetsky. Big Data for All: Privacy and User Control in the Age of Analytics[J]. Northwestern Journal of Technology and Intellectual Property, 2013(11): 239.

并改善用户体验。生产力年均递增率高达5%～6%[①]的"数据主导决策型"企业在创造上百亿财富的同时,也提供了近百万就业机会[②]。例如,云上大数据分析不仅为诉讼代理计算出同类案件的合理报价,还帮助出庭律师构成最佳代理策略。第三,降低经营风险。多网站共建的统一交易信用评估系统使得买卖双方可以基于子平台交易记录判断对方的可信度,大幅降低交易风险。第四,革新企业营销模式。大数据的起源归功于互联网络与电子商务,但其最大应用领域却是上云的传统产业从海量数据中挖掘出可以有效利用的品牌营销工具[③]。例如,零售业巨头沃尔玛在基于巨量数据挖掘出男性顾客购买婴儿尿片时常常会顺便搭配几瓶啤酒来犒劳自己后,进行了"啤酒+尿布"的成功营销。又如,律云系统改变了传统律师营销模式,将法律咨询、撰写与审核合同、制定企业规章制度等转变为虚拟可售的电子产品,推进法律服务行业中专业人群的标签化和品牌化。

6. 实现个性化服务

云上大数据处理创造了个性化服务前所未有的发展机遇与广域市场[④]。"绿色按钮"计划[⑤]、"开放刊发在线信息"[⑥]和"共享开发工具"等为个人用户从行车导航、餐馆建议到医疗服务的全方位应用创造了有利条件[⑦],提升用户群在各类网络事件[⑧]中储流数据的积极性,推动人类生活的数字化进程。"今日头条"通过长期采集并分析用户的社交网络和阅读行为,推荐相对精准的个性化数据,极大地提高了用户的阅读舒适感;淘宝购物页面下方"随机"跳出的"看了该宝贝的人还看了"与"买了该宝贝的人还买了"等选项不是随意抽取的资讯,而是通过调用其他用户的数据资料增加服务体验。

7. 达致因材施教

因材施教是数千年来教育改革的重要目标。随着云上大数据技术日益提升与广泛应用,许多强有力的新生代信息产品和服务为教育机构及广大师生提供了几近零成本的个性化教学辅助云平台和多样工具。Edmodo打造全方位的教育内容互动分享平台、Nulu构筑多途径的语言学习环境、CourseSmart供应数字化教科书和课程资料、Uzinggo提供在线辅导等。海量教育资讯在远程云端聚合流转,减少教育机构的基建投入与软件负担,不断促进教育生产力的发展。例如,基于大量学生在脸书系统或QQ空间上花费的时间和精力远超完成家庭作业,授课教师使用学校提供的云端邮箱与存储空间建立专门的在

---

① Erik Brynjolfsson. Strength in Numbers: How Does Data-Driven Decision Making Affect Firm Performance? [OL]. http://www.a51.nl/storage/pdf/SSRN_id1819486.pdf.
② Michael Mandel. Where the Jobs are: the App Economy[OL]. http://www.technet.org/wp-content/uploads/2012/02/TechNet-App-Economy-Jobs-Study.pdf.
③ 大数据就在我们身边[N]. 内蒙古日报,2014-08-18.
④ Fortune Editors The Emerging Market that could Kill the Iphone. http://tech.fortune.cnn.com/2012/08/01/iphone.
⑤ Thomas Voland. Introducing the Green Button. http://collaborate.nist.gov/twiki-sggrid/bin/view/SmartGrid/GreenButtonInitiative.
⑥ White House office of Science & Technology policy. "Click a Simple Blue Button and Download" Data: President's Open Government Agenda Defaults to Transparency[OL]. http://www.whitehouse.gov/sites/default/files/microsites/ostp/smartgrid09-15-11.pdf.
⑦ Steven Overly. Mobile Health Apps Prompt Questions about Privacy[N]. The Washington Post,2012-04-27.
⑧ Kevin Ashton. That "Internet of Things"[J]. RFID Journal,2009(7):25.

线教学讨论社区并在脸书站点注册账号和添加学生们为好友后建立两者间的互链关系,充分发挥云上大数据服务系统提高教学成效的重要作用。

云上大数据处理是社会主体一切线上与线下活动均以数据形式展现(线上行为具有数字化的固性特征,线下行为通过无处不在的传感器及类似设备实现数字化);大数据供应者(商业性或公益性)在有机整合海量数据采集、存储与处理等运作环节的基础上,去伪存真地评估或预测对象趋势,低耗高效地开创经济发展、生态改善、教科进步、政治稳定与国家安全等的新纪元。

第二节 云上大数据处理中隐私致险因素剖析

云上大数据处理的重要意义促使各国政府大力实施"大数据研究与发展计划"[①],致力于改善数据收集、组织和分析技术,提高从复杂的数据集合中获取知识和洞见的能力。商业组织也意识到通过海量信息处理推演用户需求并及时推出个性化产品与服务是成为新一轮产业洗牌中最大赢家的关键。但数据处理机构的主流软件工具不足以在合理时间内安全地将巨量数据处理成有效资讯。迅速增长的大数据需求使其无暇同步改进安保系统,相关法律规范与执行举措不健全亦助长了侵权恶意,致使云上个人数据隐私权处于风险漩涡。

一、多源数据采集导致欠缺保护的原始数据巨量化

信息资源在全球复杂环境中共享为数据采集创造了良好条件[②],但巨量资料很少来自数码传感器、网络通信或监控系统[③]等结构性资源,更多地来自网络搜索或其他在线行为[④]中无意创造的数据副产品[⑤]。这些偶发汇入云数据库的缺乏隐私协议与安保措施的数据往往涉及用户隐私。依据公共利益需要、当前法律规范与一般数据服务协议,资料提供者不能阻止挖掘方持续收集各类信息。例如,索瑞尔诉艾美仕市场研究公司(Sorrell v. IMS Health, Inc.)一案中,美国联邦最高法院推翻了佛蒙特州限制电子处方流转的裁决[⑥]。这些处方背后巨大的商业价值促使医疗人员及第三方集中关注患者的"顾客行为模式"并从事相关数据挖掘活动。数据承载量与追踪技术日益提升的大型网络企业(如雅虎公司与亚马逊公司)积极寻求全方位的数据渗透与控制,致力于通过面包屑式数据追踪与辨识集聚数据主体的健康状况、经济收入、生活情况及在线活动等信息[⑦],在广域数据挖掘的基础上实现个人数据信息财富货币化[⑧]。"我们正处于一种不断变化但却日趋精

---

① 赛迪智库软件与信息服务研究所. 美国将发展大数据提升到战略层面[N]. 中国电子报, 2012-07-17.
② Paul Ayris. European Commission Backs Calls for Open Access[OL]. http://www.libereurope.eu/blog/european-commission-backs-calls-for-open-access.
③ Sean Gallagher. Big Brother on a Budget: How Internet Surveillance got so Cheap[OL]. http://arstechnica.com/information-technology/2012/08/big-brother-meets-big-data-the-next-wave-in-net-surveillance-tech/.
④ Big Data, Big Impact: New Possibilities for International Development. http://www3.weforum.org/docs/WEF_TC_MFS_BigDataBigImpact_Briefing_2012.pdf.
⑤ Nicolas Terry. Fear of Facebook: Private Ordering of Social Media Risks Incurred by Healthcare Providers[OL]. http://papers.ssrn.com/sol3/papers.cfm?abstract_id=1908346.
⑥ Sorrell v. IMS Health, Inc. 131 S. Ct., 2011: 2653, 2656-58.
⑦ Daniel Solove. A Taxonomy of Privacy[J]. University of Pennsylvania Law Review, 2006(154): 477.
⑧ Nicole Perlroth. Revamping at Yahoo to Focus on Its Media Properties and Customer Data[N]. The New York Times, 2012-04-11.

密的被监视状态中……正是这些记录的存在引爆了个人隐私危机,而这一问题的严重性再怎么夸大也不为过。"① 急速演变为商业利益海量资源池的巨型互链云数据库充斥着大量缺乏隐私安全保障的原始数据,严重威胁个人数据隐私。

二、新数据分析技术打破匿名规则

基于某些特定要求,运用各种方式从承载数据中分离必要信息具有重要的社会价值,如医疗费用中心(Hearlth Care Cost Institute)通过再识别3000多万用户数据,揭示涨价是就医率下降的核心原因②。多元搜索条件并行的云上大数据分析模式创造了高价值的联合资源,背后巨大商机引起各界关注,如实时运营信息软件供应商Splunk Inc的股价在上市首日就暴涨109%③。但云上海量数据处理不仅有可能助推违法行为(如色情行业经营者通过挖掘并分析用户选择定位目标广告),通过再识别技术寻求相关性(如基于准标识符属性值与敏感属性值之间特殊关联的近似攻击④)、越过"数据权人同意"之禁止条款获得个人数据,更打破了数据流转的匿名展示规则,逐步暴露数据隐私。云数据库提供者与用户自设的访问限制和使用记录均不足以阻止第三人交叉分析并流转数据结果,进一步增加了数据隐私侵权风险⑤。例如,美国在线公司(American Online)为研究目的公开一批查询日志时已做出匿名处理。理论上讲,任何人无法从65万匿名用户3个月内的2000万条查询记录中识别出真实身份,实则不然。由于用户查询时均被赋予随机的唯一标识符,据此很容易获知同一用户的全部查询内容,进而通过交叉搜索地址、社保号、工作地点、收入水平等具有识别因素的数据,在很大程度上有可能获知用户真实身份及其他隐私数据。一些企业不仅没有严格遵循仅在用户需要个性化定制服务时调取数据的基本原则,甚至将云上数据分析与合作伙伴共享以追求商业共赢(如沃尔玛向供应商提供相关商品货架位置、存量与销售数据的零售链⑥与在先行为推荐购买的复杂模式⑦)或者为广告商提供投放指导,"降低了参与者对于数据隐私匿名存取的信任与参与热情"⑧,"破坏了隐私规则的有效实施并影响信息产业发展"⑨。

三、数据主体对于云数据隐私权认知不足

大量媒体曾在显著位置刊登脸书用户要求获得己方数据访问记录的新闻⑩。虽然近

---

① 艾伯特·拉斯洛·巴拉巴西. 爆发:大数据时代预见未来的新思维[M]. 马慧,译. 北京:中国人民大学出版社,2012:8.
② Aizenman N C. Data Trove may Shed Light on Health-care Uncertainties[N]. The Washington Post,2012-05-21.
③ Ben Rooney. Big Data's Big Problem: Little Talent[OL]. http://blogs.wsj.com/tech-europe/2012/04/26/big-datas-big-problem-little-talent/? mod=google_news_blog.
④ 李宁,朱青. 大数据模式分解的隐私保护研究[J]. 计算机科学与探索,2012,6:961-973.
⑤ Ann Cavoukian, Khaled EI Emam. Dispelling the Myths Surrounding De-identification: Anonymization Remains a Strong Tool for Protecting Privacy[OL]. http://www.ipc.on.ca/images/Resources/anonymization.pdf.
⑥ A Different Game: Information is Transforming Traditional Businesses[N]. The Economist,2010-02-25.
⑦ Thomas Davenport. Realizing the Potential of Retail Analytics: Plenty of Food for Those with the Appetite[OL]. http://analytics.typepad.com/files/retailanalytics.pdf.
⑧ Betsy Masiello, Alma Whitten. Engineering Privacy in an Age of Information Abundance[OL]. http://www.aaai.org/ocs/index.php/SSS/SSS10/paper/viewFile/1188/1497.
⑨ Paul Ohm. Broken Promises of Privacy: Responding to the Surprising Failure of Anonymization[J]. UCLA Law Review,2010(57):1704.
⑩ KevinBrien. Austrian Law Student Faces Down Facebook[N]. The New York Times,2012-02-05.

年来个人对于云数据隐私权的认知有所提升,但相对于日益复杂的云上个人数据采集与挖掘流程和技术,仍然处于并未正确认知全部权益的状态[1]。新型运算法则和人工智能发展导致云数据储流活动愈加专业化,甚至逐步普及无人为干涉的自动决策系统,致使数据主体处于绝对劣势。信息资源不对称造成云服务提供者对于数据主体某些状况的了解胜于对方,云上数据服务质量与价格最大限度地接近数据主体可以承受的上线。"用户同意是数据处理过程合法化的重要理由。"[2]提供者为了合法且自由地获得数据信息,往往通过复杂的隐私条款晦涩地解释己方行为以征求数据主体的同意。数据主体不能从过于笼统且专业性甚强的表述中明晰数据披露的具体细节,甚至无从知晓数据的确切流向。认知不足在很大程度上影响了数据主体妥善行使隐私控制权。

第三节 云上大数据处理中隐私风险应对策略

全球正在兴起新信息产业革命,数字主权将成为大国博弈的新空间。我国云上大数据处理从思维理念到现实产业的本土实践尚处于起步阶段[3],有必要及时采取与数据分析技术、决策系统与流程自动化[4]发展相协调的隐私风险规制措施。

一、完善保障数据隐私的法律规范

虽然绝大多数国家和地区强调了对数据隐私权的支持[5],但大多未在法律制度中严格履行相关承诺。如美国的《外国情报监听法》确定了侵害数据隐私权的五年全民数据监控期[6],构筑起数字版"监狱"[7]。"通过健全数据隐私法律规范,保护和改进控制他人数据的模式"[8]。要求侵权人承担相应责任,是降低云数据隐私侵权风险的重要措施,有利于实现信息公平与自由言论。澳大利亚的《公共服务大数据战略》规定了"从设计着手保护隐私、数据完整性与程序透明度、资源共享、与业界和学界合作、强化开放数据"等旨在推动公共行业利用大数据分析进行改革并保护数据隐私的一系列原则,极大地提高了生产力与创新收益[9]。但这些规范侧重调整商业组织的储流活动,而不是管理政府的数据挖

---

[1] The Gallup Organization. Data Protection in the European Union: Citizens' Perceptions Analytical Report [OL]. http://ec.europa.eu/public_opinion/flash/fl_225_en.pdf.

[2] The Working Party on the Protection of Individuals with Regard to the Processing of Personal Data[OL]. http://ec.europa.eu/justice/policies/privacy/docs/wpdocs/2011/wp187_en.pdf.

[3] 李文瑶. 互联网大会:大数据驱动的智能创新[OL]. http://tech.huanqiu.com/internet/2013-08/4244185.html.

[4] Doug Laney. Deja VVVu:Others Claiming Gartner's Construct for Big Data. http://goo.gl/B o3GS.

[5] 如《美国隐私权法案》《欧盟数据指令》等。

[6] Obama Signs FISA Warrantless Wiretapping Program Extension Into Law. http://www.huffingtonpost.com/2012/12/30/obama-fisa-warrantless-wiretapping_n_2385690.html.

[7] 环形监狱理论由英国哲学家杰里米·边沁提出,是一种确保一个监视者就可以监视所有犯人,而犯人却无法确定他们是否受到监视的监狱设计方案。

[8] We Believe America:Republican Platform. http://www.gop.com/wp-content/uploads/2012/08/2012GOPPlatform.pdf.

[9] 澳大利亚发布《公共服务大数据战略》[N]. 人民邮电报,2013-08-14.

掘；主要针对数据隐私的基本保护，却未提及数据采集①。有必要"在制度建设层面持续给力，继续完善相关法律法规"，确立易于数据主体获取与理解的云数据隐私采集制度，促使政府数据挖掘活动规范化，"形成保护个人隐私的长效机制"②。

二、增补云服务协议必备条款

云服务协议是处理云服务提供者与用户交互关系的基本准则，增补有利于保障数据隐私的必备条款是降低云上大数据轮动中隐私侵权风险的重要举措。主要是建立选择性退出（Opt-out）机制的条款与再识别规制条款。一方面，国家安全、经济发展、环境保护、公共健康及技术进步等的实际需要使得云上大数据轮动不能只考虑数据隐私，必须寻求其他利益与隐私保障的动态平衡。全新的隐私保护体系必须基于数据价值高于潜在隐私侵权可能性的风险矩阵，实现数据利益最大化与隐私风险最小化。数据主体对于技术了解有限，在新应用面前驻足不前。若脸书被动等待用户选择进入，而非积极主动地加入新功能，人们今日可能无法从该系统获益。谷歌曾恳请用户同意"沿街扫描"以构建全球定位地图，但选择同意者甚少③，改为选择性退出模式后仅有少量用户退出④。随着数据主体对数据隐私侵权顾虑的不断上升与对便捷服务的执着追求，提供者有必要完善云服务协议中弃权规则，建立选择性退出机制，实现各方利益需求的动态平衡。另一方面，有必要通过云服务协议的条款更新，"承诺不得再识别既定数据，即任一系统参与者未经数据权人特别允许，必须保持数据原有的分离状态"⑤。这是防止侵权人利用新技术从海量数据中识别个人隐私信息甚至向第三方传播的重要干预手段。确定违约再识别的法律责任有利于震慑潜在侵权人并提高数据主体对于安全保障的信心。

三、健全海量云数据库综合运作的监管机制

多个海量云数据库复合链网建立的统一信息运作平台的强化监管是高效控制个人数据流向并追踪与限制有可能侵害隐私权的未经允许的数据轮动的重要措施。作为数据资料最大产地，收集与使用方的公权部门长期掌握着辖区居民的各种信息（如出生日期、居住地、婚姻状况、死亡记录等），持有环境、经济与法律政策统计数据等⑥。随着大数据挖掘技术与公众知情意识的提升，各级各地公权机关逐步建立起"加快公众获得高价值机读信息"⑦的交互链接数据库，确保普通居民也能够自由地获取海量数据，亦成为通过整合编制巨量元数据谋取利益之商业组织的重要信息源。如 Personal 公司通过下载分析政府

---

① Mike Miliard. Will Health IT Bipartisanship Survive the Elections？[OL]. http://www.govhealthit.com/news/will-he alth-it-bipartisanship-survive-elections.
② 李强. 大数据时代，更需保护个人隐私[N]. 人民日报，2013-07-04.
③ Kevin Brien. European Regulators may Reopen Street View Inquiries[N]. The New York Times，2012-05-02.
④ Kevin Brien. Google Allows Wi-Fi Owners to Opt Out of Database[N]. The New York Times，2011-11-15.
⑤ The Working Party on the Protection of Individuals with Regard to the Processing of Personal Data[OL]. http://ec.europa.eu/justice/policies/privacy/docs/wpdocs/2011/wp187_en.pdf.
⑥ Amanda Conley，Anupam Datta，Helen Nissenbaum，Divya Sharma. Sustaining Privacy and Open Justice in the Transition to Online Court Records：A Multidisciplinary Inquiry[J]. Maryland Law Review，2012(71)：772.
⑦ The Open Society：Governments are Letting in the Light[N]. The Economist，2010-02-25.

发布的消费者年度食品购买记录及过敏、宗教与其他饮食限制等,构建利润惊人(一般收取商户销售额的10%)的消费趋势模型①。数据流转是发挥用户群共性能力的重要枢纽,构筑要旨在于确保正确信息到达目标用户。数据处理目的是使用数据,而非销售数据。随着云上大数据轮动的负面影响愈加明显,有效管控海量云数据库综合运作至关重要②。

四、建立目的考量的再识别规则

目的考量是隐私保护的基本原则,在信息社会的数据处理领域直观表现为"数据缩小"(Data Minimization),即要求公权部门、商业组织及个人用户必须将数据收集限制在实现合法目的所需的最低范围并及时删除无用数据。"个人数据必须基于特定的、明确的且合法的理由收集且不得用于其他用途"(《欧盟数据保护指令》第6条);数据信息"应仅因特定明确目的且获得权利人同意或法律规定之正当理由下,公平地被处理"(《欧盟基本权利宪章》第8条第2款)。然而,大数据轮动模式与数据缩小截然相反。参与者通过多种网络工具捕获的各类信息在系统内持续堆积造成数据扩大化,不断提升的计算机"深度学习"技术可以从信息碎片中形成诸多预测,使得有意获取数据者能够以最小代价再识别所需隐私信息。"87%的人在获知年龄、性别和邮编的情况下能够被确认身份,只要在公开数据库里交叉确认就可以。"③再识别巨量原始数据的大型处理中心④对公权部门、商业组织和个人用户数据信息的整合编制,严重影响数据安全性。有必要重新界定数据缩小的范围与力度,在允许参与者基于社会特殊期许再识别特定范围的数据信息的同时,建立更为严格的旨在保障数据隐私权的再识别规则体系。相对直观与可量度的目的考量原则是衡量云上大数据轮动合法性并避免权力滥用的核心标准,有利于保护数据主体对数据隐私的合理预期。目的考量的再识别规则体系包括三个主要分支:①目的明确化即数据再识别系统控制者在绝大多数情况下必须详细说明识别理由与内容,确保整个处理过程透明化并可预测活动走向;②目的特定化,即数据再识别目的必须在行为发生时详细阐明且处理活动不得超出最初声明之目的范畴,即禁止超出数据权人合理预期范围识别数据;③目的合法化,即数据再识别过程必须符合法律规定。

五、提高云上大数据轮动的透明度

全方位、零冲突的数据自由流动将使所有参与者获益,但数据隐私权与国家社会、商业组织及其他权利主体的利益冲突长期存在。云服务提供者通过隐私政策宣称充分保障个人数据权益,却利用信息与技术不对称肆意处理隐私数据,严重侵害个人的隐私控制权。公权部门利用职权优势与特别隐私政策(要求数据持有者在收到合法请求的情况下,与之共享信息及配合其他监控)秘密挖掘数据隐私,如棱镜计划⑤对即时通信和既存数据

---

① 该公司宣称以保护用户隐私不受其他公司偷窥、整理、存储并出售为宗旨,却长期依靠再识别谋取高额利润。
② Jay Stanley. The Potential Chilling Effects of Big Data[OL]. https://www.aclu.org/technology-and-liberty/potential-chilling-effects-big-data.
③ 此项数据是哈佛大学拉坦娅·斯威妮教授的研究成果。转引自"在大数据时代里 你是否安全了". http://server.zdnet.com.cn/server/2013/0815/2172547.shtml.
④ Natasha Singer. Mapping, and Sharing, the Consumer Genome[N]. The New York Times, 2012-06-16.
⑤ 棱镜计划是美国国家安全局和联邦调查局自2007年起开始实施的绝密电子监听计划。两个政府机构直接在包括微软、雅虎、谷歌、苹果等在内的九家网络公司的中央服务器挖掘数据,秘密监视民众的各类网络活动。

资料的深度监听,引发全球性恐慌。"我不想生活在一言一行都被记录的世界里。"①数据主体对于云上大数据轮动的排斥主要来自秘密数据处理带来的不安全感与单方无限制滥用存储数据并由此获益带来的不公平感②,迫切需要提高轮动透明度。"阳光是最好的杀菌剂"③,降低隐私风险的核心举措是云上个人数据处理透明化,有利于保障用户控制己方数据采集与流转的权利,阻止违法或不道德地使用敏感数据并防止错误推论,避免隐私条款成为云服务提供者的免责利器。透明化亦是提高数据分析准确性的重要助力。云上大数据分析是操作者对巨量资料的解释过程,结论受到身份和观点的影响,列明决策标准是链接法律与技术交叉点的关键,有利于排除一些不可靠、影响社会公平或侵害数据隐私的结论④,并减少对于关联性较低的隐私数据的挖掘与持有。

六、拓展被遗忘权的应用

恒存定律意味着"数据化记忆的受害人完全是一个可怕的突然袭击……你留在网络上的电子足迹将在某一天对你造成伤害。那是无法被擦除的"⑤。"大数据时代,你我的个人数据早已不属于自己,而是商业链条上不可或缺的一环。"⑥虽然云上大数据轮动从巨量资料中暴露的影响主体生存与发展的特殊关联信息具有重要意义,但其中包含的个人敏感数据是对其数据隐私权的巨大侵害。目前的云数据隐私权安保手段达不到反识别的目的⑦,有必要拓展被遗忘权的应用,创造帮助数据主体要求云服务提供者清除己方数据的良性环境⑧,实现云数据隐私保障与信息产业发展之间的微妙平衡。

云上大数据自由轮动、社会公益实现与云数据隐私保障的和谐共进不仅需要进一步降低技术利用成本,提高云数据库容纳海量数据同步访问能力与安全认证指数,切实执行大量预防、调查与制裁云数据隐私侵权活动的保障性措施,改进暴露内部隐私规则缺陷的云数据分类运转流程,亦必须广泛应用云数据隐私影响评估制度与交互式监控认证系统等。科学合理的云数据隐私影响评估公式是正确判定云上大数据轮动的合理利益与潜在隐私风险有效衡平点的关键。强化互动式监控认证系统,明确管理人员的权责范围,有助于监督并降低公权干预侵害隐私数据的可能性。

---

① 入侵中国网络 15 年 美国政府看到了什么?[N]. 北京日报,2013-06-14.
② Lev Manovich. Trending:the Promises and the Challenges of Big Social Data[OL]. http://www.manovich.net/DOCS/Manovich_trending_paper.pdf.
③ Louis Brandeis. What Publicity can Do[N]. Harper's Weekly,1913-12-20.
④ Randall Stross. The Algorithm didn't Like my Essay[N]. The New York Times,2012-06-09.
⑤ 安德鲁·费尔德玛因为 2001 年发表在交叉学科杂志的文章中提及自己在 20 世纪 60 年代曾服用过致幻剂,被通过互联网搜索到该信息的美国边防士兵禁止入境。转引自迈尔·舍恩伯格,删除:大数据取舍之道. 杭州:浙江人民出版社,2013:6.
⑥ 大数据时代,谁来保护我们的隐私[N]. 新华日报,2013-07-25.
⑦ 对应网络协议地址删除只能确保单条查询数据无法定位用户,不能避免多信息源交叉挖掘暴露个人身份特征。例如,绝大多数网络搜索引擎系统会自动删除查询记录对应网络协议地址的最后一个字节,但通过剩余三个字节仍然可以判断查询请求的来源地(如南京某高校),再结合其他信息(如查询内容、校内上网记录等)很容易定位到具体人员。
⑧ Viviane Reding. The EU Data Protection Reform 2012:Making Europe the Standard Setter for Modern Data Protection Rules in the Digital Age[N]. Innovation Conference Digital,Life,Design,2012-01-22.

第六章　云上人工智能模块中数据隐私侵权问题研究

第一节　云上人工智能模块的前景展望

人工智能算法模块必须基于云生态环境，也是云系统的核心应用。"任何非常先进的技术，初看都与魔法无异。"①自一群怀揣梦想的年轻科技工作者提出"人工智能"（Artificial Intelligence，AI）这一概念以来，两轮大起大落未能阻却人们通过创造集智辅助工具突破生理极限的不懈追求，合力驱动"人工智能＋云计算"的技术谱系重塑人们的思维习惯、生活方式和社会生产结构，逐步构筑共生、竞争、合作、依存的协同进化生态圈。

"万物负阴而抱阳。"②一方面，人工智能模块渗透定理证明、计算智能、问题求解、神经网络、机器学习、识别控制等众多领域，提升稀缺物品的生产效率，促进产业供需平衡，降低个性化处理成本，缓解劳动年龄人口持续萎缩和社会老龄化的巨大压力，使得"人法地、地法天、天法道、道法自然"的休闲社会和"为人类造出更大的福利"③的公有社会等终极梦想照进现实。另一方面，黑盒化巨型神经网络驱动的算法系统具备强大的学习力、爆发力、持久力与适应力，通过将生产数据、管理数据和消费数据集中到少量娴熟工匠手中来削减大规模人工投入，致使绝大多数被取代的低技能密集劳动从业者沦为低保救助对象（少量转业为数据标注类新生代民工）。云上人工智能模块对于包括数据主体主动出示的完整数据和其他合法途径传递的零散数据等在内的全景数据深度挖掘，采用知识图谱辅助算法结构以及机器自主输出最终结果等，不仅严重威胁数据主体的隐私权益，还引发了人们对于远期场景中出现"终结者机器人"④等毁灭性变数的深层恐惧，亟待采用强有力的风险应对策略。

一、人工智能威胁论与低概率的超智远景

虽然目前的云上人工智能模块仅在精准划定的需要高级智慧的特殊任务场景中展现出明显优势（如谷歌公司使用机器学习算法成功过滤 99.9％ 的垃圾电邮并进行智能回复、脸书公司通过智能文本理解引擎精准识别恶意评论并自动关联配套业务），而在从现象中归纳逻辑关系、高度抽象的跳跃性反映以及无法度量的心理感知等方面呈现出相对

---

① 阿瑟·克拉克.2001太空漫游[M].郝明义，译.上海：上海人民出版社，2007：11.
② 老子.道德经[M].李若水，译评.北京：中国华侨出版社，2014：157.
③ 托马斯·莫尔.乌托邦[M].杜智勇，译.乌鲁木齐：新疆科学技术出版社，2003：41.
④ 美国著名科幻电影《终结者》描述了由机器人操控的未来世界中，超级电脑"天网"为了把人类赶尽杀绝，派出"终结者机器人"。

劣态(如直觉、味觉、嗅觉和情感反射能力薄弱)。但是,开放互通的后工业化网络时代中,全球云上人工智能模块在因果推理等通往超智远景的关键环节上屡次突破,促逼性技术解蔽打乱了旧有的市场秩序和价值链条。主要国家和地区势如破竹地夯实"AI+ALL"战略的过程中,机器智能化程度越来越高①,专项能力越来越强②。"微软小冰"出版诗集、"阿尔法狗元"自创棋路、"百度大脑"甚至将对于《1/4英里画作》的"感悟"谱写成钢琴曲,使得人们开始担忧机器智能"将召唤出恶魔"③。

"物种的产生和灭绝是由于缓慢发生作用的、现今依然存在的原因。"④人类成为万物之灵长的关键在于拥有理性、感性、自主性和创造性,初现雏形的多元人工智能体却已在相应领域内展示出一定的潜能。

首先,理性使得人类区别于其他动物⑤。抽象存在于个体之中的理性是依据掌握的具体知识、价值原理和行为法则进行思维和实践的意志和能力。人工智能系统作为融合多学科前沿知识模拟人类某些思维过程和智能行为的复杂装置,以通过复杂的计算机程序自主模拟以往只有人类才能遵循的特定逻辑思维为核心特征。其次,感性使得人类区别于机械存在。人们在处理问题时深受长期生存进化中形成的本能、习惯、欲望、情感和直觉等感性思维的影响,而传统的人造机器缺乏情绪波动且不会对事物的感觉左右。虽然数据驱动的新型人工智能模块无法做出受自我感性思维支配的行为,却已经能够识别对象情感并模仿展示明显带有情感的回应内容。例如,谷歌、腾讯、亚马逊等企业赋予计算机辨识、解读、处理、表达、模拟和适应人类情感能力的深度情绪智慧运算系统在建立和谐的人机协作关系中发挥了重要作用⑥。再次,自主性体现了人类由自己意志选择的能力。从谷歌大脑证明未经训练的人工智能系统有能力在生成式对抗尝试中自行升级加密算法⑦到英特尔实验室发布能够自主设计程序的"人工智能编程者"(AI Programmer),智能机器不断彰显出自主潜能。最后,创造力长期被视为人类的重要表征,也被认为是辨别机器智能和人类智慧的核心指标。虽然当前具备强大学习能力的智能机器基于广泛剪枝的想象力模拟而产出的新颖独特的社会产品并非源于对生活的深入理解、超越直觉的细腻感悟或摆脱传统习惯和定势束缚等,但通过大量素材和技巧点滴聚合达到足够规模的数据和日益强大的算法使得智能机器展现出一定的创造潜能。美国罗格斯大学艺术与人工智能实验室发明的创造性对抗网络(CAN)自动生成的足以乱真的艺术作品甚至通过了图灵测试⑧。

---

① "狐蝠"(Pteropus)能够发展出自己特有的飞行动作,"阿特拉斯"(Atlas)可以自主完成跑跳和避障,"艾瑞卡"(Erica)与人类外形的观感仿真率高达98%。
② 如机器人钢琴家"特奥·特罗尼科"(Teo Tronico)的表演打败了长期陪练的意大利音乐家罗伯特·普罗塞达(Robert Proseda),京东写作机器人"李伯利"可以在几秒内创建产品说明和量身定制购物指南。
③ 朱贤佳. 人工智能往何处去[N]. 上海证券报,2014-11-06.
④ 查尔斯·达尔文. 物种起源[M]. 苗德岁,译. 南京:译林出版社,2013:476.
⑤ 别林斯基. 艺术的概念. 别林斯基选集(第3卷)[M]. 满涛,译. 上海:上海译文出版社,1989:293. 人"是肉身化的理性,有思考的生物——这个称号使他区别于其他生物"。
⑥ 谷歌的Brain Power智能眼镜可以针对自闭症患者的即时情绪状态提供反馈意见。
⑦ Google大脑的两个人工智能竟然自主"进化". http://tech.163.com/17/0215/09/CDAAS0SS00097U80.html.
⑧ 人工智能通过艺术图灵测试(附算法讲解). http://www.sohu.com/a/201074484_695337.

实操中"人工智能仅是人类的工具,离拥有意识的超级智能还非常遥远"①,但其内在的理性潜能、感性潜能、自主潜能和创造潜能等致使威胁论持见者认为"未来的世界将是一场机器与人类大脑的极限所进行的艰难抗争"②。机器智能"最终将超过生物智能,而且这一过渡伴随着巨大的生存风险"③,迫使"人类在不断升级的过程中,将变成另一个物种,智人这个物种最终会消失"④。然而,云上人工智能模块难以突破真正理解人类思维和行为的技术极限、谨慎的科学工作者和众多有识之士呼吁完善相关预防、监管、制约和救济机制以避免智能机器异化为奴役人类的新物种以及机器天然匮乏进化必备的生存需求动力等,大幅降低了超智场景的落地风险。

二、人工智能工具论与高概率的通智远景

近年来,很多技术专家和巨头企业的旗手们极力推崇人工智能推进经济发展和社会进步的工具价值,安抚公众对迭代技术应用潜藏重大威胁的极端焦虑。"并不是人工智能将毁灭人类,而是正因为没有这类技术,才会有许多人因医疗失误或无效治疗而死。相反,有了 AI 技术,悲剧将有可能避免,情况也会得以改善。"⑤

虽然生物进化是没有方向的必然与偶然结合、质变与量变交替的曲折上升过程,难以捉摸的人类只是进化树上的普通分支,而非固定在主干之上的必然方向,但缺乏完整真实的理解力、批判性与生存需求的人工智能体也几乎不可能成为生命链条上超越人类的全新环节⑥。

在人与物的关系上,工具论持见者认为,物是只具有相对价值的手段,有自我意识和能动性的自然存在的人类自身才是具有绝对价值的目的⑦。"改变世界的不是技术,而是技术背后的理想、梦想;引领未来的不是智能,而是智能背后人的智慧。"⑧随着数据、算法和算力的进一步提升,大概率落地的是通用人工智能的极致工具场景。

"令人惊讶的人工智能使得未来更加难测。"⑨既应当正视云上人工智能模块助推经济社会发展的巨大效用,还应当认识到目前一些相关技术研发与应用已经偏离了正轨⑩。例如,美国麻省理工学院研发的"雪莱机器人"在红迪论坛"创作发布"了 14 万条恐怖故事,"以 AI 诱发人类的恐怖情绪"⑪。

---

① 科技界大佬热议人工智能,李开复明确驳斥"威胁论". http://news.qq.com/a/20170727/044753.htm.
② 托马斯·瑞德. 机器崛起:遗失的控制论历史[M]. 王麟,等,译. 北京:机械工业出版社,2017:9.
③ 常丽君. 人工智能会灭绝人类吗?[N]科技日报,2017-12-16.
④ 尤瓦尔·赫拉利. 未来简史[M]. 林俊宏,译. 北京:中信出版社,2017:39.
⑤ 刘石磊. 斯蒂芬·霍金四大惊世预言:1000 年内地球毁灭. www.xinhuanet.com/world/2015-07/21/c_128042093.htm.
⑥ 柯罗连科. 盲音乐家[M]. 丰一吟,译. 北京:中国盲文出版社,1984:72.
⑦ 康德. 康德著作全集(第 4 卷)[M]. 李秋零,译. 北京:中国人民大学出版社,2005:436.
⑧ 马云. 未来 90% 的制造业将在互联网上[OL].//中国国际智能产业博览会上的演讲. http://tech.sina.com.cn/i/2018-08-23/doc-ihhzsnec6384971.shtml.
⑨ Bruce Schneier. AI is a Very Surprising Tech, which Makes its Future Hard to Predict[OL]. https://www.livemint.com/AI/Vb4RIepCjrd8rwfZyVz7pN/AI-is-a-very-surprising-tech-which-makes-its-future-hard-t.html.
⑩ 亓科伟. 阿列克谢·萨姆索诺维奇:人工智能,情感可以有[N]. 科技日报,2016-11-28.
⑪ Brett Molina. Terrifying: An Artificial Intelligence was Fed Reddit Captions. Now it's a 'Psychopath'[N]. USA Today, 2018-06-07.

三、利益驱动下不宜放缓云上人工智能模块发展步伐

即便担忧超级智能灭绝人类或机器理性控制生活,人类在改善生存环境、提高生活质量、完善健康保障以及降低决策成本等巨大的利益面前,依旧"借助科学技术来突破自己的身体和精神上的极限,从而延伸自己的能力。"①

1. 生存利益驱动云上人工智能模块的技术革新

从徐福求仙到胡夫金字塔、从佛教涅槃到基督天国,人类孜孜不倦地寻找永生之路。昌明的现代医学已经证实,蛋白质是一切生命的基础,死亡的奥秘在于细胞衰竭。如今,纳米机器人成功修复了血液中的个别受损细胞;阿法折叠程序(AlphaFold)根据基因序列精准预测并生成蛋白质的空间结构,助力探索帕金森症、囊性纤维化、阿尔兹海默症等严重疾病的新型诊疗方法和更为高效的生物降解酶以改善环境②。

一方面,云上人工智能模块在医疗影像识别(如病理图像解读)、临床医疗智能决策(如沃森肿瘤解决方案支持系统)、医疗智能语音(如人机对话心理障碍治疗系统)等领域的广泛应用助力精准发现和治疗疾病,延长生存时限,改善生活质量。另一方面,从斯特凡·格雷纳(Stevan Greiner)在身体中植入磁体到里弗特·阿诺昌姆(Rifat Arnorum)植入电极,云上人工智能模块结合生物技术的进步导致超人类主义持见者试图通过增强性生化插件或基因编辑程序大幅改造当代人的体能和智力,解决人类长期局限于缓慢生物进化的弊端,实现个性化自我的自由再生。

2. 发展利益拓展云上人工智能模块的技术应用

身处秩序社会的人们在一生之中要做出无数抉择。自我认知不清与未来的不确定性使得重大决策的实际效果往往不如人意,甚至导致一事无成或郁寡终生。云上人工智能评估与预测系统综合汇集海量事实关联数据,基于精密算法给出的建议指向外化于人的事物规律,在绝大多数情况下最优个人发展。国家政府部门、企事业单位和其他组织常常遭遇类似的抉择困难。大数据、云计算和人工智能辅助勾勒的政策制定、经营决策和管理指令等具备高效率、低成本、强执行力等显著优势,精准满足整个社会的利益需求。

虽然具有一定影响力的零发展学派认定技术发展会加速资源消耗,强调不干涉自然才是最好的法则。但是,人们惯常为了自身便利和社会发展而默许先进科技给少数人带来严重损害。例如,"每年,全世界超过125万人的人生因道路交通事故而终止"③,人们却不会因此放弃机动车辆。

云上人工智能模块在加强国防建设、维护社会治安、提高生产效率、减少资源浪费、改善生态环境以及推动科技发展等方面的重要价值,正在驱动全世界前赴后继地推进人工智能发展战略。面对着生死抉择由自治转为他治的自动驾驶、绝对理性执行任务的智能

---

① 亚历山大·克鲁兹菲尔德.悄然来临的半机械人时代[M].冯帅帅,译.北京:机械工业出版社,2017:42.
② DeepMind宣布基于AI的蛋白质模型预测获得初步进展.http://finance.ifeng.com/a/20181206/16606894_0.shtml.
③ 世界卫生组织.道路交通伤害[OL].http://www.who.int/zh/news-room/fact-sheets/detail/road-traffic-injuries.

军备、容积率与舒适度博弈拉锯的智慧城市中暴露的伦理风险以及设计者、生产者、销售者、使用者等诸多参与主体侵害终端数据主体隐私权益的巨大风险,亟待完善相应的事前预防、事中监管和事后救济。

第二节　云隐私数据智能化处理的失控风险

迄今为止的科学进展表明,不完整的类脑智能尚有可能实现,全面超越人类的智能机器的现世概率微乎其微。即便进入"人类由于受到漫长的生物进化的限制,无法与之竞争"[①]的超智时代,也不会出现霍金、马斯克等忧虑的人类灭亡,却可能会引发"通往奴役"的风险。恰如《信号》《逃出牢笼》《黑客帝国 3》等科幻影片描绘的场景,超智时代的人工智能体作为更高等的文明物种,一般会更深刻地理解生命链条的价值,更尊重多样化的生态环境,更有可能强势"圈养"或"奴役"人类。

"人把自身当作普遍的,因而也是自由的存在物来对待。"[②]虽然云上隐私数据的智能化处理难以跃迁类脑界域,但随着工具理性迭代革新,社会主体有可能落入"自主缺失"的境地。一方面,强人工智能的工具理性发挥到极致之时,海量工种将被智能机器替代;持续智能化改造的技术工具将全面承担高阶认知任务,可能导致人类劳动能力逐渐退化并丧失创造性思考和社会交往能力。另一方面,云上智能化处理隐私数据推动机器智能应用从延展人类生理局限的语音和图像识别上升到包括记忆、翻译、自主学习和决定的理解和干预功能等,使得人们事实上处于极度依赖机器决策的自身意志和情绪等不自主的受限状态。

一、输出结果不可控

近年来,不断更新的计算硬件降低物理设备成本,发展迅猛的大数据产业推动样本汇集,持续提升的深度学习技术减少人工标注需求等,聚合塑造了云隐私数据智能化处理的成长契机。自主建立映射关系、发现激励函数的云隐私数据智能化处理大幅缩减了传统机械标注中清理、分类和标记等行为的时间和精力耗费,避免了漏标或误标的巨大风险,产生了显著的经济社会效益。但是,目前普遍黑箱操作的机器智能系统中人们仅能宏观构建算法模型(这一工作也在被人工智能体逐步取代),并不真正知晓智能机器自主学习的细化过程,更不可能精准预知和掌控输出结果。

二、目标导向不平等

随着世界范围内各行各业广域铺开云隐私数据智能化处理技术的研发和应用建设,来源、类型、结构与性能千差万别的智能化框架以肉眼可见的速度互动融合,最终或将形成完全不需人力干预的彼此关联的主动迭代智慧群落,如同"达摩克利斯之剑"一样悬于

[①] 霍金.让人工智能造福人类及其赖以生存的家园[OL]. http://www.sohu.com/a/137173188_9518.
[②] 卡尔·马克思.1844 年经济学哲学手稿.马克斯恩格斯选集(第 1 卷)[M].北京:人民出版社,1995:161.

人类头顶。机器理性是逻辑严密的无情感渗透的客观工具。从阿西莫夫的"机器人三定律"①到全球电气和电子工程师协会(IEEE)的"人工智能设计的伦理准则"②,云隐私数据智能化处理以全人类永续福祉为基石,而不是以尊重个体差异自决为目标导向。因之,日益普适且逐步缜密的云隐私数据智能化处理系统基于人的性别、基因、种族、精神智力等权重数据集判断潜在发展,开展针对性教育活动并代为择业或指定配偶,强行配置饮食、医疗和运动等事宜,代为决策政治、经济、文化和社会事务等,严重冲击平等理念,变相去除偶然性心理缓冲,为制式化的新型不平等披上科学理性的外衣。

三、人际关系不交融

云上大数据、物联网与人工智能合力作用之下,"善解人意"的搜索引擎成为知识源泉、快捷便利的移动设备"绑架"日常生活,强力灌溉了自我中心主义的孕育土壤。光怪陆离的虚拟世界映衬出现实生活黯淡无光、大幅增长的独居人群往往回避真实接触。缺乏共性认可和人际沟通的群体正在失去演讲力和说服力;模拟人类情感的陪伴机器人正在触发老人和儿童等弱势群体的病态依恋和不合理期望,威胁现实信任和道德互惠。此外,渗透数字媒体的智能机器通过随意创建和共享信息资源,读取使用者阅读习惯调整展示内容等,干扰对象群体扩展视野的尝试且变相放大羊群效应。

四、决策压力不合理

当前整个社会对于云隐私数据智能化处理的过度推崇与盲目信任使得不少组织和个人在实际使用中将智能化数据分析指导决策异化为数据智能全权决策,逐渐弱化对个人自由、人格尊严与人类思维价值等的关注。实践证明,透明化的智能决策机制虽然有助于揭示违法犯罪、公平分布社会资源、促进合作共赢,却也迫使个体参与者遵循和崇尚逐步趋同的算法价值观。政府部门寄厚望于智能安防治理系统(如江苏"1+18"大数据联动公安服务平台③),商业组织过度依赖智能员工聘评和业务操作系统(如品钛智能授信战略评估系统④),家庭和个人盲目信任智能化的人生决策系统(如毕业生精准就业服务平台⑤)。社会公众甚至将健康问题全盘托付给尚不成熟的智能基因测序技术,在获知患病概率较高时紧张过度(如泛滥的预防性双乳切除术),反之则夜夜笙歌。

随着机器理性逐步接管人类决策体系,出于发展需要的智能化革新对于平等权、自由

---

① 阿西莫夫于1950年出版的《我,机器人》一书中《引言》将"机器人学三大定律"放在了醒目位置。主要包括:机器人不得伤害人类个体,或者目睹人类个体将遭受危险而袖手旁观(第一定律);机器人必须服从人给予它的命令,但当该命令与第一定律冲突时例外(第二定律);机器人在不违反第一、第二定律的情况下尽可能地保护自己的生存(第三定律)。后又在《机器人与帝国》中补充出"机器人零定律",机器人必须保护人类的整体利益不受伤害,其他三条定律都是在这一前提下才能成立(第零定律)。

② 电气和电子工程师学会(IEEE)是全球最大的专业技术组织,在160多个国家拥有超过42万会员。该机构经全球倡议汇聚来自六大洲的数百名思想领袖共同编写的《人工智能设计的伦理准则》主张人工智能技术的设计、开发与使用中优先考虑人类福祉,在全球引起巨大反响。

③ 蔡长春.准确把握时代特征,提高社会治理智能化水平[N].法制日报,2017-09-27.

④ 黄依凡.读秒CEO周静:智能信贷在中国的发展趋势[OL].http://www.jpm.cn/article-13707-1.html.

⑤ 求职悖论如何解?"互联网+大数据+智能匹配"助力毕业生精准就业[OL].http://news.youth.cn/wztt/201704/t20 170418_9513092_1.htm.

权、就业权、隐私权和受教育权等的威胁持续加剧。例如,虽然云数据智能化处理系统应用于制造行业创造了很多机器人操作、维护和编程的工种(如美国于过去7年中在工程车间里增加了136748台机器人,创造出894000个新的制造业岗位[①]),但也吞噬了更多的传统就业机会(如富士康在过去3年中使用工业机器臂替代了十多万熟练技工[②]),更将巨大的财富累积到少数早期投资者和开发人员手中。随着自动驾驶、机器翻译、智能投顾等颠覆性云上人工智能应用逐渐成熟,相应的人力资源过剩危机难以扭转。虽然文明的后现代社会中失业人群不至成为柏拉图式人口恒定政策下的牺牲品,掌握智能机器中坚力量的精英群体依然缺乏主动援手多余人群继续学习和扩大再就业渠道的强大利益动因。

第三节　云上人工智能模块中数据隐私侵权的对策

"人类思想已有2000多年历史"[③],却无力阻止社会老龄化、地缘政治动荡、全球经济波动和科学技术迭代等导致的全新变局。站在构建人类命运共同体的高度,人类自由与个人自由具有一体性、人类尊严与个人尊严具有互通性、人类利益与个人利益具有一致性。云上人工智能模块的改善应当以全人类永续发展为最高利益的目标导向,坚持多元向上和利他主义的道德标尺,构建普适的底层技术通用工具,侧重通过可信赖的智能机器拓展人类生理极限,而非推动可能导致社会割裂的机器拟人化进程,采取开放、负责任和社会参与的云上人工智能研究和开发形式;应当尊重所在国家的文化传统和政策法规,避免与各类敏感特征相关的不公待遇,尊重人人不分时地的不容否定、不受阻挠、不能减缩且不可剥夺的隐私权益,坚持谨慎完善智能安保方案以限制滥用或有害应用程序,避免导致伤害性意外结果,鼓励采用具有隐私保护设置的通用工具,亟待基于人类终极关怀的价值维度与严谨、诚信、共赢的研究方法开展卓越的云数据隐私智能化处理的创新。相关企业和个人设计和部署的机器智能项目的主要目标、可能用途、解决方案以及风险事项等应当具有一定的清晰度,不仅受到监管部门的明确指导和控制,还通过法定形式向社会发布有关机器理性的详细说明,减少公众对于迭代成长的云上人工智能模块的恐惧和疏离。

目前,虽然全球尚未出台总括性人工智能法,云上人工智能模块的专门性法律规制表现为鼓励发展的软性规则、默示遵循传统法律法规以及出台特定的成熟子域的具体规定。但是,很多国家和地区正在积极参与相关立法的前置步骤。欧盟委员会依据《2018人工智能发展规划》成立了专门工作组,集中审议《产品责任法》和《机器立法指令》等现行法律规范与云上人工智能发展目标的兼容程度并进行开发责任和安全框架的相关研究。《美国人工智能未来法案》提出建立研究人工智能可能带来的伦理、法律及社会问题的咨询委员会。面对复杂的、快速变化的和不确定的生态旋律圈和云隐私数据智能化处理的已知风险与未知威胁,我国亟待围绕《网络安全法》《电子商务法》《新一代人工智能发展规划》的指导思想、战略目标、重点任务和保障措施,构建一系列公正、公平和可持续的云隐私数

---

① Jonathan Serrie. Can Robots Create Jobs for Humans? [OL]http://www.foxnews.com/tech/2017/07/07/can-robots-create-jobs-for-humans.html.
② 富士康引入大量机器人,这对于工人来说是好是坏? [OL]http://www.sohu.com/a/229162215_100124987.
③ 彼得·克雷夫特.苏格拉底遇到耶稣[M].胡自信,译.上海:上海三联书店,2017:83.

据智能化研发与应用的基本律则,形成具有中国特色的公权主导、多方参与、域内外合作规制的政策法律调整框架,进而永续创造万物的能力。

一、构建透明开发与应用的法定正当程序

虽然深度学习技术和神经网络黑盒运作有可能侵害合法的数据权益,但海量数据支撑是云上人工智能开发与应用的主要原料,过度限制数据存储、使用和转移将会阻碍行业发展。例如,备受全球人权卫士推崇的被遗忘权写入多国法律之后,云上人工智能开发与应用中暴露出欠缺远期数据影响技术实效的棘手问题。全面高效监管以确保云上人工智能模块服务人类福祉的前提是整个流程透明可见,尤其是大规模推算数据的存取、使用和流转需要更高的透明度以避免以种族、性别、宗教信仰等保护性特征为强关联因素挖掘对象隐私,提升算法决策的安全性、可靠性与合规性。

立足云隐私数据智能化处理从数据输入到结果输出的全生命周期,完善相关法律法规,搭建以透明开发与应用为核心的法定正当程序,科学规范各参与方的具体行为,在利益相关者之间建立良好的信任关系。主要包括制定原始数据采集和标注的程序要求和评价标准,完善法定从业资格要求,构建数据保护影响评估标准,明确云隐私政策和云服务条款合规要求等。

二、健全算法解释和结果验证的合规标准

欧盟和英美的个人数据保护法律规定都对人工智能算法的透明度、公平性和可解释性提出了要求。但云隐私数据智能化模型是海量训练数据驱动的非线性权重和偏差的黑箱化自主学习和自我完善系统,在当前技术环境下难以详细解释算法内容或准确预测输出结果。为了避免社会风险,一味要求云上人工智能企业承担完全解释算法逻辑和人工审核算法决策的责任将大幅提升劳动力成本,迫使其删除一些影响关键运行规则的训练数据并放弃某些可能产生重大社会裨益的创新算法模型,不仅导致企业处于全球竞争劣势,使用者也无法获得优质服务。

积极构建算法可解释和结果可验证的合规标准是避免云隐私数据智能化处理产生经济和非经济性负面影响的重要举措。关键在于,通过明确部署各阶段参与者的法律义务,建立可追溯、可理解和可查验的云上人工智能开发与应用机制。具体而言,云上人工智能模块须经背景评估师审查以确保不背离人类共同的发展目标,训练数据集的来源、使用和保护应当符合个人数据保护法律标准,算法工具和工作原理必须满足法定的合理释明标准,积极履行测试验证和追踪算法模型输出结果的法律义务,加强参与者的法律知识培育以扩大监管成效,通过完善税收和保险机制等间接激励完全解释的白盒模型。

三、完善侵权行为的违法问责框架

以违法问责为社会控制深层次警戒底线的公权部门有必要建立针对云隐私数据智能化处理中的瑕疵的违法问责框架。基于云上人工智能模块具有超出传统物事的创新性、独立性和复杂性等特征,问责框架是在侵权造成损害时推定行为人未履行其应有的注意义务,除非能够证明自己没有过错,就应当承担法律责任。同时,有必要健全行业自律规

则和企业内部管理,有效约束利用技术优势和容错规则故意或过失地从事危害严重的隐私数据智能化处理行为,"尽量将智能机器的发展限制在专门化、小型化尤其是尽可能的非暴力的范围之内"[①]。迅速营建具有合理的可解释性、透明度且有益人工智能模块良性发展的云生态环境,还需要积极提高公众数字素养与批判能力,扩大间接监督规模并提升司法救济水平。

---

① 何怀宏. 人物、人际与人机关系——从伦理角度看人工智能[J]. 探索与争鸣,2018,7:27-34.

第七章 我国云数据隐私权保护的制度构建

第一节 我国云数据隐私权保护的现状研究

一、规则现状

1."从无到有"的隐私权

我国在"家天下""亲亲尊尊"等传统文化影响之下,在很长时间内并不重视个人自由和人格尊严,狭隘地将个人隐私等同阴私,"'阴私(Privacy),参见'隐私'"[①],往往用于指代婚内出轨等违背善良风俗之事。

新中国成立近半个世纪之后,我国立法文件中还未使用过"隐私权"一词,司法实践中长期通过保障名誉权和公序良俗等方式间接维护公民的隐私权。《民法通则》规定了公民和法人的名誉权,"公民的人格尊严受法律保护,禁止用侮辱、诽谤等方式损害公民、法人的名誉。"《未成年人保护法》规定,"任何组织或者个人不得披露未成年人的个人隐私""对于未成年人的犯罪案件,在判决前不得披露其姓名、住所、照片、学校、家庭住址等资料。"《妇女权益保护法》规定,"妇女的名誉权、荣誉权、隐私权、肖像权等人格权受法律保护。禁止用侮辱、诽谤等方式损害妇女的人格尊严。禁止通过大众传播媒介或者其他方式贬低损害妇女人格。未经本人同意,不得以营利为目的,通过广告、商标、展览橱窗、报纸、期刊、图书、音像制品、电子出版物、网络等形式使用妇女肖像。"

这些法律规定为公民隐私提供了底线保护,却也在适用中出现一定程度的混乱,甚至出现前后自相矛盾的现象。例如,《计算机信息网络国际联网安全保护管理办法》第7条规定,"用户的通信自由和通信秘密受法律保护。任何单位和个人不得违反法律规定,利用国际联网侵犯用户的通信自由和通信秘密。"却在第10条规定,"互联单位、接入单位及适用计算机信息网络国际联网的法人和其他组织应当对委托发布信息的单位和个人进行登记,并对所提供的信息内容进行审核。"由此,最高人民法院在《关于贯彻执行〈中华人民共和国民法通则〉若干问题的意见》中进行了增加实操性的细化阐述,"以书面、口头等形式宣扬他人的隐私,或者捏造事实公然丑化他人人格,以及用侮辱、诽谤等方式损害他人名誉,造成一定影响的,应当认定为侵害公民名誉权的行为。"

直至《侵权责任法》,我国才将隐私权视为独立人格权而纳入直接保护范畴。该法第2条第2款将隐私权正式确定为法定民事权益的一种。《民法总则》第110条也将隐私权认定为自然人的基本权利。

---

① 王利明. 新闻侵权法律辞典[M]. 长春:吉林大学出版社,1994:215.

2. 云数据隐私权保护的相关规定

(1)宪法规定

依据《宪法》第33条的"国家尊重和保障人权"、第37条和第39条保护人身和居住自由、第38条不得侵犯公民的人格尊严以及第40条的"公民的通信自由和通信秘密受法律的保护",云隐私数据不能被非法获取且不得用于非法营利或交易。

(2)网络安全法

2016年11月,第十二届全国人民代表大会第二十四次会议通过的《网络安全法》专章规定了网络信息安全问题。主张在收集和使用个人数据时,遵循合法、正当、必要的原则;取得被收集者同意(包括向第三方传递个人数据时),明示数据收集的目的、方法和范围;建立安全保障机制,肯定用户的更正权和删除权等,并在附录中对个人信息进行了界定。

(3)相关政策法规

《民法总则》第111条肯定了"自然人的个人信息受法律保护"。《刑法》第253条规定了"侵犯公民个人信息罪"。《邮政法》第3条规定了"公民的通信自由和通信秘密受法律保护"。《统计法》第9条和第25条规定了统计机构及其工作人员保密隐私数据的义务。《电信条例》第65条规定,"电信用户依法使用电信的自由和通信秘密受法律保护。"《人口健康信息管理办法》规定了人口健康信息管理的责任单位保护隐私数据的义务,要求实行最小采集、分级存储、定期容灾备份和管理。《征信业管理条例》第3条和第14条要求从事征信业务及相关活动不得侵犯个人隐私,并给出了具体禁止事项。

在互联网上数据收集、使用和流转的狭义领域,全国人大常委会早就通过了《关于加强网络信息保护的决定》,强调保护能够识别出特定个人身份和涉及个人隐私的数据信息,具体规定了隐私数据收集和使用中的系列原则和违法行为的简单标准。工业和信息化部出台的《电信和互联网用户个人信息保护规定》全面规制了境内的电信和互联网服务中收集和使用隐私数据的各种活动。虽然明确规定了相关法律责任,但违规处罚额度较低(最高罚金3万元以下),难以起到威慑潜在违法者的作用。

《信息安全技术公共及商用服务信息系统个人信息保护指南》中规定了个人数据收集需要主体明确授权并严格遵循目的明确、最少使用、公开告知、个人同意、质量保证、安全保障、诚信履行等基本原则。全国信息安全标准化技术委员会仅在2018年9月就公布了17个归口管理的信息安全国家标准。其中,《信息安全技术 金融信息服务安全规范》、《信息安全技术 网络安全等级保护测试评估技术指南》、《信息安全技术 信息技术产品安全可控评价指标》(总则、操作系统、办公套件等)、《信息安全技术 网络用户身份鉴别技术指南》、《信息安全技术 网络安全监测基本要求与实施指南》、《信息安全技术 可信计算规范 服务器可信支撑平台》、《信息安全技术 数字签名应用安全证明获取方法》、《信息技术 安全技术 实体鉴别 第6部分:采用人工数据传递的机制》、《信息技术 安全技术 可鉴别的加密机制》等强调了隐私数据保护问题。尤其是《信息安全技术 个人信息安全规范》参考了个人数据保护的国际权威标准和国外最新立法,明确了数据收集、存储、使用、共享、转让和公开披露中的合规要求。

面对云计算在个性化生活方式与创新服务模式中的重要价值及其对数据安全的巨大威胁,我国积极完善专项政策法规,出台了《关于促进云计算创新发展培育信息产业新业态的意见》《云计算发展三年行动计划(2017—2019)》《关于加强党政部门云计算服务网络安全管理的意见》等文件,以及《信息技术 云计算参考架构》《信息技术 云计算概览与词汇》《基于云计算的电子政务公共平台技术规范》《基于云计算的电子政务公共平台安全规范》《基于云计算的电子政务公共平台管理规范》《云计算数据中心基本要求》《信息安全技术 云计算服务安全能力评估方法》等国家标准,提出我国云生态发展的指导思想、基本原则、目标任务、安全保障,尤其是对于云环境的监管从事前预防逐步转向事中监督和事后救济,加大了云服务提供者侵害他人数据隐私的违规成本。

(4)起草中的法律规范

除了已经颁布的法律法规之外,我国起草中的《民法典各分编》和《个人信息保护法》也包含了加强云数据隐私权保障的内容。例如,《民法典各分编(草案)》第814条规定了个人数据的收集和使用应当征得数据主体同意,"信息收集的知情同意规则应当适用于所有个人信息收集的行为,而不仅限于个人信息的初次收集行为"[①]。梁慧星的《中国民法典草案建议稿附理由》、王利明的《中国民法典草案建议稿及说明》、周汉华的《个人信息保护法建议稿》等不仅强调了数据隐私保护的必要性,还分别勾勒了保护框架和具体内容。

(5)国家标准和行业自律规则

针对日新月异的云技术和云服务,云上大数据挖掘和人工智能运作的经济社会效应迅速膨胀,数据共享与知识产权保障、数据跨境传输与数据主权保障、数据处理与数据隐私保障等殊别利益的博弈持续升级,国家相关政策法规相对滞后,我国成立了云服务经营自律委员会。委员会陆续发布了《云服务经营自律规范》和《云服务企业信用评价办法》等。可信云等权威云计算评估体系出台了《云服务用户数据保护能力参考框架》《云服务用户数据保护能力评估方法 第1部分:公有云》《云服务用户数据保护能力评估方法 第2部分:私有云》等一系列旨在提升云平台的数据隐私安全保障能力、打造数据可信的云生态服务模式的行业公约。通过标识数据持久性、私密性、可用性、防窃取性、知情程度、服务可审查性以及数据访问、传输、迁移、返还、销毁等阶段的安全性等事前防范指标,云系统的入侵和恶意代码防范能力等事中保护指标,数据安全事件的应急响应、云用户投诉的处理能力以及安全审计状况等事后追溯指标,在基于云计算的整个生命周期中构筑起全面保障数据隐私权的有力屏障,却由于缺乏强制力而难以有效实施。

推荐性国家标准《信息安全技术 个人信息安全规范》不仅对个人数据收集、保存、使用、共享、转让、披露等处理活动中涉及的诸多概念进行了详细解释,还在附录里列举个人信息和个人敏感信息的判定标准,运用实例展现了数据控制者收集敏感数据的判定标准、保障数据主体选择同意的方法以及隐私政策模板等。例如,《个人信息安全规范》第8条第7款中细化解释了个人数据跨境传输,即"在中华人民共和国境内运营中收集和产生的个人信息向境外提供的,个人信息控制者应当按照网信部门会同国务院有关部门制定的办法和相关标准进行安全评估,并符合其要求"。这一标准为云服务合规提供了较为明晰的指导,降低问责成本。

由此可见,我国现行的关涉云上个人数据隐私权的法律法规和行业标准等聚焦数据

---

① 王利明. 数据共享与个人信息保护[J]. 现代法学,2019,1:45-57.

主体的合法权益,强调数据安全目标及其具体实现措施,积极借鉴西方国家和地区的先进经验,客观上逐渐走向严格限制和全面压缩数据控制者和处理者对于隐私数据的收集和使用。但是,数据是新时代经济社会发展的核心动能,"看见有人穿着洋基队的T恤就断定其是洋基队的球迷不会令人惊悚。若是通过人工智能算法从此人与他人分享的海量数据片段中推测出来,才令人惊悚。"①数据挖掘和共享活动是具有高技术性的专业事务,是否可识别出特定个人、是否尽到安全保障义务、是否彻底毁损数据等在不同环境中表现各异,粗略简单的规制不是平衡数字经济发展需要与居民基本权益需求的最佳途径,"只要隐私利益涉及人们的重要事务……就必须谨慎地考虑应当如何妥当地、逐步地解决这些隐私权问题,而不是操之过急地开展不适当的立法活动。"②

二、合规现状

1. 企业云隐私政策的合规状况

众多云巨头企业表示云数据隐私保护是企业生命线和首要原则,却在实际操作中无视"敬畏每一行代码,敬畏每一份托付"的承诺,不断触碰数据安全和隐私保障的警戒线。仅在2018年6—8月就发生了亚马逊AWS管理控制台间歇性失灵、谷歌云平台全球负载均衡服务发生中断和阿里云服务器上未知错误致使部分公司瘫痪等重大负面事件。同时,云服务提供者往往通过覆盖设计架构、云计算流程、相关参与者合规状况审计等的隐私政策尽量规避己方责任。

例如,《百度云隐私政策》虽然按照法律规定和业界惯例为隐私数据保护提供了一些安全保障措施,却也在开篇就列明了不少免除己方责任的情况。例如,当用户通过百度云使用第三方产品或服务时向第三方提供的个人数据将使用第三方的隐私政策,从而免除了百度云可能承担的责任。虽然百度云肯定了用户对于上传、存储、下载、使用和分享的个人数据享有完全的控制权,却也要求用户必须正当、合法、必要地收集隐私数据,尤其是需要向数据主体告知数据收集和使用的目的、方式、范围并取得数据主体明示同意;强调了己方的审查权,"我们将根据您对我们的授权或我们另行获得的信息主体的授权对上述数据进行处理。"③这一隐私政策免责了"改进百度及百度关联方、合作方的产品和服务的统计分析"以及与社会公众共享统计数据的行为。虽然声明了使用和分享的统计数据中不会包含数据主体身份识别信息,但在大数据挖掘高速发展的情境下,碎片化隐私数据的去真难度甚大,存在一定的反向破解和关联挖掘出个人隐私的可能性。而且,百度公司的业务范围远远大于百度云,意味着将在百度各部门之间以及与其他机构的合作中传输基于隐私数据的去标识数据集,存在明显的数据滥用问题。

《百度云隐私政策》还详细规定了无须事先征得用户授权的共享、转让和公开披露个人数据的诸多情况。进而强调了共享或转让已经去标识化处理的个人数据(包括那些用户主动注销或删除的数据)且确保接收方无法复原并重新识别数据主体,不属于个人数据

---

① Danah Boyd. Personal Democracy Forum 2011[N]. Networked Privacy,2011-06-06.
② Benn Stanley. The Protection and Limitation of Privacy[M]. MIT Press,1984:692.
③ 百度云隐私政策. https://cloud.baidu.com/event/app/privacyAgreement.html.

对外共享、转让及公开披露行为。对于此类数据的保存及处理将无须另行向用户通知并征得用户同意。这一隐私政策还指出，隐私数据有可能作为百度云或第三方的合并、分立、清算、收购的组成部分而被一并转移，虽然承诺确保隐私数据保密转移且新的数据控制者或使用者会受到隐私政策约束，却也意味着云服务提供者可以未经用户同意就任意对外转让数据，使得个人隐私处于未知的风险之中。

又如，《滴滴云个人信息保护及隐私政策》要求用户注册时主动提供在我国大陆境内有效开通的手机号码，并在创建账号后提供真实姓名、身份证扫描件、电子邮箱等真实身份信息以完成实名认证，才能购买滴滴云服务。这一隐私政策对于云服务提供者收集的隐私数据的范围界定较为详细。具体包括：订单数据及交易状态；云服务提供者为向用户做商品展示和个性化推荐需要建立用户特征模型和用户画像，必须收集并分析日志数据和设备数据（包括设备型号、设备识别码、操作系统、分辨率、电信运营商）；云用户在进行交易时如果使用第三方支付功能，滴滴云将获取支付工具和订单支付状态；滴滴云的客服团队为了更好地解决问题并反馈结果，会以通话录音和人工录入方式记载用户提出的意见或建议、提供的姓名和联系方式等，拒绝收集可能会导致用户无法拨打客服电话或客服团队无法将处理结果反馈，但不影响其使用滴滴云的核心业务功能；滴滴云在博客栏目下推送相关新闻与技术交流文章有评论功能，云用户在使用评论功能时必须提供用户名和注册邮箱并选择提供站点信息。发表评论后云用户的用户名、头像及评论内容会向公众展示；对于通过滴滴云网站上的接口（API、SDK等接口）使用第三方服务的过程中，云服务提供者将收集必要的个人数据并将其共享给提供服务的第三方，以使第三方能够提供相应服务。

再如，《阿里云隐私政策》开篇就表明阿里云保持尊重并保护用户隐私权的立场[①]，却又指出使用阿里云提供的公告板服务时发布的信息和信用评价不适用本政策；强调阿里云为了服务用户，可能通过分析用户个人数据而精准发出产品和服务信息，或者在用户事先同意的情况下与阿里云合作伙伴共享信息以便他们向用户发送有关产品和服务的信息；表示在用户未拒绝接受甜饼（Cookies）的情况下，阿里云就会设定或取用，以便为用户提供更为周到的个性化服务；要求任何组织或个人认为阿里云站点的内容可能涉嫌侵犯其合法权益之时，应该及时向阿里云提出书面权利通知。

2. 企业云服务协议的合规状况

企业与用户之间的产品和服务供给关系是典型的合同关系。双方之间的协议是明辨各自权利义务的核心依据。基于云计算的服务生态中居于强势地位的提供者主导的服务协议在实践中却主要充当了企业降低成本、维护声誉、增加竞争优势的重要工具。企业往往试图通过免责条款将维护数据隐私完整性、保密性和持续性的最终责任由用户一力承担，积极克减己方因安全漏洞、性能故障、数据泄露或毁损导致的直接或间接损失的责任。

例如，阿里云不仅要求用户自行提供名称、联系人和联络信息、相关图片或视频并对提供的所有数据承担全部责任，还在服务协议里规定任何情况下承担的违约赔偿责任总额不超过违约服务对应之服务费总额，致使因服务器未知错误导致数据遗失和业务瘫痪

---

① 阿里云法律声明，阿里云隐私权政策. https://www.aliyun.com/about/law.

的云用户难以获得合理赔偿。次如，不少云服务协议既规定提供者有权在云用户违反隐私政策的情况下未经通知就终止服务，又规定免费云服务的提供者享有随时可以终止的权力。又如，仅有部分云服务协议在合同到期后设置了保留并允许用户访问数据的宽限期，为个人数据从容迁移和云服务提供者违规终止合同留下挽救空间。再如，不少云服务提供者在服务协议中回避隐私数据存储的具体地理位置，便于在多个数据中心之间随意流转用户的隐私数据。最后，很多云服务提供者未将云服务协议和隐私政策条款的更新及时、准确、完整地通知用户。

3. 全国首例云服务器提供商被诉侵权案

虽然各类云参与者显性或隐性侵害用户数据隐私权的现象不胜枚举，几乎所有企业的服务协议和隐私政策都包括了大量规避数据隐私权保护义务甚至主动予以侵害的内容，但是，云数据隐私侵权事件往往呈现出受害人数众多但个体危害不大，受害人对于隐私数据遭遇泄露或毁损等事件存在获知通路不畅、技术分析能力不强、举证困难与救济有限等问题，加之我国在近几年才加强对数据隐私权的法律保护，有一定典型意义的相关诉讼很少。

"北京乐动卓越科技有限公司诉阿里云计算有限公司案"是全国首例云服务器提供商被诉侵权案，间接涉及企业用户存于云上的个人数据隐私，相关争议点和处理大多适用于直接涉及个人数据隐私的情况，加之阿里云、不少专家学者和社会公众将这一案件关联云数据隐私，产生了较大影响，充分反映出当前云服务提供者在数据隐私权保护上的重大问题。

本案中，原告开发并上线了移动端游戏《我叫MT online》和《我叫MT2》（分别于2013年1月和3月在手机安卓平台和苹果IOS上线）。2015年8月，公司接到游戏玩家投诉IP地址为"callmt.com"的网络站点提供安卓版和IOS版的《我叫MT畅爽版》游戏下载并提供游戏充值服务。原告经审查发现，该网站下载的游戏涉嫌侵犯原告的复制权、发行权、信息网络传播权等。由于通过域名查询和备案系统均未能找出涉案网站经营者的真实信息，原告通过公证、应用网络封包技术分析出阿里云服务器存储侵权游戏内容并提供相关服务。

此后，原告分别于2015年10月10日和30日要求阿里云删除涉嫌侵权的内容并提供租赁人的联系途径。此时，原告并未提供来自司法部门的裁决或通知文件，但其主张阿里云作为提供云计算租赁业务给用户的平台方，扮演的角色类似酒店公寓的管理者。既然酒店管理方握有每间房的钥匙，阿里云必然也拥有查看用户数据的条件和能力，才会直接发函要求阿里云删除云服务器上存储的用户数据并提供涉案人资料。阿里云的不作为涉嫌构成共同侵权。阿里云则主张己方不是涉案游戏的上传者和经营者，没有实施直接侵权行为；云服务器租赁业务也不属于《信息网络传播权保护条例》中的信息存储空间服务，不应当承担相应责任。即便作为平台管理方，也没有权利在缺乏司法部门允许或要求的情况下，擅自读取用户存储于云上的数据，不可能明确知晓数据内容涉嫌侵害原告合法权益。同时，阿里云并未从涉案游戏的运营中直接获得经济利益，不应当承担过高的注意义务。何况阿里云在云服务器的用户协议和隐私政策中已经尽到了事前提醒义务（如明确要求用户不得发布侵害他人合法权益的信息和软件等）。

北京市石景山法院依据《信息网络传播权保护条例》认定,"阿里云作为服务器提供商并不承担事先审查被租用的服务器中存储内容是否侵权的义务,但在他人重大利益因其提供的云服务而受到损害的时候,其作为提供商应当承担采取必要的、合理的、适当的措施积极配合权利人的维权行为,防止权利人损失持续扩大的义务。"依据《中华人民共和国侵权责任法》第36条规定,综观本案已确认的事实,阿里云公司提供的虚拟服务器被第三方用来运营涉嫌侵权的游戏,自首次接到原告通知起的8个月内一直保持消极态度,没有采用适当措施,主观上存在过错,客观上导致损害后果持续扩大,侵犯了原告合法权益,应当承担相应的法律责任,判令其赔偿原告经济损失及其他合理费用共计26万元。

此案直接反映出当前云服务运作中涉法纠纷难以实现各方认同的妥善处理。包括巨头企业在内的大量云服务提供者并未主动遵循现行法律法规、政策伦理、行业自律规则、立法趋势和公众倾向,对内并未执行严格的数据安全和数据隐私保护机制,对外也未积极帮助用户降低数据风险并主动承担责任和及时弥补损失。

就本案而言,阿里云是领取互联网数据中心(IDC)牌照的云计算服务器提供者,为用户提供的是通过网络随时获取、按需使用、自由扩展、协作共享的架设在数据中心设备之上的互联网应用开发、部署和运行环境。按照《电信业务分类目录》,应当属于增值电信业务中的互联网资源协作服务,类似移动通信中提供底层技术服务的基础运营商,而非简单的信息存储空间,是否能够直接适用《信息网络传播权保护条例》的"通知—删除"规则,值得商榷。

基于云计算的服务形式本质上也是网络服务,不能因为服务的特殊性而排除提供者的义务和责任,也不能忽视利益平衡原则。若是将云服务器比作大型商场,管理者相当于商场管理员,云服务器存储租赁类似商场店铺出租。如果店铺经营者利用租赁场所出售假冒伪劣商品,商场管理者有义务协助受害人调查维权、披露违法者信息,没有尽到合理的监管义务就要承担相应法律责任。云服务提供者若是没有尽到制止知识产权侵权的合理注意义务,自然要承担责任。关键恰恰在于"合理"的范畴,云服务提供者事先不承担详细审查用户具体数据内容的义务,也不能擅自读取,正如阿里云官方在本案公开声明中所言,"保护用户数据隐私一直是我们坚守的生命线"。当得知他人重大利益可能因其提供的服务受到损害时,在没有司法部门的正式裁决和通知的情况下,云服务提供者不应当配合投诉者审查和删除用户数据,却应当承担"接到投诉后转通知"和"要求投诉者补充证据"等应尽的义务。如果云服务提供者接到通知后未及时采取必要措施,对损害的扩大部分与侵权人承担连带责任。

第二节 我国云数据隐私权保护中的问题探讨

一、相关法律法规中存在的问题

1. 现行法律法规的客观局限

具有国家强制力的法律保护机制是保障云数据隐私权的核心手段。但是,"大多数法律都是为了原子世界,而不是比特世界而制定的。"①出于法自身的保守倾向、形式结构中的刚性因素和控制因素的限度②,现行的云数据隐私权法律保护制度存在滞后性、僵化性和不周延性等客观局限,亟待构建具体明确地保护云数据隐私安全和完善云隐私数据使用的法律机制。

(1)滞后性

法是能够为人们提供行为结果事先预测的社会调整工具,安全价值使其具有明显的保守性,一旦制定不可轻易修改。但是,社会本身不断发展变化,尤其是进入数智化时代之后,云计算、物联网、大数据和人工智能迅速迭代,大幅降低了云数据隐私的收集、获取与分析难度。虽然《网络安全法》和《电子商务法》的原则化抽象性规定和《消费者权益保护法》《反垄断法》《产品质量法》的相关规定可以适用于云数据隐私权保护领域。但保护范围比较狭窄且缺乏针对复杂严重的云数据隐私侵权形态的细化规范,并不足以激励云参与者在技术开发和实践创新的同时积极防范、避免、制约和救济侵害云数据隐私权的风险。现行法律法规对于云数据隐私权的保护主要聚焦个人身份数据且语言表述并不清晰。例如,禁止云上隐私数据披露的例外情况包括用户同意披露时就可以进行披露,却未明确何种情况下才构成"同意"。又如,用工单位有权监视员工在工作时间内进行在线活动的数据,但当整个系统外包给云服务提供者之时,并未涉及这一权利是否还存在以及如何行使的问题。无法及时做出应对的法律法规展现出明显的滞后性,导致云数据隐私侵权的矫正机制不健全,降低了云服务提供者因侵权受罚的机会成本。

(2)僵化性

作为抽象性规范的法虽然对其效力范围内的一切主体和事件具有同等的约束力,保证了所有人平等地享有法定权利与自由,却由于注重适用对象的普遍性而使得成文法的一般适用条件、行为模式和法律后果的趋同性明显,导致成文法形式结构上的僵化性③。云服务属于新兴事物,社会上存在着将云数据隐私权视作一般隐私权,认为其不宜作为特殊权利形式予以专门对待的观点。甚至有学者主张法律法规在云领域仅起"守门人"的作用,"政府应当避免对其进行不必要的限制。"④公权部门在制定和修订相关法律法规时,过于僵化地参照传统隐私权和《侵权责任法》的规定,导致云数据隐私权的法律保护不足以应对各种特殊云场景中的侵权风险。

云数据隐私权作为传统隐私权在云环境中的延伸,具有保护范围更大、财产属性更强、保护难度更高等特点。云数据隐私侵权现象与责任承担的特殊性使其需要具有针对性的法律条款进行灵活调整。由于云存储与云处理系统已经成为全球数据最主要的承载平台,当前各项政策法规提及的个人数据基本都是指云环境中的个人数据,有关个人数据隐私权保护的所有规则实质上都是以云数据隐私权保护为主的规定。然而,即便如此,我国有关云数据隐私权保护的法律法规仍然零散稀少,大多依靠科技伦理、行业自律、企业

---

① 尼葛洛庞帝. 数字化生存[M]. 胡泳,范海燕,译. 海口:海南出版社,1997:279.
② E·博登海默. 法理学、法哲学与法律方法[M]. 邓正来,译. 北京:中国政法大学出版社,2000:419-420.
③ 高航. 成文法的局限性及其弥补[J]. 中国社会科学院研究生院学报,2006,1:105-109.
④ Daniel Shih. Open Access or Forced Access: Should the FCC Impose Open Access: Should the FCC Impose Open Access on Cable-Based Internet Service Providers? [J]. Administrative Law Review,2000(2):793.

与用户的云服务协议和云隐私政策等进行预防与管控,显然不足以应对变化多端、隐蔽性高且危害性强的云数据隐私侵权现象。

(3)不周延性

虽然立法者起初会尽可能地囊括应当纳入法的调整范围的全部社会关系并通过法律规则的形式确定行为模式和法律后果,但是,"绝大多数立法史表明,立法机关并不能预见法官可能遇到的所有问题"①,导致法的不周延性。我国关涉云数据隐私权保护的立法存在明显的碎片化现象,内容上缺乏统一性且衔接并不顺畅,亦尚未处理好数据主体隐私权保护与整个行业良性发展的衡平问题,对于相关概念和范围的界定不清且一些技术性词汇表达模糊,绝大多数规范性文件位阶偏低且缺乏具体的制裁条款,有关行政执法部门的定位与权限不清晰,难以有效预防、监管和救济云数据隐私侵权事件,加大了一般用户对于数据上云的忧虑,激化了云服务提供者及其他云上数据处理者和控制者与广大数据主体之间的冲突和对抗。

例如,《网络安全法》第28条和《电子商务法》第25条、第27条规定了网络运营者和电子商务平台经营者等向政府部门报送个人数据的义务,却没有明确规定防止滥用或非法使用和传输的保障措施、存储期限的保障措施、对数据主体权利和自由产生的风险以及数据主体被告知的权利。加之部分行政法规和部门规章中也存在不少限制个人数据权的条款。云服务提供者对于这些规范性文件的遵循有可能会降低云数据隐私权的保护标准或违反对数据主体的承诺。有必要通过立法完善合理的数据报送范围与具有合法性、比例性、保密性、正当性的报送原则,全面厘清相关政府部门的云数据隐私保护义务。

2. 云隐私数据跨境流动规则的缺陷

长期以来,我国一直奉行宽泛的隐私数据本地化原则。《地图管理条例》②、《征信业管理条例》③、《人口健康信息管理办法(试行)》④、《关于银行业金融机构做好个人金融信息保护工作的通知》⑤、《网络预约出租汽车经营服务管理暂行办法》⑥中均有此类表述。尤其是国家正式颁行的高位阶的《网络安全法》⑦展现出明显的数据本地化倾向,初步规范了隐私数据跨境传输的具体场景,授权国务院制定数据跨境流动评估办法,但并未明确相关范围和数据境内存储要求,亦未建构跨境数据传输的评估机制。

国家网信办的《个人信息和重要数据出境安全评估办法(征求意见稿)》⑧(以下简称

---

① 约翰·亨利·梅里曼. 大陆法系[M]. 顾培东,禄正平,译. 北京:法律出版社,2004:48.
② 地图管理条例. http://www.gov.cn/zhengce/content/2015-12/14/content_10403.htm.
③ 征信业管理条例. http://www.gov.cn/flfg/2013-01/29/content_2323780.htm.
④ 人口健康信息管理办法(试行). http://www.nhfpc.gov.cn/guihuaxxs/s10741/201405/783ec8adebc6422bbebdf79db3868d0b.shtml.
⑤ 人民银行关于银行业金融机构做好个人金融信息保护工作的通知. http://www.gov.cn/gongbao/content/2011/content_1918924.htm..
⑥ 网络预约出租汽车经营服务管理暂行办法. http://zizhan.mot.gov.cn/zfxxgk/bnssj/zcfgs/201607/t20160728_2068633.html.
⑦ 中华人民共和国网络安全法. http://www.miit.gov.cn/n1146295/n1146557/n1146614/c5345009/content.html.
⑧ 国家互联网信息办公室关于《个人信息和重要数据出境安全评估办法(征求意见稿)》公开征求意见的通知. http://www.cac.gov.cn/2017-04/11/c_1120785691.htm.

《评估办法》)基于保护个人利益、公共利益和国家安全的需要规定了个人数据出境的基本前提与数据出境安全评估中应当重点关注的内容,却并未指出"其他需要评估的重要事项"的明确标准。同时,在第11条中规定了若干数据不得出境的情况。这意味着虽然在个人明示同意的情况下可以传输至境外,但只要公权部门认为传输至其他国家可能侵害个人利益,就不得出境;且只要数据出境给国家安全和公共利益带来风险,就不得出境;即便不符合上述情况,只要经国家网信部门、公安部门、安全部门等有关部门认定不能出境的,就不得出境。规定模糊不清,实质范围过于广泛,不利于云数据隐私权的保护和使用。《评估办法》第7条规定了数据控制者和处理者进行数据出境安全评估的义务,意味着数据控制者和数据处理者只要能够自评达到数据出境的条件,就可以进行跨境数据传输。同时通过第6条和第9条限制了运营者自行评估的范围,明确给出需要行政监管部门组织安全评估的具体标准。更为重要的是,只要公权部门认为可能影响国家安全和公共利益,就可以自行组织安全评估,并依据涉及数据安全、国家安全、个人数据保护的评估结果要求数据控制者或处理者做好特殊数据跨境的保障性安排,或者在风险无法管控的情况下必须本地存储数据,增加了云企业合规与数据主体行使数据隐私权的不确定性。

由此可见,我国初步构建的隐私数据跨境流动法律监管机制重点强调国家安全和公共利益。对于云隐私数据跨境流动的严格监管有利于增强用户信心,督促云服务提供者依法办事、按部就班地完成合规任务。不少国家和地区近期在维护数据主权和插手境外数据中的频繁动作也展现出数据本地化的倾向。但是,对于业务范围和目标遍布全世界的云服务而言,隐私数据本地化并不利于设备互联、影响供应链自动化和数字化协作,在一定程度上会增加经营成本、复杂性和不确定性。相关网络安全检查甚至会涉及源代码审查,威胁知识产权安全;潜在且不确定的公权认定风险促使外商投资倾向于选择具有政府背景的云服务提供者,降低云市场的竞争活力。国际治理创新中心(CIGI)的研究表明,强制数据本地化导致贸易与投资机会丧失、信息技术耗费增加、减少竞争、严重损害经济竞争力与社会生产力。报告以巴西、中国、欧盟、印度、印度尼西亚、俄罗斯、韩国和越南等国为研究对象,分析了数据本地化存储和处理的政策法规对10个下游行业造成的负面影响。例如,在数据本地化规范的严厉程度上得分最高(满分6分)的俄罗斯(4.82分)和中国(3.88分)构筑的数据流动壁垒会显著降低全要素生产率(TFP),俄罗斯下降0.67%、中国下降0.55%、欧盟下降0.48%%。[①]

此外,我国的数据本地化要求与欧盟的《通用数据保护条例》(GDPR)存在明显冲突。GDPR赋予了欧盟各国普遍的调查权,主要包括命令数据控制者和处理者提供监管机构执行任务所需的任何信息,以数据保护审计的方式开展调查,获得个人数据访问路径以及执行任务所需信息,获得数据控制者和处理者对于数据处理设备和处理方法的访问路径。由于当前很多云服务跨越国界,这一法律冲突使得我国企业在接到欧盟监管机构的命令后,有可能会陷入违反我国云隐私数据本地化规定的困境。

我国的云技术和云产业居于世界先进地位,云隐私数据跨境流动的需求很大。当前以数据本地化为导向的规则体系存在明显缺陷。亟待完善既能够妥善保障广大居民的云

---

① http://www.sohu.com/a/147677154_353595.

数据隐私权、维护国家安全和公共利益,又助力国家数字化发展战略的数据跨境流动法律调整机制。

3. 云数据隐私侵权损害赔偿的不足

我国自《民法通则》隐含精神损害赔偿之意开始,在很长时间内并未从立法上真正完善精神损害赔偿制度。直至《最高人民法院关于确定民事侵权精神损害赔偿责任若干问题的解释》(以下简称《解释》)才系统地规定了民事侵权中精神损害赔偿的范围与方式,为我国的司法实践活动提供重要依据。但至少存在两个问题:一是精神损害赔偿基本局限于人身损害,可以获得精神损害赔偿的财产损失仅限于"因侵权行为永久性灭失或毁损的具有人格象征意义的特定纪念物品";二是精神损害赔偿仅限于"因侵权致人精神损害,造成严重后果的"。以填补损害为主、兼顾安抚与惩罚的《侵权责任法》第 22 条扼要重申了《解释》中建立的制度,"侵害他人人身权益,造成他人严重精神损害的,被侵权人可以请求精神损害赔偿"。赔偿请求权的范围包括了隐私权,却未细化"严重精神损害"中"严重"的标准。

司法实践中,云数据隐私侵权造成受害人精神痛苦或精神利益丧失的赔偿一般遵循侵害精神性人格权的确定方式,由法官在具体案件处理中依据自由裁量确定赔偿金额。这里的自由裁量权要求法官必须基于侵权人过错轻重和获取的利益大小、受害人所受精神痛苦程度、双方经济负担能力等云数据隐私侵权所致精神损害中的不同利益因素所受损害予以区别对待,依据个案算法定则,酌定出赔偿数额。

问题在于,云数据隐私侵权主体在实施侵权行为前一般会进行成效分析。即计算在实现利润的同时维持云服务的安全与稳定的成本,且仅在侵权收益为正值的情况下才会实施侵权行为。受害人是否对侵权人提起诉讼则取决于对机会成本的计算,即根据法规解读与先例分析,发现对方不被追究的概率越大,提起诉讼的可能性越小。云数据隐私侵权行为的隐蔽性、分散性、技术性以及很多受害人根本不知道隐私权益受损或是有所了解却因诉讼烦琐、举证困难与赔偿额度过低而放弃,客观上纵容了本领域的侵权行为。由于绝大多数受害人的技术能力与经济实力远逊于专业的云数据控制者和处理者,云数据隐私权受到侵害的案件中举证困难的现象较为普遍,很多受害人在高昂的维权成本面前望而却步。侵权人即便足额赔偿了少数成功主张权利的受害人的损失,相对于已获得和可预期的巨额利润而言,显然微不足道。企业行为选择的优先指标是利润率,数据主体举证困难与赔偿比率较低使其对低风险且高利润的云数据隐私侵权活动趋之若鹜。

4. 云数据隐私权保护手段的缺失

随着云数据隐私侵权现象愈演愈烈,采取各种手段加以保护逐渐成为社会共识。我国的《网络安全法》及其配套的推荐性国家标准《个人信息安全规范》里明确的个人信息的知情权、删除权、更正权、明示同意权、访问权、注销权、撤回权七类权利可以作为保护云数据隐私权的基本手段。这些保护手段发挥了维护数据主体合法权益、降低云环境中未经授权的访问与盗取隐私数据行为的作用,亦暴露出一些明显缺失。

例如,知情权要求遭遇数据泄露的云企业向受害人披露他们的隐私数据丢失或被盗的具体状况,并允许受害者提出损害赔偿诉讼。但缺乏统一的监管部门和监管规则且损害赔偿数额较低,加之数据控制能力不足的受害人往往举证困难,很难起到强力支撑云数据隐私权的作用。又如，删除权和更正权采用了"通知—删除或通知—更正"的模式，即"个人发现网络运营者违反法律、行政法规的规定或者双方的约定收集、使用其个人信息的，有权要求网络运营者删除其个人信息"和"个人发现网络运营者收集、存储的其个人信息有错误的，有权要求网络运营者予以更正"，范围上小于欧盟的被遗忘权。再如，明示同意权要求个人信息主体通过书面声明或主动做出肯定性动作，对其个人信息进行特定处理做出明确授权的行为，却没有详细规定书面声明的必要内容和撤回同意的保障性措施。

二、国家标准和企业自律中存在的问题

1.《个人信息安全规范(修订草案)》的问题

2018年5月1日，推荐性国家标准《信息安全技术 个人信息安全规范》实施，却在9个月后就进行了大幅修改。基于其先导示范力和重大影响力，有必要深入分析此次修订中暴露的问题。

2019年2月，全国信息安全标准化技术委员会发布《关于开展国家标准〈信息安全技术 个人信息安全规范(草案)〉征求意见工作的通知》，新增了不得强迫收集个人信息的要求、个性化展示及其退出机制的规定、接入具备收集个人数据功能的第三方产品或服务时的管理流程和安全评估机制等建议，要求数据控制者和处理者明确划分基本业务功能和扩展业务功能，避免要求数据主体一次性接受并授权同意各项业务收集或处理个人数据的"一揽子"协议侵害其选择同意权。但是，《信息安全技术个人信息安全规范(草案)》(以下简称《修订草案》)在区别基本功能和扩展功能时的依据不当，且个性化展示过于宽泛，引发了各种问题。

（1）区别基本功能和扩展功能的依据不当

《修订草案》规定，个人信息控制者在区分基本功能和扩展功能时，应当以一般用户的根本期待、主要需求及认识理解为依据。这种做法明显欠妥。一般用户群体对于产品或服务的根本期待和最主要的需求是相对主观的概念，也是对于产品或服务的最高标准。或许可以当作产品或服务隐私分级认定的高层次标准，却不能作为是否隐私合规的指标。如果以此建立指引标准，依靠个人信息控制者通过产品或服务的宣传视频或文字描述等引导用户的合理期待，显然缺乏客观导向。

比如，使用地图软件必然需要调用个人的轨迹数据，一般用户使用这种调用的时候，对于个人隐私是否仍然具有合理的隐私期待？如果按照主观标准，从一般用户角度去考虑，既有使用地图便利的需求，在授权给个人信息控制者使用轨迹数据时，也有相信并期待对方保护住这些数据隐私的想法。但事实上，这些轨迹数据经过传输、存储和处理，若是从个人信息控制者的技术能力、产品或服务的实质和当前的传输存储环境等综合考虑，能够平衡各方利益的具有社会正当性的隐私期待必然弱于未使用地图软件。对于个人信息控制者，如果尽到了安全义务，却由于技术不能而导致数据泄露，不应当承担责任。

判断基本功能里收集信息的标准，应当是客观的技术标尺，是综合当前个人信息控制者的技术能力和产品或服务的功能组成而确定的，既不能是个人信息控制者，也不能是一般用户的根本期待。事实上很难按照用户的根本期待、用户的主观选择去制定基本功能里的收集信息标准，最终可能导致指引标准里此项规定完全虚化或者个人信息控制者

无法生存。

(2)个性化展示的规定过于粗泛

《修订草案》对于个性化展示的规定也存在一定问题。对于一般用户,推送是来自自己此前行为轨迹的反向读取,还是来自针对某个群体的广告推送,根本无关紧要,也不会去花时间和精力分清楚。一般用户在意的是直观感觉本身。而事实上,隐私一直是个模糊不清的概念。当我们在大街上,给看起来像学生的人发优惠券,并不会引起他们的不适,因为他们能够明确地知道,获取优惠券的理由是什么。而在网络上,即便是那些广告推送给25岁以下群体,严格来说,有没有调用特征数据呢?实际上也调用了。因为"24岁"的年龄判断也是特征。只是不能单凭这一个要素,明确地指向特定个人。在这里需要适用更为主观的合理隐私期待。因为普通用户不可能知晓收到的每一份广告推送究竟是怎么来的,会引起强烈的不安全感。相反,对于在一个APP、邮箱或其他应用软件中,接受"个性化展示"是一个简单而涵盖范围甚广的选项,也可以和垃圾信息屏蔽的自由选择权结合在一起。更为宽广的"个性化展示"范围对于个人信息控制者、用户群体和整个市场都有积极意义。

2. 云企业自律中的问题

(1)云服务协议中的问题

复杂的云环境中用户的需求不同、享受的权利和请求赔偿的范围也有差异,相应的云服务协议对双方具体的权责范围的规定不尽相同。目前普遍适用于大规模且多租户的云生态环境的格式化云服务协议的实际可操作性较低,存在过多的云服务提供者责任免除和侵权救济限制条款,暴露出各参与方权责不明的问题,使得数据主体的选择权、知情权、删除权、更改权等都受到一定程度的冲击,难以预防、监管和救济云数据隐私侵权现象,不利于正确评估、合理维护和改进云服务的实际效能,阻碍全球经济一体化形势下协调一致的云供给模式的构建。

(2)云隐私政策中的问题

云服务提供者收集和使用隐私数据的主要目的是完善身份认证、安全防范、客户服务和部分业务分析,满足用户对于产品或服务的个性化需求,逐步改善云系统安全。绝大多数云隐私政策都会要求用户注册时提供组织或个人的名称、证件、通信地址和电话、电子邮箱等真实、准确、有效的数据以完成实名的身份认证、账号管理和其他用户服务;赋权已方在用户使用云服务的整个过程中通过适当的物理设施和技术程序收集访问时间、设备型号和位置、操作系统和IP地址、软硬件特征数据以及用户完整的行为轨迹,避免未经授权的数据访问、数据修改、数据使用、数据损坏,并依据规定或用户合理要求删除不再符合隐私政策规定之目的和用途的隐私数据,却没有公布具体方案。指明收集的隐私数据可能存储于多个服务器,却不会说明具体地理位置和情况;一般会规定用户有权选择是否接受甜饼(Cookies),但默认选项是接受、拒绝需要主动修改浏览器设置且强调可能导致无法拥有最佳服务体验;指出数据主体享有隐私数据更改权和删除权,但不仅缺乏细化规范,还要求用户在发现数据收集、存储和使用中存在违规和错误时通过用户中心提交工单时亦需要提供身份证明;规定已方通过合法途径从第三方取得的隐私数据、用户在使用云服务过程中主动公布的信用评价和其他数据、其他违反法律法规或云服务提供者的规则等特殊情况享有隐私侵权的豁免权。

虽然绝大多数云服务提供者表达了不会以任何方式向无关的第三方提供(也不允许第三方非法取得)隐私数据的立场,却仅承诺在发现侵权行为后立即终止与第三方的服务协议,并没有清晰解释己方监管模式和具体责任。同时还规定了广泛的依据数据主体意愿或法律规定全部或部分地向第三方披露隐私数据的豁免情形,主要包括事先取得用户明确同意,依据法律法规、司法程序或政府主管部门的强制性要求,由于用户违反法律法规、云服务协议或其他云平台规则而必须向第三方披露,为了改进云服务而必须与第三方分享隐私数据。云服务提供者规定了获取隐私数据的第三方在服务结束后会被禁止访问包括其以前能够访问的所有数据,但那些非出于紧急需要而未经用户同意外包第三方的隐私数据处理或与第三方共同提供服务中传输的隐私数据,即便在服务结束后立即禁止第三方访问也不能掩盖对方已经获取海量隐私数据,而对此毫不知情的受害人根本无从得到损害救济。

第三节　我国云数据隐私权保护的对策建议

近两年,国际社会有关积极、主动、高效地保护数据隐私的呼声越来越高。不少国家和地区开始收紧数据隐私使用规范并加强相应的执法监督和司法救济。从我国的政治、经济、文化、技术等客观环境入手,批判性借鉴域外国家和地区的经验教训,逐步构建的兼顾多方利益需求的云数据隐私权保护机制应当是一个涵盖法律调整、行政监管、行业自律、全民参与的社会共治模式。以法律规范为主、行业自律为辅的道路建设致力于激励云服务提供者清理数据存储、提高使用效率、降低流程风险,为循规蹈矩又有技术实力的创新企业提供竞争先机。核心目标是实现云产业发展与数据主体利益的动态平衡,需要关注合法性、合理性、均衡性、控制性、可携性、最小化、规划性、透明度、私密性、质量性、安全性等要素。通过严谨的云数据隐私权保护机制确保各参与者不会利用自身优势打破竞争市场的有序状态,避免影响整个行业的健康发展。

一、完善具有中国特色的法律保护机制

云数据隐私权相关问题的处理,一般有两种选择:通过市场和自我监管来解决问题,或者由政府管理。对此,既有学者认为市场和自我监管不是可行的选择,因为市场不能提供足够的保护隐私的机制;亦有学者认为法律对于互联网企业和隐私惯例并不重要,市场力量在保护隐私方面比法律更有效[1]。虽然市场有一定的自我调节功能,但如果缺少政府干预,改善速度可能会更加难以追上技术更新。政府监管可能产生负面影响,却是监督和促使市场调整的重要工具。

文明国家和地区的立法机关有义务避免数据主体受到非法的自动或手动收集、记录、存储、修改、使用、披露、屏蔽、销毁云隐私数据的侵害。亟待通过完善相关法律规范,构建

---

[1] Dannel J Solobe. The Digital Person:Technology and Privacy in The Information Age[M]. New York University Press,2006:90-91.

云上数据主体的选择和统一机制、云隐私数据销售许可制度、云数据隐私影响评估标准、云隐私数据泄露举报方案、云数据传输溯源机制以及数据隐私安全的评估、监督和救济规则等,明确除非事先获得数据主体同意或具备法定豁免事由,任何组织和个人不得收集、使用和传递云隐私数据,确实保护数据主体的合法权益。

1. 立法原则

云数据隐私权保护的法律创制过程中应当遵循一定的立法原则。所谓立法原则是立法过程中应当遵循的总体精神,主要体现为立法的性质、根本任务与价值追求。一方面,价值追求是社会的产物,起源于人们追求经济发展、社会稳定和资源充分利用的刚性需求。我国现行的云数据隐私权保护机制存在诸多不足。填补相关法律法规、政策伦理、行业规则和企业自律的缺陷,需要植入科学合理的价值理念。"我们是希望社会来保护我们……必须要求它保护我们……保护我们不受外敌侵害,也保护我们不相互伤害。"[①]频繁出现的云数据隐私侵权现象背后是个人自由与经济利益之间的博弈,是人格尊严与社会利益的博弈。云数据隐私权保护的立法应当确保法律保护体系不偏离民法基本原则中体现的立法精神,反映信息时代中经济社会的新发展和云环境中数据隐私面临的困境对立法的基本要求,体现秩序、自由、平等、正义等价值目标。另一方面,云数据隐私权保护的立法过程中也要考虑法律的稳定性与灵活性,协调公益与私益、效率与公平等之间的关系,迫使参与云开发的企业、编写算法并优化特征权重的工程师、从事原始数据标注的海量矿工等积极改善自身行为,最大化挖掘技术进步给人类社会创造的各种机遇,既避免公权力过多介入云领域对技术和产业发展造成障碍,又克服其潜在的负面影响,逐步营建公平、透明、可持续和有益人类发展的可信的云生态环境。

2. 建立云隐私数据全生命周期的法规框架

(1)完善云隐私数据合法处理的具体标准

云数据隐私权是一种具有克减性的弱支配性民事权利。在整个生命周期中,云隐私数据面临着云产业发展与数据主体权益保障之间的冲突,面临着被技术迭代扰乱传统隐私关系情境下外部力量不断侵扰[②]。亟待完善云隐私数据合法处理的具体标准,改善云计算信任体系,促进云市场健康有序发展,推动大数据、区块链、人工智能的技术进步与应用拓展。

首先,鉴于云隐私数据不当处理可能带来的巨大风险,应当确保数据控制者和使用者在云隐私数据收集、使用和流转过程中充分尊重数据主体的隐私权。①建立仅在必要范围内收集最少隐私数据的具体标准,即除了法律法规明确规定、为了数据主体的根本性需要和系统正常运转或关键性技术提升以外,提供者在收集和处理隐私数据时必须有明确、特定的功能和用途且事先取得数据主体的明示同意。②建立告知义务的具体标准,即提供者在收集隐私数据之时,应当告知其身份、收集目的、数据的主要使用者和地点以及对其可能造成的重要影响等。③建立云数据库管理的具体标准,即不得将通过非法手段获

---

① 丽贝卡·戈尔茨坦. 谷歌时代的柏拉图:为什么我们今天还需要哲学?[M]. 李鹏程,译. 北京:中信出版集团,2017:243.

② Bruce Schneier. Secrets & Lies:Digital Security in a Networked World[M]. Wiley,2000:2.

取的隐私数据写入库中,也不能包括与己方关系密切的隐私数据。入库数据应当公正、完整而充分,积极补偿因云隐私数据处理和管理中的过失或可能存在的缺陷导致的损失。

其次,鉴于数据主体在不违反法律规定的前提下,享有自由处理和授权他人处理云上隐私数据的权利。绝大多数云场景中的处理者是云服务提供者,主要依据则是云服务协议和云隐私政策,应当明确其中的必备条款和建议条款。根据《合同法》的一般规定,订立合同需要双方同意。对于那些未经谈判而由较为强大的一方以"接受或离开"为基础提供的格式合同,虽然不会自动无效,却应当受到更为严格的审查。对于程序不合理或实质不合理的条款,不予认可。具体到云环境之中,云服务合同大多为此类格式合同,且一般会提前解决潜在的法律冲突。云隐私政策更是侧重于阐明提供者的各种数据规定,而不是表明其在云服务中必须承担的义务。

法律控制的力量可以影响对社会控制和人身自由的看法[①]。在涉及具体问题的立法领域,决策者可以倾向于严格要求的规则,或者选择实施更为灵活和开放的标准[②]。从社会调整的角度讲,详细而僵化的规则有可能影响技术进展,如果技术进步没有受到阻碍,那么这些规则很快就会过时。但是,如果法律法规过于开放和模糊,则有可能最终完全无效。充分发挥当事人意思自治的作用,又避免强势的云服务提供者滥用能力,应当在云服务协议和云隐私政策中写明提供者访问、收集、使用和披露的个人健康、社会保障、财务信息等隐私数据的质量、数量和控制策略的具体标准,规定不得写入大量无关紧要、增加数据主体阅读难度的内容。从国家利益、社会公益和他人合法权益出发,明确不需要本人同意就可以被强制收集的隐私数据的范围和收集方式;承认和保障数据主体授权多个组织或其他人员收集、存储和使用本人隐私数据的正当性。

再次,建立云隐私数据处理流程合理可行的安保标准。即通过强化云数据控制者和处理者安全保障义务的法律标准,有效预防云数据隐私侵权行为,督促云服务提供者和第三方数据掌控者积极履行监督管理职责和及时告知义务。包括完善内部设施部署标准、严格控制获取和使用云隐私数据的必要人数、强化云平台监控和故障管理、日志管理、相关工作管理、面向数据主体的隐私监管以及高效应对异常事件的功能模块、数据安全检测、数据屏蔽标准和反入侵技术指标、安全漏洞通知等,使得数据主体行使删除权的程序完整透明,便于数据主体及时获知云数据处理中有碍己方权利和自由的系统性违规行为,帮助数据主体评估云服务提供者安全保障不到位的负面后果,督促相关组织和个人加强云数据隐私安全保障、提升数据加密能力,降低自然人的数据隐私权受到非法侵害的风险。例如,云计算、大数据和人工智能算法的综合运用大幅增加了云系统中自然人身份再识别的技术能力。继续保持敏感数据匿名化必须将数据收集的范围压缩到合理使用所需的最低量值。而在数据传输过程中,程序顺利运作必然要建立"W7"数据追溯模型,即自动记录被传输数据的哪方面(Which)、在何时(When)何地(Where)、由于何种原因(Why)被何人(Who)以何物(What)如何(How)影响。保障相应的数据隐私权应当确立并执行

---

① Daniel J. Solove. Identity Theft, Privacy, and the Architecture of Vulnerability. Hastings[J]. Law Journal 2003 (54):1227-1241.

② Paul M. Schwartz & Daniel J. Solove. The PII Problem:Privacy and a New Concept of Personally Identifiable Information[J]. New York University Law Review,2011,86(6):1614-1891.

数据追溯的可靠性原则、经济性原则、适用性原则等。

(2) 完善云数据隐私侵权责任制度

埃尔曼的《比较法律文化》中有言,"法律乃是改革的主要力量,是解决冲突的首要渠道。"应当在依法判断云数据隐私侵权行为与受害人遭受的损害事实之间存在内在的、普遍的、客观的必然联系的基础上,采用行政处理、民事诉讼或仲裁等方式,通过损害赔偿、恢复原状、返还原物等使得数据主体被侵害的隐私权最大限度地恢复到没有被侵害之前的状态。例如,自然人的人身安全等基本权利的位阶高于隐私权。我国侵害云数据隐私权的免除或减轻责任的事由特指云服务提供者、机构型云用户以及其他云数据控制者或使用者合法取得的针对数据主体的诉讼请求而提出的证明请求不成立或不完全成立的事实,应当符合维护最基本的人身安全、公共安全和国家安全所需的最低隐私数据要求。

基于云数据隐私侵权事件较强的突发性、较广的受害范围、复杂的侵权状况和难以认定的赔偿金额,具有隐蔽性的加害行为与损害事实之间的因果关系有必要采用推定损害存在的方式扩张无形损害和人身损害的范围,并将期待利益列入损害事项。云数据隐私侵权主体的多样性、受害主体的多维性、侵权行为的易发性、侵权事实的缓现性、因果关系的复杂性、侵权结果的严重性等使得相应救济最好能够具备较强的事前预防性。云服务提供者应当承担的数据隐私保护和注意义务必然高于一般的网络产品或网络服务提供者,责任范围甚至延展到相关的网络接入服务提供者、数据定位服务提供者、在线计算技术服务提供者、存储空间服务提供者等。侵权预防应当从完善侵权认定与责任承担、加强监管技术研发和专业团队建设等入手。有必要进一步细化云服务提供者和机构型云用户承担的云隐私数据安保标准,充分、及时且便捷地追究直接或间接导致云隐私数据泄露或毁损以及由此引发的衍生损失责任。

当前绝大多数云数据隐私侵权行为的主要动因在于经济利益。云数据控制者和处理者怠于履行安全保障义务,甚至放任或参与侵权活动的关键在于侵权责任与违规收益的不均衡。例如,阿里云等服务提供者对云平台负有法定注意义务并承担相应责任。受害人可计算的经济损失、直接侵权人的责任承担能力与提供者间接侵权的程度等均会影响其侵权责任的大小。有必要迅速健全法律补偿机制与惩罚性赔偿机制,通过运行充分赔偿、及时赔偿和惩罚性赔偿体系警示云服务提供者、机构型云用户或是恶意侵入者,令其在能够预见己方行为对云数据隐私的损害程度与相应侵权责任的情况下,不仅主动放弃侵权行为,还通过完善隐私设计和审查评估等前置控制措施防范侵权风险,有效威慑惯于侵害云数据隐私的云服务提供者,教育社会公众不得从事侵权活动,促进基于云计算的海量行业健康发展。

奥古斯丁在《忏悔录》中指出,"惩罚是对正义的伸张。"惩罚性损害赔偿制度虽然已有数百年发展历史,却因为与民事赔偿的补偿性原则背道而驰、具有过强的公法性而饱受苛责。耶鲁法学院的前院长、联邦第二巡回法院法官卡拉·布雷西发表的《事故成本问题》中指出"如果让行为人承担其行为所导致的所有成本,那么就会在事实上减少事故或者降低事故的严重性"[①]。理查德·波斯纳进一步运用"价格与需求"分析工具论证惩罚性赔

---

① 卡拉·布雷西. 事故成本问题[M]. 毕竞悦,陈敏,宋小维,译. 北京:北京大学出版社,2008:27.

偿的合理性,即侵权行为受到惩罚较小的话将导致风险侵权因"低成本、高利润"而增多,提高惩罚力度和加大赔偿幅度等于通过加大侵权成本而降低恶意行为发生率。事实上,若不是惩罚性赔偿制度,麦当劳的咖啡杯上不会印上"小心烫口"、福特公司也不会积极召回火花塞甚至是挡风玻璃有微小瑕疵的车辆[①]。

受害人可以依法取得实际损失补偿金之外高额损害赔偿的惩罚性赔偿是抑制市场经济中大量恶意违法行为,鼓励处于相对弱势的消费者积极对抗侵权行为,营建良好的经济秩序的重要举措。我国目前在《食品安全法》(第 96 条)和《消费者权益保障法》(第 49 条)中进行了相关规定。但是,《消费者权益保护法》规定的惩罚性双倍赔偿原则未能达到立法者期望的减少消费领域损害的目的。《食品安全法》的"十倍赔偿"一经颁布,举国轰动,很多专家学者均予以高度赞扬,结果却成效不彰。食品本就是容易变质的特殊物品,消费者除非当场食用,难以证明不合格,通过法律渠道起诉维权的整体成本过高。双方博弈力量悬殊,简单的"十倍赔偿"无法改变消费者的弱势地位。然而,美国福特公司曾因设计的汽车少了一个滚轮横木,被判 2370 万美元惩罚性赔偿;德国亨特格尔公司在被查出孕产妇奶粉和婴儿豆粉中有"坂歧氏肠杆菌"后向消费者支付了高达 1000 万欧元的赔偿金,均起到警示市场与鼓励维权的客观作用。当然,高昂到缺乏支付可能性的金额亦不足取。例如,美国亚拉巴马州在埃克森美孚公司版权纠纷中裁决的 119 亿美元惩罚性赔偿,引发大面积不满情绪。

卡多佐在《司法过程的性质》中写道:"法律就像旅行一样,必须为明天做准备。"目前看来,高额的惩罚性赔偿是肃清云秩序的不可或缺的重要工具。对于实力强弱对比明显、维权取证困难且导致的精神损害和数据价值本身难以评估的云数据隐私侵权行为,除了弥补受害人实际损失的救济规范,还应当写入能够起到较好的预防和遏制恶意行为的惩罚性赔偿。唯有让侵权人深感违法成本过于高昂且让受害人相信诉讼收益惊人的赔偿标准才能真正起到制约云数据隐私侵权之目的。如果不通过完备合理的惩罚性赔偿引导云数据隐私处理行为的走向,必然会使众多云服务提供者、机构型云用户和其他恶意侵入者在侵权道路上越滑越远。恶性循环之下,云数据隐私侵权现象必将愈演愈烈。唯有建立针对强势侵权人的惩罚性赔偿制度,才能激励受害人积极维权,进而纠正云数据隐私侵权人的收益大于赔偿的社会认知。

此外,成文法的客观局限使得云数据隐私侵权的案件审理中必须授予法官适当的自由裁量权,保障法官能够综合个案具体情况,运用自己的自由裁量权来适用法律原则进行裁判。不同于对于某一个具体的事实状态赋予确定的法律后果的法律规则,法律原则是贯穿在整个法律制度与规范之中的根本规则,是指导立法、司法及涉法活动的具有普遍指导意义的基本行为规则[②]。云数据隐私权保护的基本原则是效力贯穿于整个云数据隐私权保护始终的确定性法律规则应当如何进行扩展和修正的普遍性和规范性原则。主要包括云隐私数据合法、合理和透明化处理的原则,尊重和维护数据主体基本人权的原则,兼顾公益与私益、效率与公平原则,公序良俗原则,等等。法官的自由裁量权是法官在遵循

---

① "詹姆斯诉福特公司"一案中,原告驾驶的福特途中发生爆炸导致车上小孩严重烧伤。法庭调查发现,福特汽车公司早已知悉该问题,但经计算后认为,如果全部召回并修复需要花费 1 亿美元,而车着火致人死亡每件只需赔偿 20 万美元,因而决定不召回。法院遂判决福特公司赔偿被侵权人惩罚性赔偿金 1.25 亿美元。
② 马俊驹,余延满. 民法原论[M]. 北京:法律出版社,2006:32.

法律一定限制的前提下在行动、不行动和如何行动的若干可能中进行自由选择的权力[①]。由于云数据隐私侵权案件的技术性较强，享有自由裁量权的法官应当具备相应的技术知识，才能完成追求实质正义的目标。

3.《个人信息保护法》的立法建议

由于云数据隐私权保护的对象是云上个人数据隐私权，而当前各国政策法规中的个人信息或个人数据一般是指云系统中的个人数据和个人信息，我国在占据数字经济先发优势、众多企业积极参与国际竞争以及个人数据保护水平尚未获得国际充分认可的形势下，应对国际立法热潮和国内高涨的立法呼声而积极制定中的《个人信息保护法》（十三届人大常委会已将之列入第一类立法规划项目）显然是云数据隐私权保护的顶层设计。

基于我国国家战略和特殊国情，结合对域外制度的实效观察，有必要采取原则性立法范式与遵循国际惯例的法律术语，坚持以规范个人数据商用为主、实现境内自由流动和跨境合理流动的立法思路，严谨务实地勾勒《个人信息保护法》的框架体系。

（1）立法目的和宗旨

这一部高位阶的统一立法，应当为我国企业参与国际竞争提供重要支撑，为我国数字经济战略顺利推进提供强大助力，为我国争取数字领域国际博弈话语权提供核心依据，为展现我国人权发展水平提供有力佐证，力求实现数据相关公共利益、数字经济发展、个人数据保护之间的动态均衡。

（2）立法起草的思路和步骤

《个人信息保护法》起草中，解决主要问题时不能忽略立法背后的国际政治、经济和文化博弈，既考虑到我国仅次于美国的数字经济先发地位，又认识到美国的跨境数据流入量远大于我国。既不能全盘仿效欧盟的《通用数据保护条例》，也不能照搬美国的《云法案》，而是应当坚持以规范个人数据商用为主，原则上允许数据的境内自由流动、在合法范围内许可数据跨境流动。

（3）立法范式、术语和宽展期

我国的推荐性国家标准《信息安全技术 个人信息安全规范》借鉴《欧盟通用数据保护》的规则思路，运用国际通行的定义标准、保护原则和权利框架，助力我国的数据隐私权保护机制接轨国际规则，提高域外国家和地区对我国个人信息保护水平的认可度，逐步搭建我国企业海外运营时云数据跨境相对自由流动的渠道。即只要"已被识别"与"个人具有关联"的数据都属于个人信息，遵循透明度、目的限制、最小化应用、权责一致等保护原则，为数据主体设置了查询权、更正权、删除权等权利框架。

建议《个人信息保护法》采用不区分公私机构和不细分具体领域的模式。主动回避数据控制者和处理者的性质问题（如国家机关、企事业单位等），从处理目的（如执行公共利益领域的任务或行使既定的公务职权之必要）进行合法性豁免，避免国内外舆论断章取义地宣扬公权干涉的论调，也更为契合国际社会保护个人数据的立法习惯。不细分具体领域的原则性规定将为各行各业制定更为适宜的行业细则留下合理空间。术语表达上，也应当尽量遵循国际惯例，避免标新立异产生不必要的歧义和误解，影响该法与国际规则的

[①] Davis K C. Discretionary Justice[M]. Green-wood Press,1969:4.

迅速对接。实施时间上,基于该法内容庞杂、更新频繁、影响深远、合规难度较大,应当仿效欧美,给予2年左右的宽展期。

4. 构建全国一体化的法律监管机制

有必要建立专门的国家隐私保护委员会,由专业基础扎实的隐私保护专员制定全国性的认定云数据隐私的标准以及开展相关保护与救济的法律规范,监管实施情况并调查和处理违法行为,开展相关知识和技术的科普工作与预警活动,向有关权力部门和企事业单位提出意见或建议。尤其是出台科学、全面、完整、独立且具有实操性的云数据隐私安全风险的评估指标体系,强化基础性云物理设施和云计算防护的风险监控,制定规范云行业的技术标准,完善云市场监督管理,开展第三方安全和质量认证(如中国信通院牵头的可信云服务认证、工信部的云计算服务能力标准复合型证书、公安部的信息安全等级保护认证),鼓励独立的第三方云数据安全提供者分析并补充数据主体的隐私安全保障。

5. 完善云数据隐私侵权管辖制度

国际社会中传统的隐私保护机制遵循属地管辖原则,实操中侵权涉及的法律法规集中在经营者或消费者所在的特定的国家和地区,具体个案中的法律冲突并不明显。在分布式存储和处理的云生态模式下,隐私数据在全球范围内不分界域地广泛流动,加之相关国家和地区的法律法规差异较大,经常导致严重的法律冲突。若是遵循以消费者为主的数据主体所在地的法律规范,将大幅降低云系统的活力和效率,给云服务提供者带来巨大的合规风险;若是遵循以云服务经营者为主的提供者所在地的法律规范,既不利于保护数据主体的合法利益,亦有可能影响所在国家和地区的数据主权和数据安全。为此,很多企业通过用户协议的法院地选择条款避免法律风险。

云上存储的数据一直在位于各地的服务器之间转移,具有较强的分散性与变化性,导致云数据隐私侵权纠纷发生时难以确定数据位置,引发管辖争议;云上数据外包后受托方自主选择数据存储物理设置的地理场所进一步加剧了管辖冲突。从国家主权、司法便利、国际协调和保障云产业有序发展等角度考虑,基于云数据隐私侵权的特殊性,不宜将反映既得权观念的行为地、物理设备所在地或云上关键数据所在地认定为最密切联系地①。高度流转的海量数据会导致此类具有实质联系的地区难以判断且与云数据控制者、处理者或数据主体的住所地或经营场所地的法律规定有着难以调和的矛盾或差异。我国在《关于审理利用信息网络侵害人身权益民事纠纷案件适用法律若干问题的规定》中就因为云计算技术发展下分布式服务器导致被诉侵权的服务器所在地具有不确定性,不符合"方便当事人诉讼、方便人民法院审理"的两便原则,而将之排除在管辖地之外。同时,在一定程度上可以反思和借鉴美国便捷、灵活的长臂管辖规则。此外,巨头企业往往在云服务协议中规定数据隐私侵权纠纷的司法管辖和准据法(一般为企业所在地模式或用户所在地模式),容易认定、具有稳定性和可预测性。对于处于议价弱势的云用户而言,仍然享有合理的期待云服务提供者尽到注意义务且条款具有公平性。一旦遭遇适用其他国家和地区的法律规范可能带来不利后果的局面,可以通过消费者权益保护法予以救济。

---

① 金华,陈平凡.云计算法律问题研究[M].北京:法律出版社,2012:129.

6. 参与建构全球统一的云数据跨境流动法律保护机制

我国云数据隐私权的法律保护机制尚不健全,在数据保护的国际规则制定中尚未展现出大国作用,甚至并未与欧盟和东南亚国家集团等就隐私数据保护和跨境数据流动建立正式的协作体系。现行的法律法规掣肘给国内科技巨头企业参与数字丝路建设带来一定困扰。当前情况下,我国应当在参与的双边和多边贸易谈判以及相关国际合作中积极协调融通个人数据安全和数据隐私保护的规则冲突。例如,在"中国—美国双边投资协定谈判"、"中日韩国际贸易协谈判"和"中国—智利国际贸易协定谈判"中积极抛出有关数据安全和隐私数据跨境流动的协商条款。又如,东南亚地区是我国"一带一路"倡议的主要区域。"区域综合经济伙伴关系"(Regional Comprehensive Economic Partnership,RCEP)是覆盖了东盟各国和中国、印度、日本、澳大利亚、新西兰和韩国六个其他成员国的伙伴关系,极有可能是"跨太平洋伙伴关系"(TPP)的继任力量。我国要在其中发挥主导作用,有必要推动成员国之间建立统一的云隐私数据法律保护机制。亟待立法明确云服务提供者对境外监管机构基于执法目的调取我国数据的反馈机制,由相关主管部门做出是否应当向境外机构提供对应个人数据的决定,既避免企业直接面对两难困境,也为未来我国进行跨境数据执法调取的国际谈判和合作奠定基础和提供空间。

数据是数字时代的基础性生产资料,数据中心本身就是巨大财富。云上数据本地化被公众视为维护本国利益,保障数据隐私的重要举措。然而,在云上大数据处理和人工智能应用中集聚使用的海量隐私数据极速推进着全球经济发展、政治稳定、技术进步、环境改善,助力整个世界从独享到分享的有益演进。有必要在保障云数据隐私权的同时,维持合理的跨境数据自由流动,实现促进经济发展与保障基本人权之间的动态平衡。例如,数据主体对于自愿置于云服务提供者或其他云参与者管控之下的隐私数据的撤回权受到云服务协议的限制。推进全球统一的云数据跨境流动法律保护机制,平衡数据开放和数据保护的冲突,最小化限制跨境商业活动,逐渐统一碎片化的云隐私数据,优化跨境云数据流动的成效,减少不同司法管辖权之间的法规冲突,改进司法互助协定,最终将在全球范围内促成公地喜剧。

目前,云数据跨境流动的法律保护模式的发展趋势可以概括为表7-1。

表7-1 云数据跨境流动的法律保护模式类别表

时段	模式	基调	主要形式	保护依据	保护模式	优势	劣势
(中)短期	欧盟式	限制	云数据本地化(设立独立机构监管)	国内政策法规为主,倡议性国际文书为辅,少量有法律约束力的国际协议	主要贯彻充分利益原则	短线提升云数据安全水平,提供国内同类产业保护,提高本地访问速度和用户体验	增加系统部署的复杂性,增加资本投入,割裂企业内部的云数据交互,形成蜜罐效应,造成国际贸易障碍,可能导致全球互联网的巴尔干化,可能侵害云数据主体自由传输数据的权利

续表

时段	模式	基调	主要形式	保护依据	保护模式	优势	劣势
(中)长期	美国式	放开	云数据自由流动（特别领域分散限制、行业自律）	以有法律约束力的区域性和全球性国际协议为主，国内政策法规和双边协定为辅	主要采用实质损害原则	推动全球互联网开放互通，推进数字创新和云数据贸易发展，促进GDP增长，改善企业运营效率，完善评价体系，创新技术和产业，模糊地理区域边界	对于云数据的主权、公共安全、数据隐私、地方经济活动、本土行业发展等均有一定的消极影响。挑战不同国家对云数据的管辖权，导致资源控制权外移，形成云数据隐私侵权风险，增加国内企业压力，影响就业增长

两种云数据跨境流动法律保护模式产生区别的深层动因如表 7-2 所示。

表 7-2　云数据跨境流动法律保护不同模式的成因分析表

区域	传统不同	地位不同	诉求不同
欧盟	将个人数据权看作基本人权，长期坚持数据隐私保护的传统。考虑云数据跨境流动中双方（企业和用户）不对等的权利结构和风险认知	全球贸易中处于核心地位，云数据贸易中劣势明显。主要依赖外来云数据产品和服务（尤其是美国）	在欧盟范围内建立开放繁荣的云数据经济；通过可靠的云数据保护建立信任关系，推动有序竞争
美国	沿袭"法无禁止即可为"的民事行为（如公司和用户的合同关系）合法性认定传统	全球贸易中处于主导地位，云数据贸易中拥有巨大出口利益，全球云数据连线总量高居榜首	在全球范围内建立云数据开放共享的自由机制，巩固美国数字经济的领先地位，提升和巩固相关话语权

由此可见，短期内建成全球统一的云数据跨境法律保护机制虽然具有重大意义，却在实践中并不具备可行性。值此类国际立法条件尚不成熟之际，推动国际合作宣言、倡议与意向书的签署和发布较为合适。虽然我国的数字经济已经获得长足发展，国际贸易和产业利益不断增加。以 BAT 巨头为代表的互联网平台持续向海外扩张，规模和实力仅次于美国。2017 年 3 月，马来西亚落地了阿里巴巴推进的电子世界贸易平台（eWTP）的首个"数字中枢"，境内大型云服务提供者也纷纷在世界各地布局数据中心，却远远没有如同美国一样完成全球化任务，在全球数据连接排位一般，尚且不具备将国家立场自云数据本地化转向跨境云数据自由流动的雄厚基础。但是，完全的云数据本土化的法律设计（如巴西）最终导致的后果就是信息网络世界的分裂与隔离。过于严苛地限制跨境云数据流动，也会为我国企业拓展海外市场筑起难以逾越的数据壁垒，不仅与中国大力发展数字经济的状况不符，还有可能招来报复性制裁。有必要完善国内云数据跨境流动的政策法规，配合数据保护规定，动态平衡各方利益需求。此外，我国还要积极牵头制定云数据跨境流动的区域性协议和地缘双边协议。迄今为止，作为全球第二大经济体的中国尚未与国际经

贸伙伴建立长期有效的跨境数据流动互信机制,在一定程度上制约了数字经济的健康发展。尤其是中国目前的互联网产业依旧处于蓬勃上升期,过于封闭无助于数字经济的全球化征程。值中国积极发展国际贸易协作之际,国内一定数量的企业已经具备了较高的维持云上隐私数据保密性、完整性和可用性并妥善进行隐私数据收集和使用的水平。我国政府应当有足够信心和动力借鉴欧美"隐私护盾"模式,与主要的地缘贸易伙伴洽签完善双边云数据流动的协议,积极参与并争取区域性云数据跨境流动规则制定的话语权,为最终构建全球统一科学的云数据跨境流动法律保护机制,实现数字经济发展与云数据隐私保障之间的动态平衡添砖加瓦。

二、完善相关政策与行业自律规则

我国云数据隐私权的长足保护不仅需要搭建明确、统一、灵活且具有创新性的一整套涉法架构,还必须完善政府部门的多元治理,推进行业自律规则,提升相关技术和规则的社会认知水平。

基于云计算的服务生态以几何乘数发展致使相关法律法规难以跟上调整步伐,在制定和修改法律条文的理论和实践基础尚不完备的情况下,有必要通过政策伦理和行业自律规则缓解云数据隐私侵权困境,明确调整云服务关系的格式合同中数据安保责任分配与赔偿制度,建立和完善云数据控制者和处理者的内部管理机制,迫使其强化云数据安保意识、提高安保技术、切实开展安保系统建设与维护并杜绝己方有意或无意地参与致险活动,形成既尊重个人数据隐私权益、又大力推动云技术和云产业发展的良性市场氛围,避免有害且未经授权的数据存取,保证云数据处理过程的完整性与保密性。例如,我国的云安全与新兴技术安全创新联盟(China Security Alliance of Cloud and Emerging Technology Innovation)对隐私数据收集和使用的准确性、完整性、保密性、透明度与披露原则等做出了详细规范,建立了可信的评估标准与认证机制。

三、健全企业内部监管和安保机制

保障云环境中隐私数据的安全性、完整性和机密性,不仅需要从政策法规角度完善相应的事前预防、事中监督和事后救济机制,还必须从改进数据隔离和访问控制以及数据操作审计等技术分支入手,通过新型的加密机、对称或不对称密钥等集中强化数据存储、处理和流转的高强度和高可靠性的分级管理,"安全不但要保证云平台自身的安全,也需要作为一种服务能力提供给租户。"①不仅采取融入复合的不对称加密与权限控制的方式自动认证云用户的接入活动;还让云用户通过客户端自行加密数据并上传云中,使得提供者在整个处理周期中避免获取密钥;在云用户迁出云平台后释放其空间时进行严格的数据审计和彻底的数据清理,避免个人数据非法流失;完善数据容灾备份机制和持续提升安全补丁技术;等等。虽然有利于建立稳定的隐私数据保护秩序和满足合理的权利预期,但过高的保护认定标准和复杂的批准程序等限制了国家经济增长,阻碍了社会价值实现。

越来越多的国家和地区正在采取合法手段使得个人数据出境变得愈加昂贵和耗时,

---

① 顾炯炯.云计算架构技术与实践(第2版)[M].北京:清华大学出版社,2016:306.

影响数字经济发展,尤其是阻碍以海量数据为燃料的云产业的突破性飞跃。社会各界关注度日益上升的数据隐私侵权问题促使不少国家和地区开始制定数据安全行业规范以补充传统隐私权保障机制的不足,众多从业机构依法依规设立并完善首席隐私官制度,持续进行大规模的数据隐私培训,主动要求第三方评估机构开展数据隐私保护状况审计,不仅充分展示了接受全社会监督已方在收集和使用个人数据的过程中没有邪恶企图的决心,表明尊重数据主体享有的自行决定何时、如何以及在多大程度上披露隐私数据的权利的态度,亦更好地遵循数据隐私保障要求较高的国家和地区的法律规范①。华为总裁办公室于2019年初公布了创始人任正非的内部公开信,确认了网络安全与隐私保护应当成为华为公司的最高行动纲领,强调构建按需、透明、自控的数据隐私保护机制②。

面对我国数据隐私法律保护范围渐宽且规制渐严的现实情况,云服务提供者应当确保数据隐私的收集和使用遵循合法化、必要化、正当化、去标识化和明示同意的要求,从风险评估、关键绩效控制、监测报告和技术改进等方面完善云隐私数据安全事件的应急处置模式,开展内部工作人员的培训考核和安全审计评估,健全数据隐私自问责制度,保障数据主体及其自主授权访问的第三方对于隐私资料的选择权、访问权、更正权、删除权等③,积极合规国家政策法规和行业自律规则,必要时应当主动向公权部门咨询和开展审慎的合规调研工作,完善相应的内部批准机制,提高技术、改进管理,量化增加数据处理的透明度与一致性。

1. 确保云数据隐私保护的合规成本不超过可量化收益

云数据隐私趋向透明化与匿名化并存。长远来看,充分保障云上隐私数据安全存储与合理使用是不可逆的必然方向,任何阻却力量只能暂时延缓这一进程。云服务提供者有必要坚持总体评估和个案衡量,确保实现云数据隐私保护的合规成本不超过可量化收益。例如,数据中心的物理安全保障是确保云数据隐私安全的重点,却存在前期成本投入过高、短期收益较为有限且在众多新技术应用以超出人类想象的几何级倍数增长的情况下常常面临更新或淘汰风险,云服务提供者应当放缓数据中心建设步伐,避免过度扩张导致的数据安全保障不健全,引发云数据隐私侵权风险。

2. 具体的合规选择取决于法律法规与精准核算

云服务提供者往往是全球领先且具有较强特色的跨国集团,不同历史时期和不同自身发展阶段下,采用的合规基调(严格合规、有限合规甚至忽视合规)需要进行多方面考量,最重要的密切关注对象是法律法规的制定、后续实施与走向预测,同时持续进行精准的成本收益计算。虽然我国近年来加强了数据隐私保护的立法进程,但《网络安全法》《电子商务法》等实施之后,大多采用约谈方式,说明目前尚处于审慎执法关涉数字经济发展时期。但是,几次阿里云事件、百度云事件、腾讯云事件表明我国对于云上个人数据隐私权保护的法律法规的执行正在走严且存在示范现象。而在被示范即面临处罚和声誉损失

---

① John Schwartz. Conference Seeks to Balance Web Security and Privacy[N]. New York Times,2000-12-08.
② 任正非. 全面提升软件工程能力与实践,打造可信的高质量产品[OL]. 华为总裁办电子邮件,电邮讲话〔2019〕001号.
③ 叶志伟,叶建伟. DIFC-AC:一种云计算中信息隐私性保护方法[J]. 计算机应用与软件,2013,3:30-34.

的情况下,云服务的提供者需要审慎核算合规成本,避免不必要的技术违规,如在云服务条款和云隐私政策中保护数据隐私的内容不宜采用过于冗长、模糊、晦涩或藏匿于网站多级超链接的告知方式。

3. 其他建议

在当前云产业法律调整不够健全的情况下,云服务提供者有必要获得一些具有较强公信力的国内外标准认证。例如,华为公司取得了国际标准化协会制定的首个国际公有云隐私数据保护标准——《ISO/IEC 27018:公有云个人隐私保护认证》之后,迅速提升公众对于其隐私保障状况的认可度。因为这一较为权威的第三方认证包括了用户明确同意、用户完全掌握数据控制权、数据存储方式和位置充分告知用户、出现安全事故时及时通知用户并清晰保留相关记录和响应方式以及独立的第三方审计和复核等关键指标。

1)云服务固有的高技术性使得公众难以理解隐私数据收集和处理的方式和流程。云服务提供者为了避免因误解而引发的诸多争议和对抗,有必要加强相关知识传递,采用浅显易懂的方式更好地满足透明度合规要求。例如,近期众多第三方调查机构(如南都个人信息保护研究中心)对于云服务提供者隐私政策的调查报告显示,"同意"是使用的必要前提和文本冗长晦涩是广大用户排斥阅读隐私政策的主要原因。提供者可以采取更为直观友好的词汇或图像呈现隐私规定,避免触碰透明度的警戒红线。谷歌地图在隐私政策的不同章节嵌入的几个一分钟以内的动漫小视频就以最直观的方式解答了用户关于收集哪些隐私数据以及为何收集这些数据的困惑①。又如,2018年7月18日,微信公众号"差评"揭露百度云网盘用户使用公链分享功能时,未加密的隐私图片和文件可以被任何人通过第三方网站搜索出来。虽然百度官方迅速给出《关于网盘用户公开分享链接相关问题的说明》,详细解释其不仅在分享文件设置中提供了"加密分享"选项,还对公开分享"即任何人可查看、下载"进行了详细说明,且在服务协议中呼吁用户采取"加密分享"的方式。这些解释却无法获得大众认可,因为公认的是一般用户不会认真阅读提供者细小字样的说明。合规透明度的友好服务的数据隐私保护逻辑是定期以弹出形式提醒用户那些处于完全公开状态的文件并询问是否继续公开。

2)云服务提供者有必要明确企业社会责任的具体内容并构建科学合理的法律规则细化方案,严格执行服务器准入和运维标准,全面完善内部数据安全机制。在数据中心配备智能化门禁系统、限制人员车辆权限、建立日夜无盲点的监控环境和人员访问控制安全矩阵。任命专职负责处理云服务可能涉及的数据隐私事务的首席隐私官和内审人员。首席隐私官应当是具备数字技术、企业运营和相关法律知识且与数据隐私保护工作不存在利益冲突的专职人员。由其规划和制定数据任务清单,盘点关键数据库基本摘要和数据流记录,依据数据跨境国家和地区的隐私数据保护申报规范制定数据传输协议,撰写隐私政策,审核服务协议,审阅内部规章和流程,监察数据安全措施,降低未经授权的数据访问、数据保留、数据毁损、数据泄露风险,开展针对内部工作人员的入职审核、安全培训和定向检测,确保为其配备了日常安全措施需要的设施和合法的雇佣退出机制。

3)按照欧盟近期发布的涉及分区和纠缠技术的"云安项目",有必要让云用户自行掌

---

① 蒋琳. 还在违心说"我已有隐私政策"? [N]南方都市报,2018-12-25.

握存储隐私数据的域并选择纠缠级别。"与认为消费者不大可能为隐私付费的常规观点相反,消费者可能会愿意支付额外费用来保护隐私。那些运用技术手段展现其正面隐私政策态度的企业可能会由此获得竞争优势。"[1]云数据控制者和处理者应当改善云服务全生命周期的安全防护框架,积极构建复杂主体同步规划、同步建设、同步使用的多元协同安全治理机制,开展常态化的逻辑隔离、端口筛选、身份联合、密码认证、漏洞扫描和修复、配置文件管理和内部行政管理等安全任务。通过多因素控制、生物识别技术和区块链数字认证等方式强化云上隐私数据的身份认证,通过属性测试、分布防护、质量跟踪、密钥更新、安全组建加固、访问控制授权调整等完善云隐私数据主体的身份保护与权限控制,逐步构建云数据隐私安保工具链;通过监督与调控云数据隐私防护中不同颗粒度的核心利益需求等建立竞争型和激励型治理机制,充分适应不同应用场景下动态管理云数据隐私的基本要求;通过成熟的底层逻辑访问控制(如白名单过滤机制)实现每个用户只能访问己方租用的云计算资源,守住云数据的隐私基线,重塑数字时代的云生态环境。

四、重点推广平衡隐私与发展的云模式

混合云是迄今最佳的平衡数据主体的隐私权保护与经济社会发展需求的云服务方式。用户爆炸性增长的数据存储、共享与处理需求与成本、效益和安全考虑[2]等亟待构筑比例协调、近零重叠、节约成本并提高效率的混合云生态系统。通过灵活、高速、大容量和可持续的服务模式避免数据泄露风险、运作执行风险以及服务中断风险等,助力绿色经济增长[3]。

首先,最优调度的混合云重在实现虚拟专有云与共享公有云之间的合理平衡。在考虑用户成本投入、资源池最大容量、越境存储反馈时间差、数据主权的实效影响以及临时性储流需求(如"双十一"和"黑色星期五"等营销活动中激增的数据量)等基础上,通过中央算法模块专有部署敏感数据与共享储流零散数据,助力加密资源的细密度访问[4],实现混合云架构各子项之间合作博弈效用最大化,培育更为成熟的竞争市场。例如,资本雄厚的大型云用户适当增加虚拟专有云的应用比例,有利于避免数据暴露风险与共享缺陷;资金紧张的初创企业更多地使用共享公有云要素,有利于促进数据资源高效运作并缩小实力差距[5]。

其次,虽然混合云生态系统中虚拟专有云与共享公有云难以完全隔绝,但重叠意味着倍化风险。例如,共享公有云不慎泄露数据亦将虚拟私有云中同质部分暴露在实质风险

---

[1] Janice Tsai, Serge Egelman, Lorrie Cranor, Alessandro Acquisti. The effect of online privacy information on purchasing behavior: An experimental study[J]. Information Systems Research, 2011, 2:254-268.

[2] Do Yeon Kim. A study on effects of security risks on acceptance of enterprise cloud service: Moderating of employment and non-employment using PLS multiple group analysis[J]. Journal of Computer Virology and Hacking Techniques, 2016, 12:151-161.

[3] Chakraborty R, Ramireddy S, Raghu T. The information assurance practices of cloud computing vendors[J]. IT Professional, 2010(12):29.

[4] Caragnano G, Goga K, Ruiu P, Mossucca L. Stability of a parallel application in hybrid cloud, complex[J]. Eighth International Conference on Intelligent and Software Intensive Systems (CISIS), 2015:451-456.

[5] Mann A. The Cost Benefit Myth of the Public Cloud[OL]. http://pleasediscuss.com/andimann/20110504/the-cost-benefit-myth-of-the-public-cloud.

之下。最优架构的混合云准确无误地将核心数据置于虚拟私有云、边缘数据置于共享公有云并进行模糊处理,最小化基础结构、数据资源与云端服务的交互重叠,有利于明确各要素的权责关系,避免数据风险无限扩大。

最后,日益加剧的市场竞争使得平衡初始成本与长效收益成为云用户的核心生存法则。最优成效的混合云综合衡量虚拟专有云和共享公有云的效益差距,通过灵活调度机制高效量测和分配目标用户群对于数据通路、专有或共享资源池的动态需求,高速重组价值链并健全容错规则以利大型建模与数据运算,改变独立部署的低效状态,撤减数据迁徙的诸多障碍,避免软硬件运维、过载数据与增容带宽的巨额投入,保障云用户有效控制经营数据。

通过各种物理与虚像通道将一系列平台和服务联系互补而成数据生态系统中最大化分离并有效保持合理平衡的混合云架构助力隐私数据加密技术与强大计算能力的优势互补,实现海量隐私数据安全传递,增强云用户的参与信心,寻找云产业规模发展、企业利益保障与其他用户权益的动态博弈中的平衡点①。供需双方的技术差距、源自云服务提供者内部及其他恶意第三人的侵害以及相关政策法规监控不力等亟待实现混合云生态系统的信赖托管普遍化、技术标准规模化、内部管理认证多元化、外部监控机制法定化以及公权探勘限制化。

第一,优化混合云生态系统亟待通过全面托管虚拟私有云,打破核心数据存储在需求主体技术部门安装、配置与运作的基础物理设备与软件系统之上的传统模式,大幅降低需求主体的运作成本,无缝衔接共享公有云,扩展按需外部供应,推进整个系统的灵活调度与协调缩扩容。第二,呈现指数级增长的混合云托管服务为需求企业提供了大量替代选择。但是,弥漫整个行业的服务条款单向避责、部署模型与地理位置不透明、虚夸服务质量参数与假造用户反馈数据集合等严重打击潜在需求主体的参与信心②。虚拟私有云的广域普及需要提供者积极开源架构标准并公布部署数据,建立强有力的安全屏障确保需求企业对核心数据的自由存取与有效控制③,立足基准服务运行记录公示承诺与信誉大数据动态指数,普遍推进关键数据和零散数据的全方位信赖托管。第三,混合云的应用过程是"自助的处理过程"④。全面优化亟待构建明确体现可用性、安全性与扩展性的技术标准体系。通过充实硬件更新、网络提速、软件升级、余容错能力、实时数据上传、加密、备份、分散储流,以及自助编删的技术规则、强化参与人员行为审计、完善隐私数据访问控制与灾难恢复等。例如,积极采用点对点的共享调控模式,通过强制探勘监管访问痕迹以降低隐私数据泄露的概率。又如,实时关联访问口令与人力资源管理系统,确保在职口令正常运转与离职及时注销⑤。第四,全面优化混合云迫切需要建立崭新的数据挖掘权能交

---

① Julisch K, Hall M. Security and control in the cloud[J]. Information Security Journal, 2010(19):299.
② Khan K, Malluhi Q. 2010. Establishing trust in cloud computing[J]. IT Professional, 2014(12):20-27.
③ Anthes G. Security in the cloud:Cloud computing offers many advantages, but also involves security risks[J]. Communications of ACM, 2010(53):16.
④ Hon W. The problem of 'personal data' in cloud computing:What information is regulated? -the cloud of un-knowing[J]. International Data Privacy Law, 2011(1):211.
⑤ Abdul Masir Khan, Mat Kiah, Mazhar Ali. A cloud-manager-based re-encryption scheme for mobile users in cloud environment:A hybrid approach[J]. Journal of Grid Computing, 2015,13:651-675.

易制度。通过综合平衡弹性负载,提高整个系统的工作效率并降低运作成本。单个混合云的数据挖掘能力冗余之际,可以模块化出售赚取利润或关闭储流单元来节约能耗;能力不足之际,则可以从其他云生态系统调配,实现大幅度降低软硬件成本的初衷。第五,诸多混合云生态系统之间互联互通的核心风险主要来自相对开源的共享公有云过度采集与无序处理海量数据[①],迫切需要"安全、便捷、受控、可靠的认证解决方案"[②]。通过多角度建立多样式联合访问管理认证系统,在普遍完善云用户自设密码复杂性、有效期(超期自动清洗)与重置和找回安全策略的基础上,进一步巩固云管理广域再加密机制;集中实现企业用户单点登录、访问控制与隐私保护,满足数据同步服务与安全交互需求。第六,混合云先进性、安全性与稳定性的保持需要建立合法合理的外部监控机制。通过大数据风险评估监测反馈系统运行情况、及时发现和处理数据流转异常状态、时间和位置,实现各接口、数据结构和通信路径彼此协调运作,达致整个系统首尾相接与最小化重叠。云服务提供者往往拟定数据侵权免责条款并主张享有不说明理由(甚至未经通知)的用户账户废止权。亟待立法明确做出数据保密承诺、限制未经许可的挖掘活动、规定物理设备存储与数据迁移的最低安保标准并明确赔偿责任标准和基本救济方法等。第七,有些国家和地区甚至为了排除在特定情况下越过数据主体提取隐私数据的障碍,颁布了限制云数据权益的政策法规。例如,基于"个人不享有是否向第三方转移数据的隐私权"[③],推特公司曾应美国政府要求,在未经云用户同意的情况下,向公权部门提供包括大多数维基登陆者IP地址在内的数据隐私[④]。混合云生态系统运作过程中有效保障数据主体的隐私权益是增强参与安全感、提升信赖度的重要举措。亟待迅速构建限制公权干预的规则体系。完善混合云模式之策略体系的有效实施需要通过公权干预逐一落实[⑤],依据系统化的安全准则[⑥]确立云服务提供者、机构型云用户及恶意侵入者的责任分配制度。同时,隐私数据经常在跨境云系统位于全球各地的数据中心之间复制转移,参与者来自诸多司法管辖区域。在缺少特定云服务可适用之国际规则的情况下,每个参与者只会以本国法律规范为基本行为尺度。这些国家和地区不同的云数据自由权认定与保障标准导致管辖争议不断爆发,严重打击自然在混合云中存取、传递与共享数据的信心。有必要通过统一化的国际规则保障混合云上个人隐私数据的良性跨境储流,推动信息时代的绿色经济增长。

五、完善云保险和后续补偿

大量同质的云数据隐私侵权现象的出现符合可承保危险的大数法则,云数据控制者和处理者难以准确预测相关故障和失控风险,有必要推行强制保险。既保障云数据隐私侵权事件发生后的充分补偿,又不对侵权人造成无法挽回的巨额损失。例如,洛克顿公司(Lockton Affinity)已经将云计算及其管理服务纳入保单范围,利宝共赢保险(Liberty

---

① 彭海深. 云计算技术浅析[J]. 微计算机信息,2010,10:176-178.
② 孔德新. 私有云下的身份与管理解决方案[J]. 信息安全与通信保密,2012,11:75-77,81.
③ Smith v. Maryland. http://laws.findlaw.com/us/442/735.html.
④ Soghoian C. Caught in the cloud:Privacy,encryption,and government back doors in the Web 2.0 Era[J]. Journal on Telecommunications & High Technology Law,2010(8):359.
⑤ 戴发山. 云计算在中小企业信息化建设中的应用研究[J]. 江苏商论,2011,6:62-64.
⑥ Baker E,EEccles. Hey,you,get off of that cloud? [J]. Computer Law & Security Review,2009(25):270.

Mutual)为云计算提供错漏责任保险。同时,由于云数据隐私侵权保险有限的分散风险的能力和目前的社会保障机制不够健全,有必要汇聚企业定期缴纳、社会组织和公众捐赠以及相关公权部门罚款,构建国家对于云数据隐私侵权的后续补偿制度,全面填补受害人得不到补偿的合理损失。

六、积极普及相关知识

云数据隐私权保护机制建设也依赖全社会更加深入地理解云计算、大数据、人工智能等相关知识和提升隐私数据保护意识和能力。数据主体加深对于数据隐私的范围与内容、云服务架构和数据处理方式、相关技术设施(如浏览器隐私权级别设置、关键性数据文件安全屏障)的认识,有利于合法、合理、有效的云数据隐私其取暖隐私侵权救济主张[1],助力数据上云的快速发展。目前多数企业难以依靠自身力量实现数据上云,一是因为很多企业对于云部署、云服务路径和效果目标及其效果尚无明确概念,二是缺乏客观的第三方评估。亟待整合多方力量开展宣传活动,发掘面向不同类型企业的上云标杆,利用各种媒体渠道宣传相关技术知识、典型案例和应对方法,避免公众对于云数据隐私侵权的过度恐慌。例如,不少用户在使用华为、小米等手机时会发现系统自动删除推特图片的问题,往往将之归因于这些国产手机利用云端监控用户活动、窃取数据隐私、干涉用户自主权,引发了一定程度的社会恐慌。然而,从技术上讲,此类事件是手机系统自动清理图片以释放内存,且提示删除的图片在系统根图片目录里仍然存在。从产品运营层面讲,企业不可能故意做出如此堂而皇之地侵害用户数据自主权的行为,对于企业品牌效应的负面影响太过严重。问题在于,社会公众正在陷入过度敏感数据隐私的躁狂时期,不少群众似乎丧失了基本的认知力和判断力,坚信并大肆传播此类事件证明手机厂商正在侵害用户的数据隐私权,既影响数据经济有序发展,也成为社会安宁的不稳定因素[2]。

---

[1] 蒂姆·马瑟,苏布拉·库马拉斯瓦米. 云计算安全与隐私——企业风险处理之道[M]. 刘戈舟,杨泽明,刘宝旭,译. 北京:机械工业出版社,2011:67.

[2] 华为手机被指会自动删除推特下载的图片. https://bbs.hupu.com/25234077.html.

结　语

2019年初春，人类首张黑洞照片在全球同步发布，为检验广义相对论、时空弯曲、超强磁场等提供了重要通路，用创新算法拉开了宇宙文明的序幕。再次证明，云计算、大数据、人工智能等高新技术应用是整个社会迈向巅峰文明的重要推动力。尤其是日新月异的技术迭代浪潮之中，充斥社会生活方方面面的巨量隐私数据通过人员、过程和技术之间的复杂效应展现出前所未见的价值创造能力，驱动人类智慧合并人工智能以精准认知、决策、构建、反馈和改进人类命运共同体。

大数据挖掘技术提供了云产业和云服务迅速扩容与集聚成长的重要支撑，次世代中云行业的爆炸性增长迫切需要不断填充巨量元数据库，日渐严重和复杂的云数据隐私侵权风险却在一定程度上打击了数据主体的上云积极性。数据引领决策的发展范式导致思想群集现象愈演愈烈，大到国际政治（如中美关系）、小到家长里短（如家长微信群），对于表达异议者的容忍度日渐走低。因之，加强对云数据隐私的全方位保障，有利于捍卫表达的权利，维护个人自由与人格尊严，避免整个社会慢慢地滑向极端轻信和实质思想统一的深渊。但是，人类追逐永续发展的终极福祉，需要强有力的技术支撑，而新一轮的技术进步与应用拓展依赖数据总量与质量。当前愈演愈烈的国际竞争的关键组成是主要国家和地区之间的数据占有量与处理能力的竞争。这一切逐渐演化为云数据隐私与云数据利用的冲突、云数据主权与云数据自由流动的矛盾、数字经济发展与社会安全稳定的博弈。

查尔斯·狄更斯（Charles Dickens）曾指出，法律更像是一种相对缓慢前进的动物，它对变化的固有阻力有其矛盾性。对其有利的是，法律后果的持续性和确定性必然极为有益。但是在这个瞬息万变的世界，过于持久就会引发冲突，导致最终失去作用。[①] 面对基于云计算的服务模式在大力驱动社会发展的同时，带来的复杂多样、影响深远的数据隐私侵权难题，迫切需要完善动态平衡各方利益需求的政策法规，构建合理可行的行业自律标准，在整个云生命周期中确保隐私数据的完整性、机密性、可用性、可责性、合理分享与有序监管，支撑我国在全球竞争中长期保持领先优势，为建立我国主导的面向未来的国际多边主义和谐发展模式奠定基础。

著者
2020年10月

---

① Christopher Millard. Legal Protection of Computer Programs and Data[M]. Carswell/Sweet & Maxwell, 1895.

参考资料

中文：

[美]阿丽塔·艾伦,理查德·托克音顿,2004.美国隐私法:学说判例与立法[M].冯建妹,石宏,郝倩,等,译.北京:中国民主法制出版社.

[英]阿瑟·克拉克,2007.2001太空漫游[M].郝明义,译.上海:上海人民出版社.

[美]艾伯特·拉斯洛·巴拉巴西,2012.爆发:大数据时代预见未来的新思维[M].马慧,译.北京:中国人民大学出版社.

[英]安东尼·吉登斯,2001.失控的世界[M].周红云,译.南昌:江西人民出版社.

[美]彼得·克雷夫特,2017.苏格拉底遇到耶稣[M].胡自信,译.上海:上海三联书店.

[俄]别林斯基,1989.艺术的概念——别林斯基选集(第3卷)[M].满涛,译.上海:上海译文出版社.

[美]布兰代斯,2014.隐私权[M].宦盛奎,译.北京:北京大学出版社.

[英]查尔斯·达尔文,2013.物种起源[M].苗德岁,译.南京:译林出版社.

陈红,2002.论行政资讯公开制度中的隐私权保护[J].浙江工业大学学报(3):275-280.

[日]城田真琴,2013.大数据的冲击:野村综研大数据专家权威解析[M].周自恒,译.北京:人民邮电出版社.

戴发山,2011.云计算在中小企业信息化建设中的应用研究[J].江苏商论(6):62-64.

[德]迪特尔·梅迪库斯,2001.德国民法总论[M].邵建东,译.北京:法律出版社.

[美]蒂姆·马瑟,苏布拉·库马拉斯瓦米,2011.云计算安全与隐私——企业风险处理之道[M].刘戈舟,杨泽明,刘宝旭,译.北京:机械工业出版社.

董新平,叶彩鸿,蒋怡,2018.物联网环境下个人隐私信息保护体系建设研究[M].北京:人民出版社.

方新军,2017.一项权利如何成为可能?——以隐私权的演进为中心[J].法学评论(6):109-118.

[美]弗里德里希·哈耶克,1997.通往奴役之路[M].王明毅,等,译.北京:中国社会科学出版社.

顾炯炯,2016.云计算架构技术与实践(第2版)[M].北京:清华大学出版社.

郭明瑞,2006.关于侵权责任的几个问题[J].法学杂志(6):22-25.

何怀宏,2018.人物、人际与人机关系——从伦理角度看人工智能[J].探索与争鸣(7):27-34.

金华,陈平凡,2012.云计算法律问题研究[M].北京:法律出版社.

鞠晔,凌学东,2014.大数据背景下网络消费者个人信息侵权问题及法律救济[J].河北法学(11):52-60.

[美]卡拉·布雷西,2008.事故成本问题[M].毕竟悦,陈敏,宋小维,译.北京:北京大学出版社.

[德]康德,2005.康德著作全集(第4卷)[M].李秋零,译.北京:中国人民大学出版社.

[德]克雷斯蒂安·冯·巴尔,2004.欧洲比较侵权行为法(下卷)[M].焦美华,译.北京:法律出版社.

孔德新,2012.私有云下的身份与管理解决方案[J].信息安全与通信保密(11):75-77,81.

老子,2014.道德经[M].李若水,译评.北京:中国华侨出版社.

李开复,王咏刚,2017.人工智能[M].北京:文化发展出版社.

李宁,朱青,2012.大数据模式分解的隐私保护研究[J].计算机科学与探索(6):961-973.

李双元,温世扬,1998. 比较民法学[M]. 武汉:武汉大学出版社.
李锡鹤,2011. 侵权行为究竟侵害了什么?——权利外"法益"概念质疑[J]. 东方法学(2):3-10.
[美]丽贝卡·戈尔茨坦,2017. 谷歌时代的柏拉图:为什么我们今天还需要哲学?[M]. 北京:中信出版集团.
梁慧星,廖新仲,2003. 隐私的本质与隐私权的概念[J]. 人民司法(4):26-27.
[奥]路德维希·维特根斯坦,1996. 逻辑哲学论[M]. 贺绍甲,译. 北京:商务印书馆.
[美]尼葛洛庞帝,1997. 数字化生存[M]. 胡泳,范海燕,译. 海口:海南出版社.
钮敏,唐新川,2014. 云消费者权益保护的障碍剖析及对策研究[J]. 图书与情报(2):57-60.
潘大连,1997. 电脑大辞典[M]. 台北:猫头鹰出版社.
彭海深,2010. 云计算技术浅析[J]. 微计算机信息(10):176-178.
彭礼堂,饶传平,2006. 网络隐私权的属性:从传统人格权到资讯自决权[J]. 法学评论(1):57-62.
钱弘道,2003. 经济分析法学[M]. 北京:法律出版社.
沈向洋,施博德,2018. 计算未来——人工智能及其社会角色[M]. 北京:北京大学出版社.
沈中,许文洁,2010. 隐私权论兼论人格权[M]. 上海:上海人民出版社.
[美]斯特凡·韦茨,2017. 搜索:开启智能时代的新引擎[M]. 任颂华,译. 北京:中信出版集团.
孙山,2010. 侵权行为概念辨证[J]. 前沿(24):14-17.
陶广峰,1997. 论侵权行为法[J]. 甘肃政法学院学报(2):19-23.
[加]特里·安德森,希瑟·卡努卡,2007. 网络调研:方法策略与问题[M]. 袁邦株,蒋晨晖,译. 北京:中国劳动社会保障出版社.
[美]特伦斯·克雷格,玛丽·卢德洛芙,2016. 大数据与隐私:利益博弈者、监管者和利益相关者[M]. 赵亮,武青,译. 沈阳:东北大学出版社.
童应学,2010. 计算机应用基础教程[M]. 武汉:华中师范大学出版社.
[英]托马斯·莫尔,2003. 乌托邦[M]. 杜智勇,译. 乌鲁木齐:新疆科学技术出版社.
[美]托马斯·瑞德,2017. 机器崛起:遗失的控制论历史[M]. 王麟,等,译. 北京:机械工业出版社.
王冠,2016. 面对云计算企业如何选择[J]. 电子技术与软件工程(5):184-186.
王镭,2019. 电子数据财产利益的侵权法保护——以侵害数据完整性为视角[J]. 法律科学(1):38-48.
王立铭,2017. 上帝的手术刀:基因编辑简史[M]. 杭州:浙江人民出版社.
王利明,1992. 侵权行为法归责原则研究[M]. 北京:中国政法大学出版社.
王利明,1994. 新闻侵权法律辞典[M]. 长春:吉林大学出版社.
王利明,2019. 数据共享与个人信息保护[J]. 现代法学(1):45-57.
王迁,2008. 视频分享网站著作权侵权问题研究[J]. 法商研究(4):42-53.
王泽鉴,2013. 人格权法:法释义学、比较法、案例研究[M]. 北京:北京大学出版社.
王紫上,2017. 云管理2.0[M]. 北京:人民邮电出版社.
[奥]威廉·兰德斯,理查德·波斯纳,2005. 侵权法的经济结构[M]. 王强,杨媛,译. 北京:北京大学出版社.
[美]维克托·迈尔·舍恩伯格,肯尼思·库克耶,2012. 大数据时代:生活、工作与思维的大变革[M]. 周涛,等,译. 杭州:浙江人民出版社.
魏美新,1984. 英汉实用咨询科技词典[M]. 台北:黎明文化事业股份有限公司.
魏振瀛,2005. 民法[M]. 北京:北京大学出版社.
徐明,2017. 大数据时代的隐私危机及其侵权法应对[J]. 中国法学(1):130-149.
徐曦,2017. 机器70年:互联网、大数据、人工智能带来的人类变革[M]. 北京:人民邮电出版社.

许文义,2001. 个人信息保护法论. 台北:三民书局.

[英]亚当·斯密,2008. 道德情操论[M]. 何丽君,译. 北京:北京出版社.

[德]亚历山大·克鲁兹菲尔德,2017. 悄然来临的半机械人时代[M]. 冯帅帅,译. 北京:机械工业出版社.

杨立新,2004. 侵权法论[M]. 北京:人民法院出版社.

叶金强,2017.《民法总则》"民事权利章"的得与失[J]. 中外法学(3):645-655.

叶志伟,叶建伟,2013. DIFC-AC:一种云计算中信息隐私性保护方法[J]. 计算机应用与软件(3):30-34.

[以]尤瓦尔·赫拉利,2017. 未来简史[M]. 林俊宏,译. 北京:中信出版社.

曾世雄,2001. 损害赔偿法原理[M]. 北京:中国政法大学出版社.

张民安,2013. 美国当代隐私权研究:美国隐私权的界定、类型、基础及分析方法[M]. 广州:中山大学出版社.

张民安,2014. 信息性隐私权研究——信息性隐私权的产生、发展、适用范围和争议[M]. 广州:中山大学出版社.

张民安,2016. 场所隐私权研究[M]. 广州:中山大学出版社.

张民安,2017. 隐私权的界定:民商法学家(第13卷)[M]. 广州:中山大学出版社.

张民安,2018,隐私权的性质和功能:民商法学家(第14卷)[M]. 广州:中山大学出版社.

张民安,邓鹤,2012. 民法债权[M]. 北京:高等教育出版社.

张新宝,1997. 名誉权的法律保护[M]. 北京:中国政法大学出版社.

张新宝,2005. 侵权责任法原理[M]. 北京:中国人民大学出版社.

郑玉波,2002. 民法债编总论[M]. 台北:三民书局.

中共中央马克思、恩格斯、列宁、斯大林著作编译局,1995. 马克思恩格斯选集(第一卷)[M]. 北京:人民出版社.

中国社会科学院语言研究所,2012. 现代汉语词典[M]. 北京:商务印书馆.

英文:

Abdul Masir Khan, Mat Kiah, Mazhar Ali, 2015. A Cloud-Manager-Based Re-Encryption Scheme for Mobile Users in Cloud Environment: a Hybrid Approach[J]. Journal of Grid Computing, 13(6): 651-675.

Adam Carlyle Breckenridge, 1970. The Right to Privacy[M]. University of Nebraska Press.

Alan Westin, 1967. Privacy and Freedom[M]. New York Atheneum Press.

Amanda Conley, Anupam Datta, Helen Nissenbaum, Divya Sharma, 2012. Sustaining Privacy and Open Justice in the Transition to Online Court Records: A Multidisciplinary Inquiry[J]. Maryland Law Review, 71(19):112-188.

Amold Simmel, 1971. Privacy is not an Isolated Freedom[C]. Privacy & Personality. Routledge Press.

Andrew Joint, EdwinBaker, Edward Eccles, 2009. Hey, you, Get Off of That Cloud? [J]. Computer Law & Security Review, 25(3):270-274.

AndrzejGoscinski, Michael Brock, 2011. Toward Dynamic and Attribute Based Publication, Discovery and Selection for Cloud Computing[J]. Future Generation Computer Systems, 26(7):9-28.

Benn Stanley, 1984. The Protection and Limitation of Privacy[M]. MIT Press.

Bhaskar Prasad Rimal, Admela Jukan, Dimitrios Katsaros, 2011. Architectural Requirements for

Cloud Computing Systems: An Enterprise Cloud Approach[J]. Journal of Grid Computing(9):3-26.

Brett Molina. Terrifying: An Artificial Intelligence was Fed RedditCaptions[N]. USA Today, 2018-06-07.

Bruce Schneier, 2015. Secrets & Lies: Digital Security in a Networked World[M]. Wiley.

Carlo Ratti, Riccardo Maria Pulselli, Dennis Frenchman, 2006. Mobile Landscapes: Using Location Data from Cell-Phones for Urban Analysis[J]. Environment and Planning B: Urban Analytics and City Science, 33(5):61-98.

Cass Sunstein, 1999. Informational Regulation and Informational Standing: Akins and Beyond[J]. University of Pennsylvania Law Review, 147(3):613-675.

Cecilia Kang. Web Firms Face Increased Federal Scrutiny over Internet Privacy[N]. The Washington Post, 2011-04-08.

Charles Fried, 1968. Privacy[J]. Yale Law Journal, 77(3):475-493.

Christopher Millard, 1895. Legal Protection of Computer Programs and Data[M]. Carswell/Sweet & Maxwell.

Christopher Soghoian, 2010. Caught in The Cloud: Privacy, Encryption, and Government Back Doors in The Web 2.0 Era[J]. Journal on Telecommunications & High Technology Law(8):359-424.

Daniel Solove, 2006. A Taxonomy of Privacy[J]. University of Pennsylvania Law Review, 154(3):477-560.

David Brooks. The Philosophy of Data[N]. The New York Times, 2013-02-04.

David Bazelon, 1977. Probing Privacy[J]. Georgia Law Review, 12(4):589-619.

Enuma Orakwue, 2010. Private Clouds: Secure Managed Services[J]. Information Security Journal: A Global Perspective, 11(2):295-298.

Gary Anthes, 2010. Security in the Cloud: Cloud Computing Offers Many Advantages, but Also Involves Security Risks[J]. Communications of ACM, 53(11):23-61.

Hyman Gross, 1967. The Concept of Privacy: Is Privacy Still a Useful Concept? [J]. New York University Law Review, 42(4):34-55.

Janice Tsai, SergeEgelman, Lorrie Cranor, Alessandro Acquisti, 2011. The Effect of Online Privacy Information on Purchasing Behavior: An Experimental Study[J]. Information Systems Research, 22(2):213-317.

Jeffrey Rosen, 2000. The Unwanted Gaze: The Destruction of Privacy in America[M]. Vintage Press.

Jerry Kang, 1998. Information Privacy in Cyberspace Transactions[J]. Stanford Law Review, 50(9):1193-2035.

John Gilmer Speed, 1896. The Right of Privacy[J]. The North American Review, 163(2):64-74.

John Schwartz. Conference Seeks to Balance Web Security andPrivacy[N]. New York Times, 2000-12-08.

Joseph Licklider, 1960. Man-Computer Symbiosis[J]. IRE Transactions on Human Factors in Electronics. ,3(1):4-11.

Judith Thomson, 1975. The Right to Privacy[J]. Philosophy and Public Affairs, 4(4):295-314.

Kevin Brien. Austrian Law Student Faces Down Facebook[N]. The New York Times, 2012-02-05.

Kevin Brien. European Regulators may Reopen Street ViewInquiries[N]. The New York Times, 2012-05-02.

Kevin Brien. Google Allows Wi-Fi Owners to Opt Out ofDatabase[N]. The New York Times,2011-11-15.

Klaus Julisch,Michael Hall,2010. Security and Control in the Cloud[J]. Information Security Journal:A Global Perspective,19(6):299-309.

Kuan Hon,2011. The Problem of 'Personal Data' in Cloud Computing:what Information is Regulated? —the Cloud of Unknowing,Part 1[J]. International Data Privacy Law,1(4):211-228.

Louis Brandeis,1995. Brandeis on Democracy[M]. University Press of Kansas.

Louis Brandeis. What Publicity canDo[N]. Harper's Weekly,1913-12-20.

Mazhar Ali Samee Khan,Athanasios Vasilakos,2005. Security in Cloud Computing:Opportunities and Challenges[J]. Information Sciences,305(1):357-383.

Michel Elish,Hwang Tim,2017. An AI Pattern Language:Accounting for Human Factors & Human Frames[M]. Data & Society.

Natasha Singer. Mapping, and Sharing, the ConsumerGenome[N]. The New York Times,2012-06-16.

Neil Richards,Jonathan King,2013. Three Paradoxes of Big Data[J]. Stanford Law Review,41(12):66-72.

Nicole Perlroth. Revamping at Yahoo to Focus on Its Media Properties and Customer Data[N]. The New York Times,2012-04-11.

Nurith Aizenman. Data Trove may Shed Light on Health-care Uncertainties[N]. The Washington Post,2012-05-21.

Omer Tene,2011. Privacy:The New Generations[J]. International Data Privacy Law,1(1):15-27.

Omer Tene,Jules Polonetsky,2013. Big Data for All:Privacy and User Control in the Age of Analytics[J]. Northwestern Journal of Technology and Intellectual Property,11(5):240-278.

Oscar Ruebhausen,Orville Brim,1965. Privacy and Behavioral Research[J],Columbia Law Review,65(7):1184-1211.

Paul Ohm,2010. Broken Promises of Privacy:Responding to the Surprising Failure of Anonymization [J]. UCLA Law Review,57(3):1701-1777.

Paul Schwartz,1995. Privacy and Participation:Personal Information and Public Sector Regulation in the United States[J]. Iowa Law Review,80(6):553-589.

Peter Levine,2003. Information Technology and the Social Construction of Information Privacy:Comment[J]. Journal of Accounting and Public Policy,22(3):281-285.

Peter Geczy,Noriaki Izumi,2013. Hybrid Cloud Management:Foundations and Strategies[J]. Review of Business and Finance Studies,4(1):37-50.

Primo Levi,1988. The Drowned and the Saved[M]. Vintage Books Press.

Rajarshi Chakraborty,Srilakshmi Ramireddy,2010. The Information Assurance Practices of Cloud Computing Vendors[J]. IT Professional,12(4):29-37.

Ramaraj Palanisamy,2010. An Empirical Study on the Influences on the Acquisition of Enterprise Software Decisions:A Practitioner's Perspective[J]. Journal of Enterprise Information Management,23(5):6-19.

Randall Stross. The Algorithm didn't Like my Essay[N]. The New York Times,2012-06-09.

Richard Parker,1974. A Definition of Privacy[J]. Rutgers Law Review,27(2):275-297.

Ruth Gavison,1980. Privacy and the Limits of the Law[J]. Yale Law Journal,89(3):421-471.

Samuel Warren, Louis Brandies, 1890. The Right to Privacy[J]. Harvard Law Review, 4(5): 193-220.

Seounmi Youn, 2010. Teenagers' Perceptions of Online Privacy and Coping Behaviors: A Risk-Benefit Appraisal Approach[J]. Broadcasting & Electronic Media, 49(10): 86-110.

Sidney Jourard, 1966. Some Psychological Aspects of Privacy[J]. Law & Contemplate, 31(2): 307-318.

Special Report. A Different Game: Information is Transforming Traditional Businesses[N]. The Economist, 2010-02-25.

Stephen Breyer, 2002. Our Democratic Constitution[J]. New York University Law Review, 77(2): 245-272.

SteveLohr. Big Data, Trying to Build Better Workers[N]. The New York Times, 2013-04-20.

Thomas Edsall. Let the Nanotargeting Begin[N]. The New York Times, 2012-04-15.

Tom Gerety, 1977. Redefining Privacy[J]. Harvard Civil Rights-Civil Liberties Law Review, 12(2): 233-296.

Wenjin Hu, Tao Yang, Jeanna Matthews, 2010. The Good, the Bad and the Ugly of Consumer Cloud Storage[J]. ACM SIGOPS Operating Systems Review, 44(3): 110-141.

William Parent, 1983. Privacy, Morality and the Law[J]. Philosophy and Public Affairs, 12(4): 269-288.

William Prosser, 1960. Privacy[J]. California Law Review, 48(3): 383-423.